基督教之研究

聖嚴法師◎著

佛教的因果律就是宿命論嗎？

漢譯佛經的文義不通嗎？

佛教的亡靈追善是不可能的嗎？

佛教與基督教是相衝突的嗎？

聖嚴法師針對這些質疑，對佛教與基督教教義做了嚴謹的分析與比較。

自序

由於基督教徒的攻佛破佛，叫陣挑戰，才使我對基督教發生了研究的興趣，結果，使我寫成了本書。所以，本書的功臣，應該是攻擊佛教的基督徒。

我爲寫作本書，特別精讀了五十多種有關的中西著作。我的態度，是以西方學者的見解介紹西方人信仰的宗教，是用基督教正統的素材說明基督教內容的眞貌；同時也對佛教與基督教之間的若干重要問題，做了客觀和理性的疏導。我不想宣傳基督教，也無意攻擊基督教，只是平心靜氣地加以分析研究，用歷史的角度，考察基督教。本書的初稿，曾經在《海潮音》、《覺世》、《香港佛教》三家刊物，分別刊載，經過時間，達兩年之久，承蒙許多讀者，給了我很多的讚譽，鼓勵我早日單印流通，以期對於當代宗教之病的狂瀾，有所挽救和補益。

當我寫作之時，並未準備出書，所以分爲〈基督教與佛教之間〉、〈基督教的神之研究〉、〈偉大的基督教〉，一共三個主題，在三家刊物發表。現在編印成書，除將主題題名更動，又加列節目與子目，好讓讀者看來，一目瞭然。同時在內容方面，也做了很多的濃縮與補充，故與發表之時已有不同了。

再版自序

基督教的歷史雖晚於佛教，然以流傳地域之廣，信徒人數之眾，確佔現存世界各大宗教之中的首位，如其沒有一定的價值，豈能歷久不衰。歐洲史上雖曾由於基督教教會的跋扈橫行，出現過黑暗的恐怖時代；相反地，倘若不是基督教的《舊約》倡導十誡，以及《新約》所示的金律，歐洲社會便沒有道德生活的依準可循。故從歐美文化史的觀點，既可發現基督教的褊狹，也可肯定基督教的貢獻。

雖然〈路加福音〉第六章第三十七節說：「你們不要論斷人，就不被論斷；你們不要定人的罪，就不被定罪；你們要饒恕人，就必蒙饒恕。」可是中國基督徒中的若干人士，依舊喜歡針對著佛教，做多樣性的論斷與抨擊，甚至到佛寺中散發傳單，也有基督徒發出中國全面基督化的論調。其實這些人，既無誠意理解佛教，也未眞正理解基督教，僅憑狂熱的信心，形成一股排他揚己的氣焰而已。

由於此種現象的推動，使我對於基督教產生了研究的興趣，結果寫成了本書，也寫成了另一本交給臺灣中華書局出版的《比較宗教學》，希望對於《新約》、《舊約》的品味，以及對於基督教教會史和教理思想史的探索，來認識基督教。

佛教傳自印度，在中國約兩千年的佛教史上，也曾受到儒道二家的排斥。身爲佛教徒的人，不論是依據佛法的融合精神，或是依據自身的歷史體驗，尤其是順應今日思想開放的時代潮流，均宜有容受異己的雅量。而且他山之石，可以攻錯，由於基督教的東來，也爲佛教帶來了新的考驗，所以本書的撰寫，希望對於任何立場的讀者，都能提供若干利益。

本書的主題部分，寫成於一九六六年，初版於一九六七年；附錄部分初版於一九五六年，可見是我二十多年前乃至三十多年前的早期作品，當時我的年事尚輕，行文的詞鋒比較銳利，今天如果要我再寫一本類似的書，已是不可能了。本書曾由佛教文化服務處及東初出版社先後出版，今由久大文化徵詢再版，這是對我個人生命的回顧，也爲本書的生命，帶進了另一個新的歷程，因此，補述所感如上，用以爲序。

一九八七年八月三日序於臺北北投中華佛學研究所

目錄

第一章　今日的基督教與佛教

首先要說明，本書所稱的基督教，是指英文Christianity，即是信奉耶穌基督的宗教，所以它是舊教天主教（Catholic）及新教（Protestantism）的總稱。

我國在習慣上把舊教稱為天主教，把新教獨佔了基督教之名，這在天主教是不願同意的。因此要說明本書的標題，對信奉耶穌基督的新舊各派，沒有厚此薄彼之意。

不過，本書在《新約》、《舊約》及有關的資料譯語上，採用了新教的用語，比如舊教稱宗徒保祿，新教則稱使徒保羅，本書便採用了後者，因為新教的用語，在中國比較普遍之故。

第一節　時代的宗教之病

（一）一元論的二分法

宗教的目的，只要它是值得一部分人去信仰的高級宗教，大致總不會否認他們的信仰，是爲求得現實（罪惡）的解脫，進而進入一個不受罪惡（佛教稱爲業力）束縛的境界，這是什麼？這就是從現象汨入於本體，從矛盾進入於統一的要求；雖然一般的宗教徒，尚不能理解到這一層道理，但這道理卻是明顯地擺在大家的面前。

問題是在，對於一個宗教的信仰，能否確切把握使人進入絕對的統一？如果要講統一，那在泛神論或萬有神論的哲學，似乎也可達到這一境地，那就是「物我同化」或「以小我化入於大我」，便完成了進入統一狀態的目的；可是，那雖完成了整體，卻否定了個體。

基督教，對於進入統一這一點，似乎很難找得有力的根據。首先，他們將創造宇宙的上帝，置於宇宙之外，作爲宇宙形成的「第一因」，上帝不受他造，唯有上帝能造萬物，因此，上帝與宇宙——時空之間的萬事萬物，乃是永遠對立的，永遠是主觀與客觀的關係。從這一點可以明白：基督徒何以稱耶和華上帝爲「主」而自稱爲「僕」了！這在印順法師稱他們爲「主奴關係」，還被一位牧師極不樂意地抗辯了一次，其實那又何必？基督教的理念就是這樣的嘛！否則他們勢必要否認上帝是自有永恆的了！從這「外宇宙」的上帝觀的原則下，演化出來的基督教義，便是順理成章的「一元論的二分法」，一元是上帝造萬物，二分法是：上帝跟宇宙是對立的；上帝與子民是對立的；天堂與地獄是對立的；信徒與異教徒是對立的；選民與落選者是對立的；善（天使）與惡（魔鬼）是對立的。根據基督教的理論，他們似乎從未打算要把這種對立的局面徹底改善。耶穌雖曾說過：「一個人若有一百隻羊，一隻走迷了路，你們的意思如何？他豈不撇下這九十九隻，往山裡去找那隻迷路的羊嗎？」（〈馬太福音〉第十八章第十二節）這意思是要更加愛護那些尚在罪惡中的人，使他脫離罪惡；可是，後世的基督教徒們又運用了這一段話：「叫一切信他的，不至滅亡，反得永生。」（〈約翰福音〉第三章第十六節）因此，他們想盡了方法，要使一切的人，全部納之於基督教的信仰之下，並且要使一切的文化全部變成基督教的文化。凡是不信基督教的人，縱然他在倫理（道德）的基礎上無懈可擊，也要使他變成基督的信徒而後甘心，否則便是異端，便是妖巫，便要把他們送上柴火堆，活活地燒死。今日雖已無能實施這樣的酷刑了，但是英國的白特倫．羅素先生還要說：「若他們今日還是像昔日一樣的獨斷，他們會仍然覺得有理由去把異教徒燒死在柴堆上。」（羅素氏著《不可知論者是什麼》）

（二）如此的神愛世人

以往，我總覺得不解，基督徒們傳道的時候，總是那般地緊抓一個「神愛世人」的觀念，他們平常也的確能夠表現出「愛」的力量和態度；然而一涉及「異教」信仰的問題時，他們就完全不同了。他們看到了一個異教徒的笑話或醜聞，似乎比自己進了天堂還要開心。我總是想不通基督教的「博愛」，竟會如此地使我莫測高深！

如今呢，我已「悟」了，因在幾年之前，由於我也認眞地研究了幾年的基督教之後，對於基督教的種種，已經不再那樣地「莫測高深」了，當我見到新舊二派的基督徒們的種種離奇的作風，也就不以爲奇了。譬如輔仁大學的杜而未神父，在課堂上由於有個學生（並非佛教徒）不同意他對佛教的武斷批評，他便「拍」的一聲，打了那個學生一巴掌，把「全班同學都嚇呆了，完全震驚於這突如其來的掌聲，和那位同學嘴角淌下的鮮血」，《文星雜誌》七九期還特別爲此刊了一篇專訪。又有一位周幼偉神父在天主教的《現代學人》雜誌上說，天主教在中國傳教的目的，是要將中國文化完全基督教化，無怪乎他在跟輔大學生講《墨子》的時候，要把「禍祟」念成「禍祟」，把「士賈倍徙」念成「士假信徒」了。杜而未神父在他們的《恆毅》雜誌上，硬要從語源學中東扯西拉地把佛教說成是月神宗教；但他卻從來不肯向印度的文化、宗教、哲學的史料中去下工夫。又有一位龔天民牧師，受他教會的扶持去日本的佛教大學及大谷大學讀了幾年佛教的書，便大寫他的「研究報告」，當然，他是眞的用了幾年工夫的，他那樣的「報告」，絕不是一般的基督徒們所能寫得出來；可惜的是，他是爲了自己的飯碗問題，所寫的佛學報告，總覺得他是左右爲難，兩面不討好，他既想寫出佛教學的眞內容，又怕讓他的教會看了不滿意，所以他只好採取「掘」與「埋」的手法，先把佛教學「掘」起，跟著又把它「埋」掉，可惜他「埋」的很拙劣。如果說個比喻：好像一個幫工的窮孩子，被他的主人授意去偷窺一個富家的金銀珠寶，這些金銀珠寶，的確是讓他窺到了一個外貌，可惜這些寶物不能歸他自己或他的主人所有，沒有辦法，只好在上面撒一泡尿，回頭就向他的主人報告說：「那些東西沒什麼了不起，雖然是寶貝，但卻有著一股尿的臭氣。」

像這種情形，我已看得很多了，但總以爲那是可以原諒的宗教之病：第一，基督徒也是凡夫，豈能沒有「我執」？乃至基督教的耶和華上帝的「我執」，似乎比一般凡夫來得更明顯，這在〈創世記〉、〈出埃及記〉、〈利未記〉、〈民數記〉等各篇中表現得最爲淋漓盡致！縱然到了《新約》四福音中的耶穌基督，這個「我執」的心理狀態，還是非常的強烈，所以値得諒解和同情，正像我們要諒解和同情我們自己的同道一樣。第二，基督教的原則或本質，就是一個獨斷式的宗教，就是一個一元論的二分法的宗教，別說他們對於異教不能容忍，就是對於門內的兄弟（新舊各派）之間，同樣不能容忍；縱然是上帝對於子民，同爲他所創造的子民，同爲信了他的子民，同爲被他召去了的子民，還不能得到同樣的待遇，而要說：「因爲被召的人多，選上的人少。」（〈馬太福音〉第二十章第十六節）當然，這在基督徒是從來不希望讓人家提起的事。所以我們應該諒解他們，並給予充分的同情，不必生此閒氣。

(三) 宗教的寬容

誠然，容忍或寬容，也是基督教的基本觀念：「那時彼得進前來，對耶穌說：主啊！我弟兄得罪我，我當饒恕他幾次呢？到七次可以嗎？耶穌說：我對你說，不是到七次，乃是到七十個七次。」（〈馬太福音〉第十八章第二十一、二十二節）可惜的是這個饒恕弟兄七十個七次的教訓，僅在信了「上帝的兒女之間」局部地遵行，乃至同爲上帝的信徒，乃要鬥爭屠殺。不過，到了近世以來，「信仰宗教自由」已成了各文明國憲法的基本精神之一，在西方國家，排斥異教或迫害異教的罪行，已不復聞，尤其在美國，各宗教的信仰，根本受著同等的重視。我曾接觸過的美國軍人和平民，儘管彼此之間的信仰不同，他們卻不會硬向你傳教；他們對於佛教雖未必希望信仰，但卻很感興趣，他們之中凡是階級較高的或知識較深的，甚至坦白地告訴我：「我什麼教會都不信，我只信上帝。」別以爲上帝就是耶和華，那才不是，他見我拜佛，也說是拜上帝（God），可知他們是接近於「宗教一元論」的信仰者，因爲今日的美國，實際上是在推展著一種「靈的多元主義」（Spiritual Pluralism）的信仰，因爲他們相信：「不論它在什麼地方與什麼時候，不論它叫什麼名字，玫瑰花總是一樣的香。」這是什麼？這就是佛教所說的「方便有多門，歸元無二路」，也是中國儒家所說的「道並行而不悖」的思想。所以，近代的英國大哲人羅素及美國大哲人白壁德，對於東方哲學均有著極高敬意，他們對於佛教的敬意，遠在於基督教的情感之上，甚至有人要說：「最瞭解共產主義的人，才最瞭解天主教，所以……羅素先生，可算是其中之一。」（《文星雜誌》七九期）

也許有人以爲近代西方所倡行的宗教容忍精神，是根源於《新約》而來，其實錯了。這一寬容精神，是希臘的哲學激發了文藝復興，並由歷代的革命志士們用鮮血換來的；美國的早期白人，就是因了宗教的迫害，而逃到新大陸去拓荒的。可知今日美國的宗教寬容精神，有著他們個別的歷史背景；也許正因爲如此，故在隔了一條太平洋的我們這裡的基督徒身上，就缺少這一精神的修養了。

因此，羅素先生要說：「現代的基督教徒，視寬容精神為基本教風；事實上，它是一種心氣的產物，那個容人懷疑與詰問絕對眞實的心氣。我相信，無論何人，若其不偏不倚的去考察過去的歷史，便將滙歸於這樣的結論：基督教所引起之苦難，較其所防止者為多。」（羅素氏著《不可知論者是什麼》）如果可能的話，讀者們不妨另找羅素的一部《西方哲學史》來看一遍，那將更可瞭解羅素先生的觀點。

（四）愛你的敵人

有人，尤其是基督徒們以為，歷史上教會所造成的災難，是出於教會的人謀不臧，不是基督教本身的污點；但是若能從基督教的本質去看，便可看出這是不攻自破的辯護。雖然耶穌曾說：「你們的仇敵要愛他，恨你們的要待他好。」（〈路加福音〉第六章第二十七節）但是耶穌又說了這樣的話：「凡遵行神旨意的人，就是我的弟兄姊妹和母親了。」（〈馬可福音〉第三章第三十五節）這話未必是壞話，如今也有人把它解釋為服從眞理便是遵行上帝的旨意；然而，當基督徒們參照《舊約》來用的時候，這就變得可怕了！這點不妨請參閱印順法師的〈上帝愛世人〉（《海潮音》卷四四七期）。因此，基督徒的「愛敵人」，在個人與個人之間，或是可能表現的；若一涉及集團對集團之間，那就無法保持「愛」的氣度了。

他們喜歡把不信基督的人看成魔鬼，他們喜歡運用〈馬可福音〉第三章第三十五節，把不信基督的人看成不是他們的弟兄姊妹：第一步，他們想盡方法要使你去信；如你不信，第二步便跟你站在敵對的立場，縱然你是一個好人，他們仍會確信你是不得救的，你是非下煉獄不可的。因爲他們有個不可破的觀念，認爲你有罪，你有屬於人類的第一對祖先亞當和夏娃吃了禁果所遺傳下來的罪。試想想看，他們那些「得救」了的人，怎能和你們這班罪人論交情呢？可是，如果反省一下，他們自己也承認自己尚是罪人，如果不被上帝選上，到頭來——末日審判時，他們還不同樣要跟不信基督的人一樣！請記住：「被召的人多，選上的人少」！

當然，我不是一個反基督的人，我能承認並願接受《新約》、《舊約》中的若干觀念和教訓；雖然我不能接受也不能同意基督教的根本原則。如果基督徒們能夠放棄了那個原則——獨斷性的一元論二分法，基督教的信仰，那是不用批評的，那對人類的影響，將會一改羅素先生所見的歷史，將只有帶來光明而不會引起苦難。我想，我這看法，尚稱公平；因爲，這也正是今日的時代所要求的精神。

第二節　今日的宗教之路

（一）死了一次的上帝

雖然，「上帝」之在西方，到了文藝復興之後，由於人們的思想，從中古教會的控制下獲得了自由。大家都不能依賴教會的餵哺，而可運用各自的頭腦，來思索一切的問題，所以帶來了科學的飛速進步，使得許多過去都要乞靈於上帝的問題，皆可由人爲的力量來解答；並且也從人爲力量的擴充再擴充，逼得上帝退回了天國，拆穿了《聖經》中的許多神話的謎底，因此，「上帝已經死了」的呼聲，隨著傳遍了西方。

因此，西方的社會人心，又落入空虛徬徨的歧途，失去了心靈的寄託。不論如何，基督教會尙能在上帝的名義下，推行有限度的愛；「上帝不能死」的要求，又跟著來了，這就是今日西方世界所要求的上帝；但他已跟文藝復興之前的上帝，在作用上或尙略同，在觀念上則已大不相同。今日西方的上帝，絕不是《新約》、《舊約》中的原貌，甚至也不是今日在東方傳教的教士們所能認識；他雖是從《新約》、《舊約》中流出來的，但他已被近世的觀念，改變了他的性能，在教會中的上帝，不但跟科學分了家，也跟哲學分了家。今日西方上層人士（是指思想的，不是職位的）所要求的上帝卻又跟教會分了家，教會之中縱然有許多是非常可敬的人，卻未必就是認識了上帝的人；眞正認識上帝或眞正希望接近上帝的人，未必就是教會中的人，甚至是厭惡教會的人。但是，不論他在教會之中或在教會之外，如果他是相信上帝的話，那又無不重視《新約》、《舊約》；因爲《新約》、《舊約》的記載，雖有許多的不可取處，然在《新約》、《舊約》中，確也有其若干倫理方面的功能。

若要說一個比喻，今日西方上層人士心目中的上帝，像一副吊掛在兩棵大樹蔭下的涼床，一頭繫在哲學的樹幹上，另一頭繫在科學的樹幹上，上帝聯繫在哲學與科學的中間，他本身不是哲學也不是科學，卻不使他違背哲學與科學的原則；他能供給現實的人生，躺在他的懷中，得著心靈的慰藉，正像在大熱天裡，讓你躺在大樹蔭下的涼床上，吹風納涼一樣。像這樣的上帝觀，對於大多數的東方人而言，尚未懂得，當然也不易諒解，對於在中國的傳教士——牧師及神父，當然也很陌生。

事實上，今日西方有句口號：「二十世紀是實存主義的時代」，今日的美國，實存主義已抓住了多數大學青年及知識分子的心，他們根本不再進教堂，對於上帝，乃是採取否定的態度。

（二）競技場中的選手

我始終相信，打倒他人，並不等於成全自己，吃掉他人，自己的體重也不等於兩人體重的相加；唯有扶助他人，才是眞正的成全了自己，唯有救活了他人，才能發揮互助合作的兩人相加的功能。所以，我以爲宗教間的相互排斥，乃是愚蠢的行爲。事實上，除了自己甘願倒下，誰也不可能打倒誰的，否則，即或一時被人打倒，也將再度站立起來。

所以，今日的基督徒們，如果尚有一些遠見，應該盡其最大的努力，宣揚基督的「愛」，不要再把佛教當成了眼中釘；佛教不是基督教的敵人而是朋友。佛教僅是在宗教競技場中一員優秀的選手，是以發揮自己的力量爲目的，不以埋葬異教爲目的。佛教也不會搶走基督教的信徒，除非出於基督徒的自覺而來皈依佛教；佛教徒永遠也不會走進基督教堂去拉信徒。當然，如果要消滅佛教而使這個世界全面的基督化，那就無話可說。可是我要再三的提醒基督徒——那些盲目而狂熱的基督徒，獨斷性的宗教策略，早已遭受到歷史的唾棄。

不錯，佛教也在追求一個佛化人間的社會，佛教也在做著宣揚佛化的工作，但在本質上，跟基督教卻有所不同。佛教不以為唯有佛陀說出的才是佛法；佛教承認凡是合乎佛法原則的一切言行，都是佛法；佛陀只是覺悟了佛法，並沒有創造佛法。所以，在佛世的時候，佛嘗採用印度原有宗教觀念的合理部分，作為佛的教訓；佛滅之後，仍有歷代的僧俗弟子繼續不斷地發掘佛法的寶藏，佛教絕不以為非佛說的即完全不是佛法。因此，佛教絕不希望在打倒了一切異己之後才算實現全面的佛化；佛教卻希望運用影響力使得相背者變成相順，使得相順者變成相近，使得相近者變成相同。所以，佛教從不會想到要打倒異教，但卻主張感化異教，譬如蓮華生大師到西藏之後，即將西藏的外道「苯教」（Bon-po）化成了佛教的密教。佛教希望利用種種方法來瞭解他人，並使他人來瞭解佛教；瞭解並不等於歸順，最低限度，總可得到若干程度的諒解；諒解彼此的目標雖不盡相同，但在以倫理為基礎的觀點上，必有可通之處。

（三）研究宗教的態度

所以，站在佛教的立場，絕不否定基督教的應有價值。基督教的教化，如果除開它的專斷的唯神觀之外，在倫理的施設方面，佛教是不妨有條件地承認其相當於人乘及天乘的範圍。但願基督教徒們也能學到這樣的態度：強調其倫理方面的，弱化其神化方面的，以俾共同來爲人天的福祉而努力。如果有一天，只剩下倫理的基督教，不見了神話的基督教，那才眞正是人間的福音，也即是今日的宗教應走之路。

然而，中國的基督教士們，是怎樣的態度呢？我可借用唐君毅先生的一段話，提供他們參考：「在此（香港）之教會與教徒的服務精神，固中國內地所不及，而賴傳教或教會關係來謀生求職的路道，亦特別多，因而使人很難分辨，誰是眞正的信徒，誰只是吃教的人。而在宗教徒的相互鬥爭方面，則此地有專收和尚的基督教學院。有專以說服異教徒爲己任的牧師或神父；而在此地傳教的西方教士與中國教士，卻很少能瞭解中國文化的。有的傳教士明白的說：中國大陸之被共黨征服，即中國人不信耶穌之故；中國人現在只有向耶穌懺悔，才能得救。……基督教傳入中國後，未聞有一基督教的大思想家，能本基督教觀點，去討論一切人生文化問題。」（《民主評論》卷七二三期〈宗教信仰與現代中國文化〉）

唐君毅先生的這段話，我相信是公正而中肯的，不知基督教的人士們能否省察一下？特別是後面幾句，更該加圈加點！

第三節　香港道風山與「佛教學研究」

（二）基督教的傳教精神

十六世紀以來，大批西方的教士們，抱著探險家的精神，向非洲和亞洲等各地出發，深入每一個角落去宣傳他們由天國帶來的福音。那種不怕艱苦不懼困難的傳教精神，正是基督教的美德之一，也是自從「使徒」傳教以來的傳統美德。

可是很不幸的，文藝復興之前的基督教會，甚至要以迫害自然科學的發明者來維持《聖經》的威嚴，晚近以來，基督教的傳教士們，竟又要藉著自然科學的文明，達成他們傳教的目的。譬如基督教在中國的第三期創始人利瑪竇就是藉著萬國輿圖、自鳴鐘、雅琴等作爲禮物而覲見了明朝神宗皇帝。利瑪竇對於中國的最大貢獻之一，就是介紹科學。正如王治心先生所說：「明末清初之交，天主教士所以能取得朝廷的信任，而有公開傳道的機會，都是由於他們努力於科學和藝術的介紹。……那些教士不過欲用學術來做傳道的工具，想不到卻因此下了中西學術溝通的種籽。他們在介紹這些學術以外，並且親身幫助明、清兩朝鑄造鎗砲，這原是與基督教宗旨根本違反的，但是卻因此反而予基督教以良好的機會，不可謂非絕大的僥倖。」（《中國宗教思想史大綱》一八九頁）羅如望與湯瑪諾二人曾爲明熹宗對付滿州勢力及白蓮教作亂而鑄造戰砲，湯若望與羅雅各曾爲明毅宗製造大砲，南懷仁曾爲清聖祖製造鐵砲。雖在他們的《聖經》裡說：「不可殺人，又說凡殺人的，難免受審判。」（〈馬太福音〉第五章第二十一節）；「凡動刀的，必死在刀下。」（〈馬太福音〉第二十六章第五十二節）但是，這些教士們卻如此做了，也許在他們的理由是對的；只要目的是善，惡的手段也可變成爲善，爲使全中國的億萬人「得救」，協助中國的君主鑄大砲，當然也是可以同情的事了。同時，耶穌也曾如此說過：「人到我這裡來，若不愛我勝過愛自己的父母、妻子、兒女、弟兄、姊妹，和自己的性命，就不能做我的門徒。」（〈路加福音〉第十四章第二十六節）這是一種徹底否定自私「小我」的大醒覺了，爲上帝的博愛，應當否定人間的私愛。耶穌又說：「凡不背著自己十字架跟從我的，也不能做我的門徒。」（〈路加福音〉第十四章第二十七節）不過，這是教訓基督徒們犧牲自我的，至於能不能也將此一要求送給非基督徒，「上帝」應該知道！但我不忍相信那也是上帝意志的一部分，正如：「耶和華說：我要將所造的人和走獸，並昆蟲，以及空中的飛鳥，都從地上除滅。」（〈創世記〉第六章第七節）然而，基督教是最難研究的宗教，基督教的本質何在，甚至連耶穌自己也很難捉摸；耶穌一邊宣揚寬恕的愛，但在他的血液裡，同時也流著濃厚的不容忍異端的獨斷思想，譬如他說：「除非經由我，沒有人能到父（上帝）那裡。」因此便說：「信子（耶穌）的人有永生，不信子的人得不著永生，神的震怒常在他身上。」（〈約翰福音〉第三章第三十六節）於是又說：「你們若不信我是基督，必要死在罪中。」（〈約翰福音〉第八章第二十四節）所以，基督徒以為「異教徒」是千該萬死的心理是不足為奇的。

(二) 傳教方法與物質文明

實際上，近代的中國，能夠接觸到近代的物質文明的賜予，除了「感謝」西方列強帝國的兵艦大砲，也要「感謝」那些乘在砲彈頭上冒險飛來的傳教士們，他們甚至把西方的恩物，帶進了中國的每一個角落；遺憾的是中國的人民不太懂得上帝式的愛，所以，接受了教士們帶來的現代文明，卻沒有打內心起去領受神的洗禮。正像蔣夢麟先生所說的一段話：「傳教士們不顧艱難險阻，瘴癘瘟疫，甚至生命危險，遍歷窮鄉僻壤，去拯救不相信上帝的中國人的靈魂。他們足跡所至，隨身攜帶的煤油、洋布、鐘錶、肥皂等等也就到了內地。一般老百姓似乎對這些東西比對福音更感興趣。……傳教士原來的目的是傳佈耶穌基督的福音，結果卻無意中為洋貨開拓了市場。」（《西潮》中文本二一六頁）

這對於基督教的傳教士們，是值得同情的，像他們那種為傳教而奉獻出一切的冒險精神，在晚近數百年來的中國佛教徒中，已不多見，所以我也極其敬佩他們。但是，他們無法達成預期的效果，難道說眞是中國的人民與「博愛」的「福音」無緣嗎？或者是中國的人民野蠻落伍到連非洲的黑人還不如嗎？如果眞做如此的推論，那你是錯到宇宙的邊緣去了！

那是說：中國跟非洲不一樣，中國已經有了五千年的屬於自己的文化背景，一切的思想、風俗、信仰，都已有了自己的一套，硬要將另外一種迥然不同的信仰，一下子注射進來，自然就會產生抗衡的作用。如果基督教的傳教士們，也能像佛教初傳中國時期的僧人一樣，設法瞭解中國文化，迎合中國文化，進而發展成了中國形態的宗教信仰，那就會受到中國人的歡迎了。然而，雖從明朝的利瑪竇開始，到民國的馬相伯先生，以及以前燕京大學的幾位神學教授，都曾注意到讚揚儒家，並承認基督教徒在中國必須中國化。可是，「中國化」三個字說來容易，做來是多麼的不容易！所謂「化」，必須要使兩股不同的文化產生化合的作用，使化合成爲一股新的文化，正像隋唐時代的佛教，天臺、華嚴、禪宗，那才是眞正的中國化的宗教。不知是基督教的本質中無能開出新的花朵呢？抑是基督教中沒有這麼一位偉大的人才？所以直到如今，若從唐太宗時傳來的景教算起，基督教在中國業已有了一千三百年的歷史，竟尚未見有一位基督教本位的思想家在中國出現。有些外國來的傳教士，僅以學會了中國方言，穿上了中國的長衫，其實那是中國化得何等的膚淺！像這樣膚淺的傳教士們，要想使得中國全部基督化，是否顯得幼稚了些？

（三）對佛教工作的基督教士

同樣的，要想使得佛教轉變成為基督教，也必須先從根本的思想基礎下工夫；否則，僅僅引誘了幾個根本不知佛教內容為何物的佛教徒去投向基督教，那豈算是基督教征服了佛教？

的確，基督教在中國，總是做些皮相的工作，對中國佛教，也是做的皮相的工作。大約是二十多年前，有一位外國牧師，突然注意到了中國的和尚們，他要對這些和尚做些「牧」與「救」的工作了。首先，他來接近佛教，他住進了佛教大寺院，跟和尚們過著同樣的生活，上殿、過堂、出坡、參禪。中國的佛教徒，對於外國人的歡迎，正像所有的中國人一樣，並且把他當作居士，最低限度，他的樣子是敬仰佛教的。

誰知道，這位牧師是來「盜寶」的，當他看多了學多了的時候，他的「基督教叢林」，也在香港出現了，那就是「道風山」。他為此事，的確是挖空了心思，想盡了方法，以期投人所好，而收容之、改造之。道風山的由來，據佛教界的傳聞就是如此。（是否有誤，尙請龔牧師指教，因我沒有進過那一所「羊欄」）

只是那位牧師，僅僅收聽了中國舊式佛教之音的最末一個音符，他沒有學到佛教的精髓，所以，當大陸的叢林佛教接近瓦解之際，道風山的確收到了幾隻無知的「羊」。據說那幾隻「羊」也沒有全部安頓下來，有的見情形不對，早已闖「欄」而去，至於到今天，根本不再有和尙進去。爲什麼呢？因爲他們對時代的觀察上，根本是患了深度的近視，認爲那樣的方式就是中國佛教的本質，其實，他們何嘗明白了佛教！

總算那位外國牧師的心血沒有白費，至少，今天已有一位龔天民接下了他的「一棒」，繼續向著佛教「進軍」。龔牧師是不是道風山「變性」教徒，我不知道，但從他們的文字中透露，他跟道風山的一派，有著很好的友誼，因爲他「早歲在香港道風山基督教培靈學院研究基督教」（《佛教學研究》吳恩溥序）。龔牧師是不是從小曾吃過「小和尙」的飯，我也不知道，但他是「出身佛教家庭，對佛教學夙具興趣」（同書吳恩溥序）。又說：「龔天民牧師，幼即潛心佛學」（同書吳明節序）。看來，龔牧師若非當過小和尙，倒是一位生來的佛學天才。我也慶幸佛教裡曾經有過這麼一位小天才，否則基督徒中能進佛教大學的，還有誰呢？但我確信，他雖出身於佛教，當他尚是佛教徒的時候，他對佛教學的內容，根本還一無所知，要不然他又何必再去日本的佛教大學裡做五年的「工作」之後，才能寫出一份「研究報告」——《佛教學研究》。同時，在他這冊長達近十萬字的「研究報告」中，除了翻譯、抄襲中日文著作之外，對於原本的大部頭佛典，連引用的能力都沒有。

龔天民來到臺灣之後的數年以來，寫了很多關於佛教的文章，出了好幾冊專門對付佛教的書；這當然是他的教會扶植他去讀佛教大學及大學院的目的，但他學的是一套，寫的則是另一套。《佛教學研究》乃是他此類著作的代表性的第一種，那裡面把佛教破壞歪曲得如何，到下一章中告訴你罷！

第二章　牧師及神父的「佛教學」

第一節　佛教的無神論是什麼？

（一）無神與有神的佛教

佛教是無神論的宗教，這在略具哲學知識的人，都能指出佛教的無神是「無」的什麼「神」。那是由於佛陀悟得了萬法因緣生、萬法因緣滅的道理之後，否定了梵天創造萬物的觀念，那就是否定有一個「外宇宙」或「內宇宙」的「萬能」的「全知」的創造神或主宰神。對基督教而言，佛教只承認耶穌也許是菩薩的化身，但不承認他們的耶和華上帝是「自有永恆的」，這就是佛教的無神論。如果一定要佛教承認耶穌是神的化身——「道成肉身」，那也可以，佛教可以承認耶穌是天神的化身，但是這絕不是外宇宙的「第一因」的主宰神或創造神，而是天界的一個眾生。佛教所否定的神，和所承認的神，根本是兩回事；佛教所承認的神，不過是六道眾生之一，有鬼中的神、畜中的神、天上的神（此請參閱拙著《學佛知津》

的〈神鬼的種類〉），雖然他們的福報大些，威力猛些，但仍是眾生。這在基督教看來，是「魔鬼」而不是「神」。

佛教對於鬼神的承認，是承認眾生類別的存在，不是承認神對我們有「權威」；縱然承認神對人間禍福的參與，也是出於各人善惡行爲的感召。所以，佛教的無神與有神，此神不是彼神，不能張冠李戴。

然而，自命爲研究佛教出身的龔天民，硬是把它炒在一隻碗裡咀嚼它們了（《佛教學研究》二六、二八、四二、七〇、九八、一七四頁）。他一而再地強調佛教信仰的矛盾，認爲佛教既主張無神，又要相信神鬼的存在。不過，他有一個最大的目的，那就是抓住這個「無神」作爲把柄。第一，否定佛陀的宗教性；第二，否定佛教信仰的價值性；第三，肯定佛教內在的矛盾性。在他以爲，佛教既主張無神，佛陀當然不是神而僅是一個人；既然同樣是個人，他就不可能產生神的作用；既無神的作用，也就沒有了宗教的作用（基督徒始終不會承認除了神還有別的可信仰，乃至以爲釋迦、蘇格拉底、孔子等人，也不過是些「假先知」而已，末日來到時，他們是要被扔到火湖中永遠受刑的）。因爲佛教無神，禮佛敬佛，就等於自討苦吃。因爲佛不是神，哪裡還有靈感可言？既無靈感而又禮敬，豈不矛盾？他雖沒有明白地分條標出，但在該書的態度，已經非常明白。

（二）神通的問題

龔牧師的這套邏輯，可謂「高明」極了，但我眞不明白，他既研究佛教，爲什麼不以佛教的理論來看佛教，而要用他的基督教的偏見來衡量佛教？也許這是出於他不得已的職業上的苦衷罷？所以，基於他的立場，又把佛教所說的神通問題，也「輕而易舉」地否定了，他說：「筆者以爲六神通的思想乃釋迦以後的東西，因爲佛陀本人根本否認神蹟的奇事。如佛陀眞的說過這些道理，那可能僅是一種譬喩而已。」（四五頁）

其實，在原始佛典中，說到神通的太多，佛雖不許弟子們無故現神通，卻常令弟子們適時現神通。

在基督徒的觀念中，「宗教經驗」的所謂「神契」，只許基督教有，別的宗教便不准有。如果要請基督徒們舉出神祕效驗來看，他們便說耶穌曾有許多的神蹟，耶穌以後就沒有了。於是，又會引用耶穌的話告訴你：「這世代是一個邪惡的世代，他們求看神蹟，除了約拿的神蹟以外，再沒有神蹟給他們看。」（〈路加福音〉第十一章第二十九節）這眞是一個滑稽的方法。

事實上，如果龔牧師眞的研究了佛教或眞的研究了印度的宗教，或者眞的研究了宗教這一門學問，他就不致毫無根據地否定了佛教的神通的眞實性。因爲神通是從禪定的修得（如人），或由果報的生得（如天、神、鬼）。天、神、鬼是生來就有神通的，人則賴於禪定的工夫而得，這在世間各宗教，凡是持久做了祈禱、禮拜、稱念、經行、靜坐等的工夫之後，往往多少會得到若干宗教經驗——超常的經驗。佛教承認外道凡夫能得前五通，唯有出世聖人得第六通。佛教雖不承認基督教的上帝是創造神，但不否定他們眞有一個所信的天神。四福音中所載耶穌的各項神蹟，佛教在原則上也能夠承認。不知龔牧師是根據什麼（自然是偏見），要否定佛教的宗教經驗——神通。其實，這種武斷的手法，又是何等的笨拙，眞像自己把眼睛蒙住了，撞上了人家，反而指謫人家都是盲目的傢伙。

（三）神識的問題

我們再說到無神的問題。佛教的無神，並未否定眾生的神識——生命主體的存在，從最下等的至最高級的，凡是有情的眾生，都是一樣。其實基督教不承認生死輪迴之說，但也並不否定「靈魂」這樣東西。因爲上天堂下地獄，都還要派到「靈魂」的用途。那麼，佛教的「神識」之說，原則上與基督教相近，不過佛教的神識是能因了善惡業力增長與消滅而使他在六道之中上下浮沉，一旦業障消盡，便是超凡入聖，脫離了生死的束縛。生死業力的束縛越輕，他的靈智越明，一旦脫離了生死，他的靈智——能力所達的範圍，也就廣大、高深而不同凡響。所以，佛教的無神論，絕不能張冠李戴地把它解釋成爲「斷滅論」。禮敬佛菩薩之能夠有感應，就是由於佛菩薩的悲願力是超越生死界的，充遍宇宙界的，瀰漫眾生界的。這在《地藏經》、《藥師經》及《法華經》的〈普門品〉等，介紹得非常明白，所以有「千處祈求千處應」、「千江水映千江月」的功能，這跟佛教的無神論，根本是風馬牛不相及的事。

龔牧師的用心良苦，值得同情，奈何他白費了心血，如果他眞的是基督徒，他是在「不做假見證」的一條誡上跌倒了。因他看了這幾年的佛書，不至於連這點分別也摸不清的。所以我盼望他能及時再站起來，不要一直在這條誡上跌倒下去，否則，基督教相信：「在一條上跌倒，就等於全部跌倒」的！但我多麼地希望龔牧師能進入天堂，與上帝「一同做王一千年」（〈啟示錄〉第二十章第四節）。

龔牧師，經常用「筆者以爲」四字來發表他的高論，但又不能拿出證據來。他是根據些什麼樣的資料，出於哪些典籍，用什麼樣的參證方法而得到他的結論？似乎他就跟他所信的上帝一樣，自信、自負，他有這樣論斷的「權威」。

龔牧師挖空了心思，要把佛陀變成普通的人、變成一個哲學家，而不是宗教信仰的對象。他說佛陀之受「崇拜者予以神格化」是在佛陀死去以後的事（二四頁）。這一點，似乎被他說對了，因爲佛陀根本否定創造神，當然也不欲說他自己是神的兒子——道成肉身，也不是神的代言人——先知，佛陀乃是人間的大覺者；佛陀不是民族的保護神（如耶和華是猶太族的保護神），佛陀也不將自己神祕化（如耶穌說他是神之子又是神的本身——矛盾的聖父、聖子、聖靈的三位一體論，是耶教永遠解釋不清的問題），佛陀卻是人天的大導師，他雖不能改變眾生的業報，但卻能夠教導眾生自己改變業報。所以佛教在原則上是以佛說的法——離苦得樂解脫生死的方法，爲最重要。但是，法由佛悟、佛說，而再由僧傳流。因此，佛、法、僧，稱爲三寶。三寶就是佛教的信仰中心，人之恭敬供養三寶，是出於感恩的心情，並不是要求三寶來代替自己「贖罪」。這是屬於自力的信仰。

（四）自力信仰與他力接引

自力的信仰，必須仰賴他力——佛菩薩願力的接引，正像溺水者與救溺者的關係一樣，如果兩者之間的溺水者是存心自殺，救溺者縱然把他救起，他終究還是要自殺。如果溺者拚命呼救，但無善泳的人救他，他也必將淹死。因此，佛教對於佛力加被的信念，在佛陀的當世，就已流行。學者均承認《阿含經》聖典是佛教保存原始教訓最近逼眞的聖典，然在《阿含經》中的佛力加被的信念，就有好多的記載：向佛走去一步，也有無量功德（《雜阿含經》卷二二第五九二經）；承事禮佛有五種功德（《增一阿含經》卷二四〈善聚品〉之三）；被迫供佛也能六十劫不墮惡趣（《增一阿含經》卷二七〈邪聚品〉之七）；供佛可以禳除疫癘（《增一阿含經》卷三二〈力品〉之二）；念三寶可以除恐怖（《雜阿含經》卷三五第九八〇經及九八一經，《增壹阿含經》卷一四〈高幢品〉之一）。有一位婆羅門女經常向著佛所住的方向合掌念佛（《雜阿含經》卷四二第一一五八經），又有規定六念——佛、法、僧、戒、施、諸天等（《雜阿含經》卷三三第九三一經），再有加上念休息、安般、身非常、死，而成爲修十念的（《增一阿含經》卷一〈十念品〉）。佛命弟子們供養舍利弗及目犍連的舍利（《增一阿含經》卷一八〈四意斷品〉之九）。

從這些證據上看，對佛陀的他力加被的信念，能夠說是在佛滅之後才形成的嗎？

其實，像這種宗教信念的問題，以一個反宗教的唯物論者來否定，那是可以同情的；以一個神教徒來否定它，就顯得不夠聰明了。因爲佛陀究竟尙是歷史上的事實，耶教的上帝，到底該用什麼樣的方法來證明「神」的確是「全知全能」

的「萬王之王」呢?只顧否定佛教,就不自己反照一下,那豈不是應了耶穌說的話嗎:「你們這瞎眼領路的,蠓蟲你們就濾出來,駱駝你們倒吞下去。」(〈馬太福音〉第二十三章第二十四節)當然囉,龔牧師在日本已經找到了這樣的根據:「漢譯之四《阿含經》,並非就是釋迦所說的教法。」(三四頁)

第二節　大小乘佛經都是非佛說的嗎?

龔天民以爲佛經不是佛說的,佛經都是佛滅之後的產物,大乘經非佛說,小乘經也非佛說,佛教的典籍是僞造的,不是眞的。

這是龔牧師研究佛教學的又一傑作,而且沾沾自喜,他認爲,這一下可把佛教完全否定了。因爲佛教信仰,佛教的經典卻不是出於佛說,中國的和尚硬把僞經當眞經,硬是執迷不悟!唯有他是在日本「研究」到了佛經非佛說的「心得」。於是,他便一次又一次地把「僞經」、「僞書」的問題,出現在他的「研究」之中(三二、三三、三四、三五、三六、四六、四七、六九、七三、七四、七五、八二、八八、一〇三、一〇八、一三四、一三七頁)。

(一)大乘非佛說的嗎?

在龔牧師的想像中，發現了佛經不是佛說，該是佛教垮臺的信號了。事實上，他又估計錯了。因爲「大乘非佛說」或「大乘是魔說」的口號，初是出於佛教的內部——小乘教的態度，而且爲時已經久遠。中國佛教對此早已知道，但卻絲毫不受影響。縱然今日的日本，主張大乘非佛說乃至小乘《阿含經》也是非佛說的人，並不即是外道，倒是佛教徒的研究結果。但是，這在基督徒是不易瞭解的。佛教徒何以要跟自己的信仰過不去，要揭穿自己的底牌！龔牧師說：「大多日本僧侶都是『大乘非佛說』的信徒。」（三六頁）事實上，在我們中國，也有許多人是「大乘非佛說」的信徒。只要他是尊重歷史知識的人，只要他是瞭解佛教思想發展變遷的人，他都會承認這是歷史的事實。《阿含經》非佛說，在中國雖未見有文字做明確的檢討，但在《海潮音》刊出的文章之中，也常常透露出這樣的消息，連我本人，也早就相信佛經並非全由佛說。因爲佛經的內容，是由五種身分說的：佛說、佛弟子說、天仙說、神鬼說、變化說，這在佛經中表現得清清楚楚，龔牧師也引徵了善導大師的話說明了這一點（六九—七〇頁）。

佛教是崇尚理性的宗教，對宗教的信仰，絕不希望你來盲目接受，黑的就是黑的，白的就是白的，如果不分青紅皀白的一味信仰下去，那便是迷信。因此，日本也好，中國也好，雖知「大乘非佛說」是事實，日本及中國的佛教徒，卻都是大乘佛教的信徒，而且對於大乘的教義，堅信不移，發揚光大，這是什麼道理？龔牧師可能感到迷惑了。

問題是龔牧師只強調「非佛說」之一面，而不明白「是佛法」的另一面。佛教主張「依法不依人」的精神，基督徒們永遠無從想像。佛教相信：非佛說的未必就不是佛法（如弟子等說的），佛法也未必全由佛的口舌來說（如佛的放光、神變、舉手、投足、看護病人等）。因此，佛的生活、佛的言教，以及經過了佛所印可的弟子們的對話，也都成了佛法，這在律部及阿含部中，隨處可以見到。

（二）大小乘經是佛說的

從大體上說，《阿含經》的教訓，都還保持住接近原始狀態的面貌，但因初期的佛經，多靠口頭傳誦，直到佛滅之後數百年間，才有記錄成文的經典出現。故在師師相傳的過程中，誤傳及失傳的可能是不容懷疑；有的竟把佛滅之後的事也記錄在《阿含經》中，經文開頭仍舊按上「聞如是」的形式，這當不是阿難尊者的口氣。譬如《雜阿含經》卷二五第六四〇經所預記的四惡王的事蹟，乃出於阿育王之前的希臘軍人入侵印度的前後，是在佛滅數十至數百年之間，而非經說的一千歲。這分明不是佛說，而是後人附加。至於《雜阿含經》中的〈阿育王傳〉，早經考證，不是原本《雜阿含經》中所有，而是後人插進去的。像如此的經文，當然不是佛說，我們自是欣然承認。但從大體上說，《阿含經》——尤其《雜阿含經》是最可信的佛典，至於一定要把它認為是百分之百的佛口親說，相信是沒有那樣的必要。因為，《阿含經》中，有許多是由弟子們所說的，以及佛世社會僧團生活的記載。為什麼一定要認為佛的口說才是佛法呢？所以，我認為日本學者的認「眞」精神是可佩的；他們以歷史進化論的方法研究的成果，也是可敬的。至於龔牧師以為不是佛口親說就不是佛法而是「偽經」，都是他的故意歪曲。

再說到大乘的經典，無疑的，大乘經典成為文字的流傳，乃是佛滅之後五百年的事。那麼，我該是不信大乘佛經的了？那又適巧相反，我是特別重視崇敬大乘經的，我在掩關期間日誦《華嚴經》，並拜《法華經》，這在基督徒是不會瞭解的。

這要討論到大乘經的形式問題和內容問題。從大乘經的形式上說，毫無疑問是印度佛教第二期（第二個五百年）的產品，但是，產在第二期的作品，未必就是第二期時代的元素。正像用今天的語體文寫出周秦的故事，總不能說語體文是現代的，周秦的故事也是現代人的捏造呀！所以，大乘經典的原始資料出於佛陀本懷，那是不用懷疑的。大乘經典的流傳，初期也必是由師師相傳而來，甚至有些定力很高的佛世弟子，在山中一坐數百年，然後再遇到人去求法時，便把他所知的經典傳誦出來。傳說，龍樹入雪山，從老比丘得大乘經，就可說明這一點。

當然，印度第一期（佛後初五百年）的佛教勢力，都在小乘僧團的掌握之下，自由思想並且鼓吹在家菩薩精神的大乘經，不會受到小乘僧團的歡迎。所以近代的太虛大師把它稱爲「小行大隱」的時期。大乘經典可能就因此而隱於僧團之外的在家人的口頭傳流。凡是口傳的，絕不能保持原始的面貌，大乘經的內容裡，含有後人的加入及時代思想的成分，當也不必置疑。但是，若要因此而說大乘不可信，那就大錯而特錯，試問：當母親生下你時的你，跟現在的你，仍是一人呢？還是另一人呢？是相同呢？還是不相同呢？你的母親愛護你是愛護的哪一個你呢？如果沒有神經錯亂，當然會說：小孩的你和長大的你，都是你母親生下的你，不過長大的你是更堅強、更有智慧、更有作用了；然而，你的血統，絕不會因你長大而就變成另外一個人的。

大乘佛教的可敬可愛，就在它的成長與成熟，所以比小乘的更加可敬可愛。特別經龍樹、無著以及中國歷代諸大師的光大再光大，充實再充實，直到今天乃至永遠的未來，還要繼續光大和充實下去，這就是大乘佛教的精神，這就是「大乘非佛說」的另一面。

（三）是佛說與非佛說

是佛說與非佛說，不是佛教注重的問題；佛教注重的是：是不是合乎佛法的原則？只要合乎佛法，是不是佛說，又有什麼要緊。佛法不是因爲佛說而從佛口創造出來，佛法是豎窮三際橫遍十方的，只要能發現它，它就是佛法。佛陀鼓勵弟子們說法（《雜阿含經》卷三八第一〇六九經、卷四一第一一三八經；《增一阿含經》卷二三、卷一〇等），弟子們說法，並不就是背誦佛語；若把各人眞實悟得的說出，也就是佛法。所以佛陀嘗說：「我已說之法如爪上塵，未說之法如大地土。」可見，佛教自佛開始，就把佛說與非佛說的問題解決了。如今龔牧師想利用這個問題來否定佛教，豈不白費！他以爲這是佛教的弱點，殊不知，這倒是佛教的堅強處；佛教並不將這問題當作城堡來守，他卻費盡了全力攻它，豈不可笑！

關於大乘佛說非佛說的問題，印順法師很有見地，讀者不妨參看一九五〇年十二月正聞學社出版的《大乘是佛說論》一書，那是專題研究，本文不過是針對龔牧師的意見略予疏導而已。

事實上，一書或一思想的價値，絕不能以「偶像」的觀念來判斷它。如要探究宇宙人生的根本所在，那是不妨把一切分別知見的葛藤，一刀揮斷的，中國的禪宗，就有如此的氣魄。佛也好，魔也好，一切都是凡夫的分別知見。當然，我們剛才是從歷史線索上說明佛經的價值與立場，是世間的俗諦而非究竟眞理的第一義諦。

若要談到「僞書」，如根據龔牧師的尺度來衡量，世上的僞書可就多了，譬如中國的老子《道德經》、希臘的荷馬史詩，乃至英國的莎士比亞的著作，都有問題。因爲它們的著作者的身世都很難查考。事實上，儘管著作者的歷史身分有問題，對那些作品的價值，仍然無損分毫。

然而，世界上最可議論的僞書，龔牧師絕不會想到，那倒是基督教的《聖經》。

第三節　佛教的因果律就是定命論嗎？

不論是誰，如果眞的研究了佛教，並且懂得了佛教（不一定信仰了佛教），那麼，他對佛教所主張的因果律，便不致於歪曲成了定命論或宿命論。

因爲，佛教的因果是通貫過去、現在、未來的，稱爲三世因果。從現在世看過去世，過去世有許許多多；從現在世看未來世，未來世有許許多多。如果不出生死，永遠在三世因果的範圍之中。

因與果的關係，正像果木與果實一樣，在結果的時候，已完成了未來種子的因，在下種的時候，已經有了結果的因。我們眾生，一邊在感受果報，同時也在製造業因；業因的果，是在未來的感報，但是，「未來」並不非要等到死了再來，只要從「現在」的一念滑過，便是「未來」的現前。

因此，佛教的三世因果，分過去三世、未來三世，從時間上說，現生也有三世，生命生活，刹那變易，刹那均在做著三世的交替。

所以，佛教主張，過去的業，必定要受報。但在受報之前及受報之時，仍可用新造的業因，去改變原有業報的成分。正像一缸牛奶，經過加工，便可製成爲酪；相反地，如將一缸牛奶任意棄之不管，甚至放些毒素進去，那就要臭壞而不能食用了。牛奶的本身沒有增減，只因後來所給予的待遇不同，其結果也就完全不同。

過去的因，加上現在的因，便是當下的果；現在的因，加上未來的因，便是未來的果。不斷地行善，就能使果報不斷地改變品質；不斷地作惡，也能使果報不斷地改變品質，這就是佛教的因果律。所以有人稱之爲命運的努力論。鼓勵人人積極地改革自己的命運、改善自己的環境，這便是佛教因果律的目的。

然而不幸得很，那位自以爲是「研究」佛教學的龔天民，偏偏要說：「這個前生造業，今世受報的思想，不但阻礙了印度文明的向上，亦延長了中國和日本兩地封建制度的根基。皇帝大臣、富豪劣紳都以爲是前生善業所致，今世理應獨裁專制，享福快樂。娼妓乞丐、販夫走卒都被信是前世惡業所致，今世活該吃苦受罪。努力上進有什麼用處呢？」（二九頁）

龔天民硬是把佛教的因果律說成了膚淺的定命論，如果他沒有看過佛書，這是可以原諒的，但他既然是「研究」過佛教的人，這就使人匪夷所思了！

實際上，對歷史文化，龔牧師除了故意裝作懂得「封建制度」是根基於佛教因果業報的思想而外，連「封建制度」這名詞他也沒有弄清。因爲，中國的封建制度，始於黃帝，成於周朝，到了秦始皇時，便設郡縣而廢了封建，漢初雖欲封建，然至景帝之後，便已名存實亡，結束了中國的封建制度。所以胡適也說：「封建制度早已在二千年前崩壞了。」（《胡適論學近著》四四二頁）也許龔牧師記錯了歷史，佛教傳入中國，竟是在中國廢除封建制度以後的一、二百年！反看歐洲中古時代的封建制度卻與基督教會狼狽爲奸！

再說，「專制獨裁」，好像也不是中國和日本的特產，基督教的教區，乃至連教會的領袖也實行「專制獨裁」，弄得民不聊生，不知那個罪過，是否也跟佛教的因果業報思想有關？

第四節　佛教有了「新戒觀」嗎？

（一）成善止惡的佛教

在我們佛教，「戒」是一種成善止惡的生活規範。不過，佛教既有大小乘的區別，佛戒也有小乘與大乘的差異。然而，小乘戒是大乘戒的基礎，大乘戒是小乘戒的昇拔。所以，不會有人犯了小乘戒而仍可守持大乘戒的。因爲小乘戒的範圍是「諸惡莫作」，大乘戒則要另外加上「眾善奉行」。小乘如果不行善，只要守住了六根，便算持戒；大乘則不護六根是犯戒，不度眾生也是犯戒。所以大乘戒的內容是：

1. 攝律儀戒——誓持一切淨戒，無一淨戒不持。
2. 攝善法戒——誓修一切善法，無一善法不修。
3. 攝眾生戒——誓度一切眾生，無一眾生不度。

這是大乘戒的三大綱領，稱爲「三聚淨戒」，也就是三大類的清淨大戒。小乘戒僅是大乘戒中的一類「攝律儀戒」。所以大乘戒的精神，要比小乘戒偉大得多。

總之，佛教的戒律，不論小乘戒也好，大乘戒也好，它的目的，是基於出離生死的要求。自求出離（如小乘），自求出離並令他人出離（如大乘）。所以，持戒的本質是自求離欲清淨，並令他人離欲清淨。絕不會有假借持戒之名，反遂縱欲之實的道理，否則那就不是佛教。

可見，遺憾的很，龔牧師就是一位極盡斷章取義並歪曲事實之能事的基督徒。

（二）故意歪曲的誣控

龔天民引用了印順法師《佛法概論》中的幾句話，說是佛教的「新戒觀」，並且大肆渲染，他說：「但想不到如印順法師所說的，居然還有另種解釋戒律的新道理（不單他一人如此看法，許多中國僧侶也有此主張——此係龔氏原案），致令有些或者可以亂用假借慈悲的名義放縱私慾，殺人放火，奸淫偷盜，無所不爲！」同時他更借題發揮，說第二次大戰中，日本軍人百分之九十五以上在名義上都是佛教居士，許多和尚都參加戰爭，將中國人殺得血流成河，橫屍遍野。他又舉了一個日本和尚結婚、吃肉、開酒吧，又有一個日本和尚因疑惑妻子與另一僧侶犯奸淫而將她活活殺死。龔牧師以爲這都是佛教「新戒觀」下所產生的結果。（六

三—六四頁）

我們看了龔牧師的抨擊文字，眞有「夾七纏八、不知所云」之感。

現在我們先來考察所謂印順法師的「新戒觀」是什麼？《佛法概論》第二四七頁至二五一頁，介紹大乘菩薩的六度。六度之中的第二「戒度」，他先說如何如何的要「不」——不得殺、盜、淫、妄。但是他說：「從大智的契合眞理，大悲的隨順世間來說，戒律絕非消極的『不』，『不』不可以了事；必須慈悲方便的能殺、能盜、能淫、能妄，才能完滿的實現。」接著敘述，殘害人類的人可以殺，是殺少數而救多數；寧使自己殺人墮地獄，也不忍他人因殺了許多人而墮地獄。如遇有人非法掠奪，菩薩不妨反將奪取，歸還被奪者。爲了使他人不受非法的殺害、掠奪、奸淫、欺誑，如非妄語不可時，即不妨妄語。又說：「使他離惡向善，也不妨以悲憫心而與他好合。總之，不得殺、盜、淫、妄，爲佛法極嚴格的戒條。甚至說：一念盜心即犯盜戒，一念淫心即犯淫戒，謹嚴到起心動念處。然而爲了慈悲的救護，菩薩可以不問所受的戒而殺、盜、淫、妄。」

我們看了如上的說明，是不是能夠看出印順法師是主張「放縱私慾、殺人放火、奸淫偷盜、無所不爲」的人呢？中國的歷史上，由佛教僧侶所造成的人類災難，是不是可以找到？那是史實俱在，不容龔牧師歪曲，也不用我多說。至於因了基督教而給人類歷史造成的災難，龔牧師也該坦白承認才對。

印順法師所說的大乘戒，已經非常明白，能殺、能盜、能淫、能妄語，是抱著「入地獄」的犧牲精神去做的，自私的人怎樣也做不到。正像耶穌釘上十字架，那是為了忠於他自己的理想而犧牲——他們說是代人類贖罪。其實耶穌的死，比起蘇格拉底的死，並不更加偉大；但他總算也是一位可敬的殉道者，雖在臨死之時他要埋怨上帝離棄了他。

印順法師沒有說明他的「戒觀」的根據，所以被龔天民誣上一個「新」字。其實一點也不新，在《瑜伽師地論．菩薩戒本》的輕戒第九條之下，就有明文規定：菩薩為了救護眾生的理由，可開七支性罪（殺生、不與取、邪淫、妄語、兩舌、惡口、綺語）。但在邪淫條下說明：「出家菩薩，為護聲聞，聖所教誡，令不壞滅，一切不應行非梵行。」（《大正藏》三〇．五一七頁下）同時在〈菩薩戒本〉中，也常說到「若為住持如來聖教」、「若護僧制」，均可不必行，或不得行。小乘聲聞重在護身，大乘菩薩重在護心。

所以印順法師也說到：「一念盜心即犯盜戒，一念淫心即犯淫戒。」不以瞋心殺人，不以貪心奪取，不以欲心行淫，不以癡心妄語，純以慈濟悲憫之心救護有情眾生，便不算犯戒。

（三）挑撥仇恨的宣傳

龔牧師爲要達成挑撥仇恨的目的，硬把第二次世界大戰期中，日本人屠殺中國人的事，牽到佛教中來。

不錯，日本的佛教徒很多。日本的「武士道」精神，也有著若干佛教的色彩。日本近哲鈴木大拙也說：日本軍人的勇敢不畏死，與佛教有關（《中國佛教史論集》二四八頁所引）。據部分西洋人的研究，也說：「日本原爲受禪宗哲學影響最普遍的國家，其武士道精神，係以禪理脫胎而來。」（一九五六年三月二十六日《中央日報》東京專訊）蔣夢麟也曾這樣說：「中日戰爭期間，幾乎所有日本士兵身上都帶著佛教或神道的護身符。」（《西潮》一八〇頁）當然囉，這對於龔牧師是最感興趣的事了，因爲他說：「日本人在第二次世界大戰中，在亞洲各地的那種如瘋如狂的殺人不眨眼的精神，實導源於武士道而來。想不到中世紀的武家頭目居然利用了禪宗，騙使這些武士爲自己拚命而死，還說是什麼超越生死呢！」（一六〇頁）

但是，我們先要明白日本的武士道是什麼？再探究武士道的殺人精神是否跟佛教有關？「武士道」是因日本古代有一種武士階級——職業的軍人所應遵守的美德，以勵忠節、尊名譽爲信條。至王朝時代，因重文輕武而武士道一度衰落，到了源賴朝（西元一一八六年）開府於鎌倉起，日本政權落入武人手中，武士道又復抬頭，並且提倡簡易、樸實、廉恥諸美德。至明治維新（西元一八六七年即位）之後，對武士道精神提倡尤力。故而歷次對外戰爭的勝利，日本人常歸功於國民的武士道精神。

源賴朝開府之年，相當中國的南宋孝宗淳熙十三年（西元一一八六年），那時中國的禪宗，已經流進了日本。日本禪宗的臨濟之祖榮西禪師，就是活動在那個時代，並且得到將軍源賴家的崇信，源賴朝所提倡的「簡易、樸實」，正是禪宗的精神。「廉恥」是中國的儒家精神，古代的武士信條「勵忠節、尊名譽」，是日本自己的精神糅和著中國的儒家精神，所以，武士道的精神，確與禪宗有關，卻不是純禪宗的精神，套一句流行語，那是一個混血兒。

說到武士道對外殺人好戰的問題，應該先去明白日本民族文化的特質。誰都知道，在二次大戰之前，縱然是他們的歷史教科書中，也強調著日本開國的神話。他們確信（迷信）大和民族——日本史上的「原日本人」（Proto Japanese），是出於天神的後裔。他們的統治階級，把這種信念利用得非常成功，他們相信他們日本人是世界上最優秀的一支民族。他們也相信天神的照顧永遠是在日本民族的一邊。後來佛教成了日本民間的普遍信仰之後，也就巧妙地假借運用，認爲佛菩薩也是站在日本人的一邊。因此，日本的軍人每遇戰爭，總以爲天神與菩薩是和他們同在，所以勇氣倍增。這跟西方的以色列人，以爲耶和華是他們列祖列宗以來的保護神的信念，可謂非常的相近。眞是東方與西方，彼此彼此。

佛教的禪宗，僅爲武士的生活下了一服清潔劑，神道的迷信，才是激發武士好戰的興奮劑。這從日本歷史及文化源流上考察之後，已經可以明白。否則，禪宗產生在中國，中國的本土爲什麼就沒有發展成爲武士道的精神呢？

所以，不知歷史文化的背景，硬把日本發動大戰的罪責加在佛教的頭上，那是有欠公道的，好在龔天民也說到「利用了禪宗」的字眼。被利用是眞的，說是佛教幫助日本人殺了中國人，那就是故意栽誣了。

要不然，我也要問：義大利的墨索里尼，德國的希特勒，法西斯或納粹，都發動在耶教的牧區，都是耶穌的信徒。他們驅使人民發動了世界大戰，這個罪責，是否也該加到耶穌的頭上去呢？相信龔牧師是不會願意這麼說的，是嗎？

因此，蔣夢麟也說：「使日本人變爲好戰民族的另一重要因素，是他們的一種錯誤信念，他們認爲日本是個神聖的國家，係神所締造，而且應該根據神的意志行事，並且征服世界。這種心理是由軍閥御用的歷史家，歪曲史實所造成的。」

（《西潮》一八〇頁）

（四）日本和尚不是比丘

再說到日本和尚結婚、吃肉、開酒吧，乃至疑妻不貞而將妻子殺死的事，這是社會問題。如果以為這就是佛教的精神，那麼，我也可以舉出好些神父及牧師等的花邊新聞來的；但那終究是少數的反常現象。凡夫，誰能擔保無過？據我所見有關教士的醜聞就有好多，但我們不該把它當作是代表著耶教的精神；何況日本的「和尚」也不是比丘，他們也根本不以為自己是出家的比丘，而是住廟的在家居士。但是龔牧師也知道俗稱和尚是指的比丘（七六頁），所以他們的性質，跟基督教的牧師相似。日本的佛教教士，娶妻、食肉，也有他們的歷史背景，那是出於政權的壓力所形成，不是佛制的本色。這在龔牧師這樣讀了幾年日本佛教大學的人，應該懂得日本的歷史，不應該再拿它來當作箭靶攻擊，為什麼還要把這個問題大肆渲染而以為是佛教僧侶的榜樣？同時他以為「中國僧侶聽了恐怕要驚為海外奇談了！」（六五頁）事實上，中國僧侶留學日本的，比龔牧師早得太多，中國僧侶知道日本佛教的，也比龔牧師知道得更多。他的「野人頭」豈不是賣錯了時機？

當然，他的主要目的，是爲了討好他所屬的教會，所以他的那本《佛教學研究》，主要是給基督徒看的。可惜因他的過分忠於教會，竟又不太忠於學術的態度了！

第五節　清理幾個問題

《佛教學研究》一書的問題是很多的，除了並案處理了以上幾個大問題，還有若干小問題。有些小問題，我不想置評，因爲我本無意對這本書置評，否則所費篇幅太多。如果龔天民因此而以爲我無能置評，那是他太看得起他自己了。對我而言，龔天民確是一個對手，不過是一個格外值得同情的對手。除非他放棄宗教的偏見，並且繼續認眞地向學問中痛下幾年苦工夫，他將來縱然「著作等身」，也不可能在學術思想界受到重視。當然，我是多麼地希望他能成爲中國基督教的奧古斯丁、阿奎那、許萊馬赫、哈哪克、布特曼，或別的什麼馬太和新的齊諾芬。若想「革命」呢，那便是馬丁路德或喀爾文。

現在要清理的是下面的幾個小問題：

（一）觀世音菩薩誰說是女性

龔牧師根據梵文文法的組織，說明梵文「在名詞、代名詞和形容詞中，各有性、數、格的區別。」順便舉出「Avaloki tesvara 觀世音菩薩一名詞在原文是男性。也許因爲它是慈悲的象徵，以後逐漸轉變成女性了」（七九頁）。事實上，中國佛典中的觀世音菩薩，是跟文殊、普賢、彌勒、地藏、大勢至等大菩薩是同樣的性別。在《法華經．普門品》的觀世音菩薩三十二身之中，雖有女身，但那是應化身的一部分。觀音的報身是一生補處的等覺菩薩。色界的天人已沒有男女差別，出世的大菩薩，怎麼會是女性？龔天民是從民間的小說故事中，採證觀世音菩薩「以後逐漸轉變爲女性了」。可見他讀的佛典之少。

（二）漢譯的經典文義不通嗎？

龔天民在日本學了一些梵文的基本知識，因爲他「所畢業的佛教大學則將梵文列爲必修科。」（七九頁）於是批評佛經漢譯的意義，並不正確，甚至使人「鬧出許多笑話」。「Bodhi-Sattva中文譯作『覺有情』、『菩薩』或『菩提薩埵』，但按原文可譯作『修道者』……Bhiksu中文音譯成『比丘』（俗稱和尚）。但如能譯作『乞食者』才符合原文意義。再如Acarya一字，中文譯成阿闍梨。但按原文不如譯成『軌範師』來得有意義。」（七六頁），「例如Prajñā-Pāramitā Hṛdaya-Sūtram一長句，中文譯成『般若波羅蜜多心經』。如按照原文……意義看來，此經名不如譯成『智度提要經』或『智度綱要經』等來得符合原文。」（八〇頁）

其實，這又證明龔天民所讀的佛典之少。他有所不知，佛經漢譯的音義，有它的規則所在。他以爲用音譯，或各人的譯得不同，就認爲譯得不符原文。

要知道，玄奘三藏等的梵、漢文的程度，絕對不致連龔天民的這點知識也及不上的。玄奘對於譯音不譯義的文句，他有五個原則，稱爲「五不翻」（《翻譯名義》卷一）。那就是：1.祕密不翻（如咒——咒非無義而是不用譯義，正如基督教用的Amen相似，心到神至就好。龔牧師譏評《心經》的咒語——八〇頁，那麼基督教用的阿門，爲什麼就不譏評一下呢），2.含多義不翻（如薄伽梵一語），3.此土無名不翻（如閻浮樹），4.順於古例不翻（如阿耨菩提），5.生善不翻（如般若——其實般若可譯爲智慧，但他並不等於俗稱的智慧，爲令人生敬，故音譯爲般若。我又要試問：Jesus Christ，爲什麼不譯作「救濟塗膏者」呢？難道也是沒有譯妥）。

事實上，關於漢譯的梵音梵義，中國佛教中有專門研究論例的著作。比如玄應的《一切經音義》、慧苑的《華嚴音義》、慧琳的《一切經音義》等書。佛經中譯音不譯義的文句，根據近人周法高先生的研究，他說：「其條例相當嚴密。後人據此種華梵對音，除可以還原梵文原名外，更可以考見當時之音韻。西方漢學

大師如伯希和、馬伯樂、高本漢等皆曾利用華梵對音，以考明古音。」（《佛教東傳對中國音韻學之影響》）

梵文漢譯之中，有先後譯法不同的，那是由於印度或西域的方言互異所致。同爲梵文，所傳地區的不同，也會影響致音義的轉誤。比如「和尚」一詞，在印度俗稱博士爲「烏邪」，到了于闐則轉成「和社」或「和闍」（Khosha），到了中國便譯成「和尚」了（《南海寄歸內法傳》及祕藏記本）。關於梵文音義的誤訛，玄奘的《大唐西域記》及義淨的《南海寄歸內法傳》等，也曾提出許多考訂。絕不像龔天民所以爲的那樣幼稚可笑。

因爲，凡是能懂佛典的佛教徒，對於音譯的文句，也無有不知其義的，並且能知它們的原義有幾種，漢譯有幾種。像龔天民所舉的幾個文句的音義，對我而言，可說早已如數家珍，所以「鬧出許多笑話」的，似乎是龔牧師的「夫子自道」，一知半解，強小知以爲大智，反以大智者們是愚癡，豈不好笑！如果我的看法不錯，龔天民的梵文程度，當還無力獨任迻譯經論的工作。

（三）佛教的亡靈追善是不可能的嗎？

龔牧師不知是引徵了什麼典籍而說：「稍有佛學智識的僧侶大都解釋成『此

非亡靈追善，乃是藉此安慰尚活著的死者親友』云云。」（九八頁）又說：「如果人做了惡業死去以後，居然能以金錢請僧尼超度，那麼，釋迦牟尼所講的道理全部都被打倒了！」（九九頁）「這是因爲佛教乃是徹頭徹尾的無神無鬼論者。」（九八頁）

佛教是不是「徹頭徹尾的無神無鬼論者」？我在前面已經有了疏導。「無神論」——不承認神造萬物，是佛教的基本主張；「無鬼論」的根據何在？就要麻煩龔牧師借他的上帝之力來給佛經重新編造一番了。因爲，天、人、阿修羅（神）、鬼、傍生（畜）、地獄，乃是佛教的六道輪迴說的根據，怎麼佛教突然變成「無鬼論」了呢？眞是精彩的魔術！

我對佛教的僧尼靠經懺爲生活的流弊惡習，早有評論，所以不必辯護。我對有僧侶說追善薦亡是安慰「活著的死者親友」，也不想置評，因爲龔牧師沒有指出是那些僧侶說的。或者是像《新約》、《舊約》中的「先知」一樣，是「上帝借著」龔牧師的話說的。

薦亡思想，的確不是佛教的主要思想。但在經律中記載，勸令死者的家屬親友，將死人的財物布施貧窮，供養三寶，用增死者的福業，趨生善道。至於誦經，並不專爲薦亡，乃爲用作修持，以此修持的功德迴向亡者的福業增長。關於這個問題，請參閱拙著《正信的佛教》第二十及二十一篇，以及《學佛知津》的〈爲什麼要做佛事？〉。

如果以爲佛教的薦亡無用，基督教的「追思禮拜」又有什麼用？（根據耶教唯信者或可得救的現論，「追思」的確無用。）要曉得，宗教的信念，在這方面是相通的。雖然彼此對此信念的解釋不同，又何妨各備一格，並行不悖？我知道，龔牧師的用心良苦，他是要把佛教變成僅是一種學派，而不是宗教，使大家不要以佛教當作宗教來信仰。轉而投向「神」的「權威」之下。但他是多麼的天眞！要明白，佛教雖不即是宗教，佛教卻確有宗教的內容。

（四）眾生有沒有佛性

說到佛性，道風山的基督徒，一向主張佛性與上帝是「十分類似」的（一一一頁），六、七年前他們的《景風》雜誌，就曾對此做過闡述。但是，我已爲此寫了一篇〈論佛教與基督教的同異〉，把它駁了回去，所以我不想再說什麼。

龔牧師不信眾生皆有佛性，他把眾生有佛性，解成「一隻臭蟲能成佛，一隻猛虎也有佛性，佛與萬物不可區別。」（一一二頁）又說：「如果佛教徒眞的以爲人和其他禽獸無甚分別，那麼佛教中的所謂某某高僧或某某大德還有什麼價值可

言嗎？」（一一三頁）

這個問題，在基督徒看佛教，永遠都做如此的結論，也人人都做如此的結論。因爲神教徒們迷信神造人類來管理一切生物，神造萬物是供人享用。如果神教徒們不敢反叛《舊約》的創造神話，他們永遠不敢承認人與動物在本體上的平等性。

他們以爲臭蟲可惡而卑微，猛虎殘暴而兇狠，所以不可能與人平等。人，永遠要把其他動物當作沒有「靈」的東西看，永遠不能進入上帝的內面去，所以不承認眾生皆有佛性。

事實上，世上的一切動物，連人在內，從各各的本位上說，根本都是一樣。虎爲飢餓而吃人，說牠可惡，人爲了飢餓而吃雞鴨豬羊，何嘗是善？如說人是應該如此的，虎又何嘗不是應該如此？因爲求生存的理由，彼此一樣。如說人有「靈」而動物無「靈」，然而，演電影的狗明星、馬明星、鳥明星、猩猩明星，牠們的機靈不會亞於一般的人，這又怎麼解釋？否則基督教的「靈」，人類也該沒有——上帝吹了一口氣，所以人有靈，那根本是神話，耶教徒則深信不疑。所以，我曾想到一個名詞：「基督教是內分裂的唯神論」。因他們由人向上看是唯神的，由人向下看是唯物的，通體的宇宙觀又是唯神的，宇宙的生命觀是對立的，生命的道德觀永遠是矛盾的，一切竟又是唯神安排的。

基督教的觀念，類似婆羅門教的階級，所不同的，基督教以為動物不能進天國，婆羅門教以為賤民不能生梵天。其實，《舊約》中的異民族，都不是耶和華所要拯救的人！

佛教的眾生皆有佛性的思想，確含有若干泛神哲學的思想。然而，泛神哲學中的神，是一個混合融和的狀態。那個神普於一切，而不愛護一切。所以斯賓諾莎的哲學，人應愛神，卻不能要求神來愛人。佛性不然，佛性是遍在於一切的本性，人要覺悟之後，始能認知佛性並與佛性相通消息。如不覺悟，雖有佛性，也等於尚未開採的礦藏。覺悟之後，稱為見性。見了性的眾生，能與遍在的佛性相通消息；那是找到了自己，但卻並未將自己失落，所以跟泛神哲學是不相同的。

佛性的平等，也只是基本理體的平等；眾生的基本理體一律平等。但是，正像人權的平等，只是人與人的基本權利平等，不是把人的俊醜、高矮、男女、老幼、智慧、良莠等分別一律剷平，否則就是假平等而不是眞平等。眞平等是立足點上的平等，不是沒有上下尊卑賢愚不肖之分的平等，而是基於同樣立足點上而可自由發展的平等。

佛教的眾生皆有佛性，是從基本上著眼，不是從發展上著眼。佛教主張一切眾生皆有佛性，並沒有說眾生就是究竟的佛。眾生皆可成佛，是要使眾生逐級上升之後成佛。由下級的轉生爲高級的，一一向上，再由人間的人身而進入解脫，達於成佛。

龔天民信基督教，我不反對，他研究佛教，我很歡迎，但他歪曲佛教，則感到遺憾！佛教的思想非常精密，對於一個基本的立論，經過數千年的組織闡揚，絕不會是信口開河的亂說一通。憑龔牧師的這些偏見，充其量只能使他自己高興而已。他又說：「也沒聽說有比丘來對螞蟻蒼蠅或樹木花草開過佈教大會。」（一一七頁）然而，他就不知道「生公說法，頑石點頭」的記載。

（五）中國的佛教全被否定了嗎？

龔牧師對於中國的佛教，已經盡了「否定」的能事。他以時代佛教的研究精神，否定了中國的傳統佛教；以神鬼信仰的指責，否定了密宗；以誦經拜懺的生活形態，否定了中國的僧侶；以學術的研究發明，否定了淨土宗；以淨土宗的立場，否定了禪宗；以大乘非佛說，否定了大乘佛教；以阿含非佛說，否定了小乘佛教。這在他的「研究」的「導言」之中，就已告訴了讀者。有了這一連串的「否定」的「成績」，無怪乎他要洋洋得意了。

對於大小乘非佛說的問題，我在前面已經說明。中國的佛教在研究方面落在日本之後，我是承認，但不等於中國無人研究，更不等於中國的佛教就沒有價值。密宗是否毫無信仰的價值，沒有眞的研究過密宗的人，根本無資格評論。專以誦經拜懺爲生活的僧侶問題，我希望佛教徒們警覺起來。從淨土三經的成立史實的考察，我尊重學術上的發明；但如說是淨土宗就因此而不足信仰，那是太武斷的。淨土的信仰，也不即等於彌陀淨土。太虛大師曾說：「淨土是大小共被。」只要是佛教，無不信有淨土的設施。在中國佛教史上，歷代各宗的大師們，幾乎均有他們的淨土觀及淨土的分類法；縱然是禪宗的六祖大師也主張有彌陀，雖然是唯心淨土、自性彌陀。

阿彌陀佛的信仰，至少在龍樹大師以前，已在印度流行，所以《華嚴經》中說到阿彌陀佛。龍樹大師造的《十住毘婆沙論》，也特別在第五卷〈易行品〉中以三十二行偈，讚歎彌陀淨土；他雖普讚十方佛，但卻特別讚歎彌陀佛。

事實上，不論彌陀淨土如何解釋，修持淨土法門的宗教經驗之多，恐怕無有一宗比得上的。感應靈異的事實，不容我們否定它的宗教價值。如果說是迷信，淨土宗卻確有它的理論根據；至少，念佛能得三昧，三昧可感神異。許多淨土宗的經驗，在基督教中根本無法找到相等的效應。如說阿彌陀佛不曾在我們這個世界的歷史上出現，就不足信仰，耶和華的身世，豈不更加渺茫？當然，信仰阿彌陀佛的信念，跟史實的考察可以不相衝突，一是宗教的，一是學術的。學術的探究總屬形而下的有限，宗教的理境乃是形而上的無限，所以，信仰彌陀淨土之有，但也不必反對人家說彌陀史實之無。

龔天民引了一位禪僧的話，說虛雲和尚反對《印光大師文鈔》，反對口念佛號（一四八頁）。我不知虛雲和尚曾否眞的如此說過，但是，自從永明延壽禪師以下的禪僧，多念阿彌陀佛，禪淨雙修，乃是北宋以後的佛教風尚。偏重與偏輕，自所難免。不過那位文字被引的禪僧，說話欠考慮，說什麼「淨宗人雖多，成功的卻很少，禪宗人少而得益頗多呢」。龔牧師善於斷章取義，曲解文義，更是一等。他把《阿彌陀經》的：「舍利弗！當知我於五濁惡世，行此難事，得阿耨多羅三藐三菩提，爲一切世間說此難信之法，是爲甚難。」解釋爲：「換言之，釋迦行了念佛而才成道的。」（一四七頁）他故意要把連貫著的上面一句忽略，因爲上一句是：「釋迦牟尼佛能爲甚難希有之事，能於娑婆國土，五濁惡世：劫濁、見濁、煩惱濁、眾生濁、命濁中，得阿耨多羅三藐三菩提，爲諸眾生說是一切世間難信之法。」《阿彌陀經》是說釋尊向一切世間說此淨土的難信之法，是行的難事；何曾說釋尊自己是由念佛而成道的呢？

龔牧師又引用了印光大師的話批評禪宗（一五八—一五九頁），印光大師高揚淨土是事實，若如龔牧師說的：「禪宗的冤家對頭，可說便是同爲佛門弟子的淨土教徒了。」那就錯了。印光大師寫信給高邵麟居士，雖說：「凡禪宗典章概勿研究，以禪宗意在言外，若按文解義，則錯會佛法，以善因而招惡果。」這是說禪宗的文字，都是言外之音，如不能深契禪理的人，往往錯會了文中之義，所以不要研究它。因此印光大師與陳錫周的信中便說：「而末世之中人根陋劣，知識鮮少，（於禪宗）悟者尚難其人，何況實證。」這幾句話，均被龔牧師引上了，然而從哪兒看出印光大師在否定禪宗來了？只怪龔天民自己把它們歪曲錯會了！

龔牧師又說：「由於禪宗太注重坐禪的活動，故此歐美的不少學者以爲禪宗道場只是一種修心養性的團體罷了。」（一五八頁）這又被他說反了。禪宗「修心養性」是對的，不過禪宗的本質，跟坐禪是兩回事。中國的禪宗要求，是重在悟性，而不重坐禪，日常生活，挑水擔柴，吃飯睏覺，都是禪宗的用工夫處。稍知禪宗意趣的人即能道出這樣的看法。

總之，龔牧師是從日本佛教的一些近代著作中，得到了一些佛學的知識，又在中國的佛教近人著作中找了一些片斷，戴上一副彩色（神）的眼鏡，加上他的歪曲技巧，就寫成了這麼一本《佛教學研究》。我還能對這麼一本書說些什麼呢？

總算我沒有涵養，已爲此書做了如上的一些疏導。

（六）後記

本章在《海潮音》刊出時的題目是「龔天民牧師送給佛教的『研究』」，現因加了後面有關杜而未的一節，所以更改了它的名。

龔天民在一九六三年，僅僅知道我已見到了他爲破佛而寫的書，他就感到「快樂」（《基督教研究》季刊一卷二期），同時巴望我能重視他的「傑作」而予反駁。

基督徒們似乎都是如此的，一九六二年，天主教的杜而未，寫了一連串的破佛文章在他們的《恆毅》雜誌上發表，因不見佛教的反應，便著文挑戰，要「佛教徒們寫寫吧！」耶和華在無聊時，專找仇敵並製造出仇敵來讓他自己攻擊消遣（如《舊約》所記載的），基督教士們可謂是耶和華的忠實信徒了。

然而，當本書在《海潮音》僅刊到兩期，龔天民就急著向我恫嚇了，他說：如果我再寫下去，就有基督徒要用我過去批評佛教的文章做資料，來揭佛教的「內幕」了（《天僑週刊》二〇八期）。實際上我的文章既是公開發表的，豈能稱爲「內幕」？當我連載到第二次時，他又沉不住氣了。他說他「都看到了，等全部登完後，有空時一定答覆。」（《天僑週刊》二一五期）但是，當本章駁斥他的部分全部刊畢時，他卻花槍一掉：「現在本人已經決定，從今天起，凡佛教徒對本人文章的任何反駁攻擊，將一概置之不理，不予答覆一字。」無理可辯了，他便搬出了：「好在我國憲法第十一條明文規定：人民有言論、講學、著作及出版之自由。」（《天僑週刊》二二六期）他以破壞佛教為憲法所賦予的「自由」，卻以佛教徒對他的申辯為「逼迫」（《答妙貞十問》二版自序）。基督教士的態度如此，本不足為奇，如果我們研究了基督教的本質為何物之後，就不難理解他們何以會有如此的態度了，這正是本書希望約略告訴你一點的消息。

因為龔牧師沒有對本章提出異議，我仍有權處置我自己的作品，故在本書出版時，已有若干刪改和濃縮；同時，為了表明本章所引龔某文字的出處，均用頁碼標明《佛教學研究》那本書的頁數。

第六節　天主教的月神杜而未

（一）佛教絕不是月神話

這一節，在本書初稿時，沒有計畫列入，本書初稿完成時，杜而未的《揭示佛經原義》尚未出版，而他第一本反佛教的月神書《佛教原義發明》以及在天主教《恆毅》雜誌上發表的月神文字，已有印順法師在《海潮音》四四卷三及四期上，以「東方淨土發微」爲題，做了一萬三、四千字的反駁，列舉佛教的虛空喻，從正面否定杜說。杜而未所用的語源學，僅能說明語義的因時而變化，即使「涅槃」之語源，與月亮有關，亦不足以爲佛說之涅槃爲月亮。那是一篇很有分量的論著。此外也有明本扁舟法師，在《中國佛教》雜誌上做了「反駁」。

總之，杜而未神父是用語源學及神話學的知識，加上他的天主教教士所特有的偏見，把佛教羅織成爲「月神話」。他既不以佛教爲宗教，也不以佛教爲可資信賴的哲學，他的目的是很明白的。可惜他要一手遮掩了天下學者的耳目，該是想得多麼的順利！

因此，當我在《海潮音》月刊連載了本書的前半部時，就有人希望我對《揭示佛經原義》這本書，也說幾句話，所以在計畫出版之前，臨時加插了這一節。

杜而未這個人，已在這本書第一章第一節中做了介紹，所以他是一位已經「出名」的天主教士。

（二）月神的迷宮與魔術

至於我稱杜而未爲月神，是有根據的，因爲他是月神的專家，幾乎也像是月神的化身，他所發表的文章，也多是談月神，可謂物以類聚，也可謂不甘孤獨，所以站在他月神的立場，總希望他所見到的都是他自己的族類，至少也希望人家都能類似他的族類。杜而未雖然以信仰基督耶穌的天主爲職業，他的腦海裡卻裝滿了月神的影子及月神的「崇拜」，他把中國的道教化爲月神，把龍化爲月神，把印度的宗教化爲月神，把東方的許多傳說及記載化爲月神，當然，佛教也就順理成章地被他化爲月神了。

杜而未是値得基督徒們「佩服」的，他所讀的書，要比龔天民多上好幾倍，此所以他比龔天民更値得基督徒的佩服。但是非常的可惜，杜而未的虛心，卻比龔天民還少了好幾倍，所以他的文章比龔天民的更加使人啼笑皆非。

杜而未是一位標準的蛀書蟲；不過比蛀書蟲多了一項善於曲解的技能，他的曲解技能，比起龔天民，又要高明一些，至少，他能抄摘大堆大堆的資料，然後分類歸納，像百衲衣似地連在一塊，把它們變化成爲他所希望的月神。他不是消化資料，是將資料投進他預先布置好了的那個月神格局的「迷宮」，所以他的這種手法，頗能使人產生「好像正是如此」的錯覺，如果沒有研究過佛教的人，見到他所「採徵」的那許多資料，就會容易被他的迷宮所迷，而會以爲佛教是「月神話的演義」了。所以杜而未不愧是教授「人類文化史」，也是創造「人類文化史」（掌摑學生）的一位天主教的教士。

我說杜神父布置的「迷宮」，也是有根據的，那就是他先對月亮的陰、明、晦、圓、缺、光、出、沒、上弦、下弦、朔望、質量、顏色、形狀、季候、巡循、方位、時日的數字、字根字義的演化，種種有關月亮的傳說和神話，蒐集起來，擺出月神話的格局，織成一幅迷宮式的網，凡是與這些月的因素相似或接近的東西，都被杜而未用這座迷宮來一網打盡，最妙的是他想像力的「驚人」，如果實在與這些月的因素拉不上關係時，他就玩弄玄學了，擺出了推論的姿態，推演再推演，間接又間接地把它們拉向月神杜而未，使之變爲月神的一部分。如果推演的方法也用不上時，他就自我安慰地自圓其說：「可以互混，是神話之常事。」（《揭示佛經原義》一二頁）；「年代久遠，神話不能無紊亂之處」（一七頁）；「解釋時年數只差一年時，如八十與七十九、三十五與三十六，皆可通融。」（一八頁）類此者尚多。杜而未最高明的手法是玩弄數字的魔術，數字的魔力也的確大極，加減乘除，左右逢源，從許多的數字中，找出需要的一個數字，實在很容易，何況還可用算術級數及幾何級數來製造數字。因此，杜神父從佛經的原始資料中，抄下了大堆大堆的數字，分別塞進他預先已經得到了的答案中去。這幾乎是基督徒的通病，他們所謂研究外教，不是先有問題，而是先有答案；他們的所謂研究，只是找著資料去填充他們預先就有了的答案，他們先已布置好了式式樣樣自以爲是的答案，得到資料，還愁沒有地方塞嗎？縱然塞不上去，他們也要設法「削足適履」。

(三) 不是原義的原義

杜而未神父從沒有想到，他對佛經讀的似多，抄的也似多；但他並不理解佛教，而且故意曲解佛經，譬如他說：「如《阿含》、《華嚴》，有如是廣長的篇幅，很古的人類是作不出來的。」從佛經的成立史上考察，他這話只說對了一半，《華嚴經》的成立，可能是經過較長時間的逐漸增加，至於《阿含經》，《阿含經》分四種，成立的時代也有先後，《阿含經》，根本也不是「廣長的篇幅」，而是經叢或類書的性質，是將許多的短篇記錄彙集，特別是《雜阿含經》，它的成立，也絕不如杜而未所說的：「最早的經典也是滅度後數百年才著成的。」（一七頁）《阿含經》亦是編成而不是著成，初編時的內容也許與我們現存的內容有若干增減出入，但是《阿含經》的成立，不像四福音那樣，由四個人著成，這從印度思想史的進化上可以得到實證。杜神父昧於思想史的考證，一味要把佛教變成月神話，他是夠大膽的，卻是很荒謬的。他一口肯定：「印度人沒有對於古代歷史的記載，後人怎能知道呢？」（一七頁）但他有所不知，近世以來，已從考古學、語言比較學、音韻比較學、宗教文學、民俗文學、歷史文學、外人記載等的資料中，找出了印度宗教哲學史的演變過程，雖然尚不十分明瞭，但對印度佛教的大致演變，均已找出了證據，在這方面的研究，歐洲學者開了頭，日本學者也早已跟進。不幸的是杜神父他太喜歡月神話了，所以他是寧願關起他天主堂的大門來閉門製造「月神話」，既不參考前人已經得到的研究成果，也不做實地實物的虛心考察。不錯，他也引用了法國人及德國人的著作，然而，那些外國學者，所犯的毛病正與杜而未相同：先有了答案，再來找資料的。我想，他們必定也是基督徒，而且比起杜神父更夠「資格」！

杜神父不解佛學名詞的涵義，卻硬要牽強到月神上去，譬如佛教所說「五陰」，明明是指的：色、受、想、行、識，這可以解作「五蘊」，是構成眾生世界的五大要素；然而杜而未一定要說「陰爲月」（三〇頁），他把五陰的陰當作陰陽的陰了。類此解釋尚多，豈不教人啼笑皆非！

（四）如月豈能即是月

誠然，佛經中用到「月」字的地方，不是沒有，但那均係一種譬喻，一種形容，而不即是月神話，例如佛說佛陀是蘇摩（杜著一再提到他），蘇摩原是一種草名，蘇摩可做酒，所以本是酒神及草神，後因蘇摩之液Indu有月字的涵義，到了後期的《阿闥婆吠陀》中蘇摩就成了月神，佛意是以月表清涼明淨；佛經中以日月並用的形容詞也極多，佛的德號也尚有很多，自稱如月就是月，那僅是杜而未在「神」的降靈之下所得到的啟示而已。例如他舉出《大方廣佛華嚴經不思議佛境界分》一卷：「佛在樹下，大眾圍遶，端嚴而住，如星中月，處淨虛空。」（二二頁）；又引《大方廣如來不思議境界經》一卷：「如來於此，端嚴而坐，大眾環饒，如星中月。」杜氏便說：「說如星中月，尚有古傳眞象，實在以佛陀如月。」（二二頁）又引《涅槃經》：「而諸眾生皆謂（皆謂！）如來實般涅槃譬如月沒。」杜而未接著肯定：「要重視當時大家的意思，大家『皆謂……』。大家代表的是古傳」；「見得月沒即涅槃，明若觀火。」（一三一頁）。這很荒唐，以「如月」作喻，就肯定是月嗎？

總之，杜神父彷佛是月神的化身，而且是受了「神」的「天啟」，他要把佛教說成：「受月神話支配而不自知。」（一三〇—一三一頁）並說：「神話包括了佛教，滲透了佛教，沒有神話即沒有佛教。」（四頁）用他編成的那張月神的魔網，變魔術似地把網口撒向佛教，縱然那張魔網那麼小，漏洞又那麼多，但他自以爲：「本書的系統要義已爲定論，因證據太多也太自然了。」（〈序〉）這是自圓其說的自我陶醉。

我們承認，凡是宗教，無不雜有神話，尤其是傳流越久，所附的神話也越多；但是，從神話的內容，尙可探究到產生該一神話的歷史背景，何況佛經的出現，以及佛經的內容，並非全屬神話的演義。事實上，有許多神話，站在宗教經驗的立場是可以解釋的，也可以接受和承認其實有的，宗教自與科學不同。所以，我們不必否認佛教採用了若干流傳於古代印度的共同傳說；但是，佛教僅是隨俗採用，卻不重視這些，因爲，佛陀的人格及其思想的突出，乃有歷史遺跡可考的。如果抹煞了歷史的遺跡以及佛陀的眞實性，而一味歪曲解釋成爲僅是月神話的演義，那麼，若不是惡意的羅織，便只有基督徒對付異教的存心才會如此。

杜而未果眞是以發明學術的心地來發明佛教是月神話的嗎？他說：「尊重佛教」，又說：「更尊重眞理」（一八頁）。「眞理」兩字在基督徒的習慣用法是指的耶穌天主，服從天主就是「更尊重眞理」，天主是誰呢？他是神。基於自己所信的神爲立場，而去羅織佛教成爲月神——佛教不過信仰月神！如果說它是公義的話，那實在僅僅說明了基督徒對付異端的「公義」。所以我也不想爲此多費紙墨。

（五）神教徒的神話

杜而未裝了人類學者的外表，不用人類學的知識來考察一下耶和華的由來，卻以天主教士的存心，專做攻破「異教」的工作。如果他能用同等的精力與存心，研究他自己的神，實在更加有效可觀。

因爲，一神教是由多神教蛻化而來，既是神教，豈能與諸神無涉？不過這是基督徒們不願想也不敢想的，事實上卻有許多的資料可供採證。杜而未既是「神」父，並製造了許多月神話，何不也抽空查一查你家那個「神」的家譜呢？

一神教是多神教的蛻化，泛神論是一神教的理性化，無神的佛教是泛神論的積極化。所以，佛教縱然是由神話而來，與神話的距離，至少已較基督教升了兩階。杜神父何以厚此而薄彼，捨己而從他，把自家的那一大套神話裝上了神學的金，化成了十字架及聖母瑪利亞，高高地供在天主堂的山壁上，卻處心積慮地到佛經裡面造出月神話來！

再說一個歷史悠久的佛教，既如杜而未所說，佛教徒自己是「受月神話支配而不自知」的，又說佛教「最早的經典也是（佛）滅度後數百年才著成的」。可是杜而未在大小乘佛經中所要找的月神話資料，竟又是左右逢源，俯拾即是，而且以爲那些歷代「著成」佛經的人，偏偏會想盡方法，要把內容配合到月神話上去。如果這不是杜而未一手編導的魔術，又用什麼話來解釋這樣的安排是可能的呢？

杜神父其人，比較起來總算是好的，至少他比那些不動頭腦就一口認定佛教是害人的邪教的基督徒來，該是高明得多了！雖然，在歐洲，自叔本華以來，許多研究梵文、巴利文及漢文、藏文佛典的學者們，所持的研究態度，完全與杜而未不同；誰是爲學術的發明而研究佛教，誰是爲「神」的使命而破壞佛教，豈非「明若觀火」。

(六) 後記

當本節文字在《覺世》旬刊三一五號刊出之後的十七天，杜而未即在他們一九六六年二月二十七日出版的《善導週刊》上刊出了一篇千把字的文字，說我不敢深入他所製造的神話內容。其實，我已把他的底牌揭穿，指出了他的手法及目的，還要我如何的深入？他想也把我引入他所布設的迷宮，到他的迷宮裡和他較量，他的如意算盤，卻是打錯了對象。

龔天民本來也不同意杜而未把佛教羅織成爲月神話的（見其〈致扁舟法師

函〉），後來竟向杜而未送秋波了（見《天僑週刊》），杜而未得著之後，也給龔天民捧了場，硬說我在評龔天民時失敗了。實際上，他們越是硬拉關係，越加表示了色厲而內荏的虛怯之相。

第三章　基督教的「神」之研究

宗教無不有神話的流傳，理性的宗教，借神話作爲傳道的通俗媒介，次級的神教，便即以神話的本身，作爲信仰的標榜。

因此，我們要知道基督教，就該先來知道基督教的神話；雖然基督教的神學家們，想盡了方法，把他們的神解釋成爲外宇宙的唯一眞理，而與一般的神分家。實際上，那僅是他們利用了希臘哲學之後的一種辯解，卻跟史實無關。

第一節　誰是耶和華

（一）《舊約》的成立

我們要想介紹基督教，不能不先談猶太教，儘管後來的基督徒，大大地屠殺猶太人，猶太人，卻是基督教的根源。

你所知道的，基督教有一部《聖經》（*Bible*），雖然Bible這個名是相當的新，它到西元第四世紀時，才由君士坦丁的大主教約翰．吉利索斯頓（John Chrysotstom）

創造的，而且僅指《舊約》而言的。

這部《舊約》，你可能以為它是老早就有的，但要比起世界其他的古典來，它是太晚太晚了。在西元前兩千年，巴比侖就有了一部《漢摩拉比法典》，西元前三千年，印度就有了《梨俱吠陀》。至於說到《舊約》產生的年代，那倒是個大問題了，因為它是來得如此的緩慢而複雜。大概地說，摩西時代（西元前約一千幾百年），尚沒有一個人聽到過有關《聖經》中現在這樣妙的故事；如果一定要說，摩西曾對《聖經》有過貢獻，那麼，就是他在西奈山（Sinai）上計畫了四十天，所得到的結論，為猶太民族擬了十條法規，用兩塊石版刻好後，帶下山來，那時猶太人尚無文字，摩西大概是用他在埃及宮中學來的象形文字吧？因為那些做久了奴隸的猶太人不認識它們，所以又用木櫃把兩塊石版裝了起來。

但你不要以為摩西是偉大的立法家，告訴你吧，他僅是個狂熱的民族主義者，他尚沒有創製法律的天才。他在埃及宮中被埃及公主自小拾去撫養成人的時期內，必定見到了那部共有二百八十五條的《漢摩拉比法典》，在裡面抄了幾條，加上埃及與巴比侖的傳說，便成了十誡。（請參閱拙著《比較宗教學》）

（二）摩西禱月

說到西奈山，我要請臺灣天主教的神父杜而未注意，Sinai這個字，是根據巴比倫的月之女神Sin而取名的，所以，摩西上西奈山，《舊約》的作者說他是跟那個看不見的可怖的耶和華講話；其實，他是在求月神的啟示，啟示他究竟該從《漢摩拉比法典》中，抄下那幾條又加進那幾條，來作為控制人民的教條。並說在摩西上山的期間，有一片厚厚的雲幕，蔽住了山的面目，這是表示月亮陰影面的神祕莫測；同時，上山四十天，便與月亮的運行週期有關聯了。這個西奈山的神話，唯有用月亮來解釋才較合適，否則，耶和華與摩西談話，何至於猶豫不決地為十條法律而談上四十天？又何必安排到西奈山上去呢？何以又會有厚雲遮蔽？

說穿了，很單純，杜而未為把佛教羅織成為月神話，他就說月神話佔據了人類半個世界，可是很光榮地，耶和華的出生地正巧是在這半個世界之內哩！亞洲西部的那個小小的塞米族（Semitic race）部落，眞正與這半個世界是不能無關的。

(三) 耶和華的語源考證

對了，要論基督教，絕不能忽略了耶和華（Java, Jehovah, Yahweh），我寫下三個耶和華的洋文名字，懂得語源學的基督教士，一定是明白的。因為，耶和華的身世很複雜，跟他「血統」有關的神之「祖」，就有好多個。在基督教教會人士的解釋，它是由希伯來語「在」的動詞而轉，轉了兩轉，便被解釋成爲「創造者」了。他們說這一語意解釋，開始在出埃及時或者更古；其實一直到了猶太王國分裂之後，他們尚無自己的文字，創造神的觀念之確定，更是晚在被巴比侖人流放之後。所以，有人從比較中考察，認爲耶和華本由阿拉伯語中的「吹」之意而來，它含有颷風神的意思，這是可能的，西奈沙漠中常有颷風，而且一些先知們往往是在颷風之際「聽」到了耶和華的聲音（如以利亞）。又有人研究，耶和華是由希伯來語「降」之意而來，它含有雷神的意思，這也可能，耶和華「降臨」的時候，往往是在火中、烈焰中、巨大的聲音中。更有人主張，耶和華的語源，是來自印度。同時，在《舊約》中所稱的上帝之名，尚有**El Elohim, El Shaddai**，它們的本義和起源，也有好多解釋。

因此，我們可以確定，現在所稱的耶和華，乃是古代猶太民族多神信仰的綜合化。

雖然，基督教以爲，耶和華這個神是自有永恆的。但據《舊約》所提供的資料，在摩西之前的猶太民族，尚是雜亂的多神信仰者，充其量，耶和華是這支民族所信諸神中之一個神而已，因爲，耶和華僅是亞伯拉罕這一家族所奉的保護神，每一家族亦各有每一家族的保護神。至於各家族各有一個保護神的起源，那便是圖騰（Totem or Toodaim）的崇拜，圖騰崇拜的方式雖各地有所不同，卻是各民族宗教的發展通途。再考察耶和華的語源，它與圖騰，也僅百步與五十步之差。

所以，一神教之出現，若謂與多神的崇拜無涉，那僅說明基督教的自我高興而已。

月神話，僅是耶和華這個神的成分之一，因爲耶和華這個神，在《舊約》中一出現，便具有極強烈的侵略性，他見到什麼神，就吃掉什麼神，正像老虎一樣，見到別的動物，牠就吞吃下去而營養牠自己，那些所謂先知們，便替耶和華做了侵略其他神的工具。

耶和華本是假想的一個名字符號，在此符號下所藏的「魂」，便是自摩西以後的歷代先知們，摩西不過是起了帶頭作用的一個耶和華的「魂」。所以他把西奈山的月神也變成了耶和華。

以前，我看西奈山在《舊約》中的那幅景象，有烈焰，有雷火，有烏雲，推測它與火山神話有關；現在用杜而未的看法，根據它的語源來解釋，確定它是月神話，當是可信的了。

我們再說到《聖經》的問題上去吧。

（四）《舊約》的歷史價值

原來的《聖經》，沒有成本整冊的書，不過，在西元前五三七年以後，那位仁慈的波斯王居魯士，讓猶太人自由地還鄉，重建猶太故鄉耶路撒冷神殿之後，在猶太人——那個後來被希臘人改稱作猶第亞省的小村子、小神廟裡，都藏著他們所喜歡和敬重的記載，謄錄在獸皮或埃及出產的紙草上（Papyrus 這是尼羅河三角洲的一種植物，取葉交叉加壓，乾了即可用烏賊魚的墨汁在上面寫字，今日英文的Paper一字，即由此而來），他們蒐集的內容，不盡相同，唯其都是有關猶太民族的傳說，這些傳說的態度，正像所有的「愛國」歷史家的態度一樣，把他們自己的民族，說成如何如何的悠久、勇敢、優秀、偉大，所以，在那些記載中，究竟有多少是猶太民族所曾經發生過的事實，簡直無法想像。曾有一位偉大的歷史家希羅多德（Herodotus），他想盡辦法，實地探察，希望得到猶太人所傳說的古代史實，但他是完全失望了。

說一個例子吧，當所羅門王要在現今的耶路撒冷，造一座非常了不起而卻小得像近代鄉村教堂那麼大的神殿時，猶太人自己卻只會經商及農牧，所需的石匠、木匠、鍛冶匠，均要從菲尼西亞（Phoenicia）那個距今三千年前世界上最大的商業中心花錢請來，但是，《舊約》的作者，卻又憑空構想挪亞在洪水時代，就會造出那麼了不起的方舟了（其實，洪水神話是偷了巴比侖人的傳說）。同一個例子，《舊約》的作者，那位〈列王記〉的無名作者，誇稱那座神殿所費的金子有十萬八千兩（Taleut），銀子一百零一萬七千兩，但據研究，那等於當時世界全部金量的十五倍。你說，《舊約》的內容是何等地荒誕吧！

當然，就在那些記載中，也記錄了猶太人的宗教儀節的各種律法，那許多使外邦人聽來，覺得好古怪的名堂，卻是猶太人看得比生命還重的神約及預言。因爲，猶太民族永遠是一個神權中心的社會，直到如今的基督教，依然落伍在時代觀念的背後老遠老遠……，保守著神權至上的信仰。

然而，像那樣的記錄，太多太多了，到了西元第四世紀，才由約翰·吉利索斯頓，把這樣的小集子，總集起來，稱它爲《聖經》，而這部總集的內容，差不多花了千把年的時間，以及好多先知的創作才完成的。然而，因爲那些編寫者，或創作者，均是狂熱的信仰者而不是歷史家，以致把時間和空間的觀念弄得很模糊。所以，歷史家們研究猶太歷史，只取他們尚未與高度文化民族接觸以前的《舊約》部分，作爲聊勝於無的參考，一到猶太人被巴比侖人流放以後的猶太歷史，就寧願採取文明國家的正史而不聽信《舊約》了。因此，歷史家們以爲《舊約》的後面二十篇是沒有歷史意義的（前面的僅是聊勝於無），可見《舊約》聖經是如何的「聖」法了！

第二節　耶和華與撒旦

（一）耶和華是印度神

也許你要問：「神造宇宙的故事是何時產生的呢？」眞抱歉，如果我照歷史的眞實情形告訴你，那麼，我是挨定基督徒的罵了。

因爲，耶和華這個神，本來很不出名，直到摩西時，摩西的哥哥亞侖，還把尼羅河流域所崇拜的牛神，用婦女的金器物，鑄成了一尊牛像，當作以色列的神來崇拜。說眞的，牛神話確也是耶和華的成分之一。這條牛，來自印度的雅利安民族，在《梨俱吠陀》中，稱他們的天父（Dyauspitar）爲牡牛（卷一・一六〇、一六三頁），又把降甘雨的雲，稱爲牡牛，稱雨爲牛乳（雲爲牛，耶和華不是常從雲中發聲嗎）；那個稱爲天父的神，名叫特尤斯（Dyaus），並在用天地（Dyavaprthivii）之合成語下讚美他。如果再拿耶和華的語音來研究一下，就很有趣了：耶和華的Java與特尤斯（Dyaus）的Dyava，發音是相近的，乃至可說是相等的或相同的。可見，耶和華與印度的牛，關係相當的密切了。可見，亞倫鑄了牛的偶像來當以色列的神來膜拜，並沒有錯到哪裡去，摩西何苦如此的認不清，爲了此事，一怒之下，就整肅屠殺了三千人！

再用耶和華的語音，跟印度另一個神來對比研究，也是一樁有趣的事。那就是在《吠陀經》中的耶摩（Yama），耶摩是天神，後來轉爲人類的第一死者，他在天上。《梨俱吠陀》相傳，人死之後，至天上第一面謁的就是耶摩及司法神婆樓那，後來到了《阿闥婆吠陀》中，則說耶摩執掌死亡，同時更有對人死後的審判權。那麼，耶和華Yahweh的發音音節，與耶摩Yama是很相同的，乃至兩者的權職也是差不多的。

我們知道，印度《吠陀經》中的神，常常變換他們彼此間的屬性及地位，所以天父特尤斯與死神耶摩是可以交換的。

因此，基督教的耶和華，原是印度的神，在理論上是非常自然的。

因此，我們確信，猶太人的一神信仰的歷史，絕不會在摩西之前；現在的基督徒們，總以爲他們只有一個神，實際上，猶太人的祖先——塞米族，就曾經同時膜拜過好幾個神，正和被他們鄙視的外邦人一樣，對好幾個神，膜拜了無數個年代，而且他們家中均供有偶像（例如〈創世記〉第三十一章第十九節）。

（二）創世記的因素

要講創造神話，就要說到《舊約》的〈創世記〉。因爲〈創世記〉編在〈出埃及記〉之前，你就可能以爲它出現得很早，事實上，它是來得相當晚的。

你不知道，猶太這個自誇、褊窄、保守的民族，它的文明，要比埃及與巴比侖，落後了三千來年。在西元前三千五百年，或者還要早些，埃及人便有了文字的記錄，蘇美人（Sumerians）就是那個後來出了一位漢摩拉比王的巴比侖人，他們之有文字的記錄之早，也不比埃及人爲遲。至於我們所要介紹的猶太人，直到西元前七、八世紀時，才從巴比侖人那兒學到了文字的書法，然後才開始一點、半點地蒐集往昔傳下來的，那些想像多於事實的故事，慢慢地用文字記錄在獸皮或紙草兒上，那就是前面說的小村子、小神廟中那些小集子的開始草稿了；那也就是被稱爲希伯來文的聖典了。恐怕你尚不清楚，所謂希伯來文，乃是一種極其幼稚的文字，如果你沒有測字先生像先知但以理那般的想像力，你就很難希望懂得它所表達的眞正意思是什麼。至於今日的《聖經》譯本，便是從那猜謎一樣的方式中，所得到的成果，以致直到今日，許多被稱爲研究《聖經》的基督教士們，還在爲著許多解不通的《聖經》之結，而在亂解一通。其實，何必解它，就是那些原文的作者，也未必懂得他們筆下所寫的是什麼哪！

那麼，怎麼會寫〈創世記〉的呢？告訴你吧，直到西元前五百多年，那時的猶太人已經成了沒有祖國的流放者，雖然他們的主人巴比侖王尼布甲尼撒（Nebuchadnezzar），對待他們非常寬大，沒有宗教迫害，也沒有職業上的歧視，特別是在居留地的美索布達米亞，無論商業、文化及物質的條件，比起他們原先的祖國，要進步可愛得多。可是，猶太民族是個妄自尊大而又自我陶醉的民族，在他們的心中，總以為是受了外國人的壓迫，回想起祖國的一切，便像是失去了的樂園，怎麼會把「樂園」失去的呢？不用說，虔誠的耶和華的信徒們，就會埋怨他們自己沒有遵守神的律法而犯了罪，所以受到了失去樂園的懲罰，這是第一個因素。同時，當他們淪落異鄉的時候，往往會有孤苦伶仃的感觸，覺得身世茫茫，不知何去何從，想到出路問題，就會想到來源問題：「我們是從哪兒來的呢？」常常有人這樣問起，這是第二個因素。有了這兩個因素，猶太人的先知們，當然有事情好做了。

可不是嗎？一切的榮耀與權威，都該歸於他們這個唯一優秀民族的獨一無二的神，創造天地萬物及人的榮耀，當然也就「順理成章」無可假借地歸於耶和華了。恰巧巴比侖人原有一個由神創造宇宙的神話，因此，就運用他們的想像，抄寫出了這麼一篇〈創世記〉的妙文。

其實，由神造化的神話，幾乎在每一個民族的原始傳說中都有，我們何必責備猶太人？唯有以今日的時代文明，而仍拉人信仰這種無稽的神話者，那就顯得可笑了。

後代的猶太人，高喊耶和華是他們列宗列祖的神，這是可以解釋的，直到今天的黃皮膚的東方人，也在高喊耶和華是他們列祖列宗的神，那就不知胡底了！

（三）摩西與蛇

實際上，縱然是猶太人，他們的列祖列宗，也未必就只信耶和華一個神，這在前面已經說到。猶太的一神信仰是從摩西開始，然而，摩西本人的心中，也還存著多神的崇拜，摩西崇拜月神，已無疑問，值得基督徒們驚奇的，摩西還崇拜蛇神。《舊約》告訴我們，當摩西率領著他的民族——僅僅殘存的七千男女和小孩的群眾，從埃及逃亡，經過沙漠，向迦南地進行，快要接近迦南地的時候，卻被當地的許多蛇所困惱，摩西就鑄了一個很大的銅蛇像（《聖經》稱火蛇像；火，與耶和華的態度是有關的，因爲耶和華所做的事，《舊約》記載中，往往不是殺人，就是放火），他將這條蛇像，掛在人人都能見得到的高桿上，這麼一來，蛇群就不找他們的麻煩了。《舊約》中沒有說摩西膜拜蛇像，這是因爲十誡的第二條，不准許那位執筆的無名作者照實地寫出來。實則摩西既將蛇像高高地掛起，不膜拜又做什麼？正像今日的天主教徒，把聖母瑪利亞像高高地供在山壁上，不跪下向她祈禱又做什麼呢？

然而，善於經商的猶太人，畢竟是富於想像力的。到了〈創世記〉作者的手上，就把摩西的那條蛇，變成了使他們失去樂園的主角。可不是？摩西帶著他們的先民，叫著回到祖先地方去的口號，向迦南地民族進行侵略戰的時候（只有「上帝」知道摩西這支民族的祖宗，是迦南地的原始居民），蛇卻要和他們擾亂，以致摩西又吃了敗仗，逼著他們退到沙漠裡過了四十年的流浪生活，不是壞蛋是什麼？於是，配上創造神話，加進這個蛇神話，就成了夏娃受了蛇的唆使，吃了智慧的果，跟她的丈夫亞當同時犯了耶和華的禁令，所以被趕出了快樂的伊甸園，並使他們的子子孫孫也永遠吃苦了。這條蛇，主宰了人類（猶太人）的命運，牠的權威之大，幾乎要與耶和華相等了。不過，眞奇怪，《舊約》中有著許多的記載，主張人類犯了罪，是可以用牛、羊等的犧牲來贖的，這到下面再討論。

（四）蛇神話與撒旦

說到蛇神話，你可能要聯想到基督教的撒旦（Satan），因爲基督教把那條蛇稱作撒旦，然而撒旦的出現，在猶太民族是很晚的事了。猶太人是一個既硬又彆扭的民族，他們的頭腦，比生鐵還硬，所以，除了相信耶和華，不會有別的好想，他們從摩西以後的歷代先知們，已把他們訓練得與眾不同，使他們對異己者兇狠如虎，對耶和華（命運）的安排則馴順如羊，交了好運，便感謝神的恩賜，遇到不幸，便責備自己沒有守好神的約命。神的安排，不論怎樣，總是不會錯的，所以也想不到魔鬼上去，如果另外信有什麼魔鬼，豈不是成了多神或二神的信仰？

直到猶太人被巴比侖人流放到美索布達米亞，西元前五三八年，波斯王居魯士，打敗了巴比侖，使得猶太人也有移居到波斯去的機會，他們在波斯，就接觸到了另外的一個高級宗教，但在猶太人的心目中，凡是外邦人及外邦人的宗教，無一不是野蠻而下流的。事實上波斯人和移民到印度去的雅利安人是同一血統，也跟如今許多的西方人（印度歐羅巴民族），是同一血統的。那時候打仗是靠文明的優劣而決定勝負，絕不像猶太民族光靠耶和華來安排一切——在安息日有敵人來攻城，也就因爲守神約，每每都是不戰而降——他們如此地聽信耶和華，耶和華卻不能用神力來保護他們。巴比侖人打敗亞述帝國，波斯人又打垮巴比侖帝國，當時波斯文明之高，可以想見。文明與宗教也有密切的關係，波斯的祆教，思想源流與印度婆羅門教是一條線上下來的。在西元前約一千年，由左羅阿斯脫（Zarathustra）創立的祆教，認爲人生是一種善與惡的永遠不絕的鬥爭，善的智慧之主奧母知達（Ormuzd），和惡的愚昧之主阿劣曼（Ahriman）永在戰爭之中。猶太人就在這種教義的啟示下，接受了一種幽靈的信仰，用幽靈代表惡，用耶和華代表善，幽靈常與耶和華作對，耶和華便以幽靈爲仇敵，於是他們給這幽靈安上了一個撒旦的名。從此，猶太人便將過去屬於耶和華的榮耀及權威的另一半，分給了撒旦的名下。所以，有人確定，撒旦降臨人間的時代，是在西元前三三一年。你看啦，這個基督教的魔鬼，來得好遲啊！

(五) 撒旦即是上帝

但是，魔鬼是來協助猶太教的，更是趕在耶穌之前來扶持基督教的，千萬不要相信撒旦是耶和華的仇敵，但他確是人間大眾的禍根！

因此，你不要誤會基督教眞的不崇拜撒旦，事實上，撒旦是耶和華的保護神；中國人寫的神怪小說裡，每寫到無法交代的時候，飄飄然就有神仙來湊數了；在基督教的神學裡，亦正相同，每遇到無法解答的問題時，便請出撒旦來救助了；他們以爲，上帝大過撒旦，撒旦卻經常來破壞上帝的計畫，上帝能夠主宰一切，撒旦卻橫行無忌。總之，撒旦搗亂時，萬能的上帝便成了無能的昏君，只好乾瞪著眼，借個藉口下臺階：「好傢伙！你別神氣，現在我不多跟你囉嗦，等到末日之後，讓我來收拾你！」說完話，耶和華就躲進烏雲裡睡覺去了，那些神學家們，也就開心地笑了。就讓撒旦去作亂罷，反正有一個最後的審判在等撒旦去受審哩！至於到末日之後又是誰勝誰敗，反正僅有「上帝」知道。因此，史學家桑戴克（Lynn Thorndike）要說：「撒旦常替神學家們做『代罪的羔羊』，舉凡他們所無法另予解釋的事情，一股腦兒都由他擔當了。」（《世界史綱》第十七章）

所以，撒旦是耶和華（神）的保護神；所以，撒旦也是基督教神學中的活命湯。

所以，基督教的神學家，嘴上雖以撒旦為仇敵，內心倒是歡迎乃至崇拜撒旦的。撒旦在神學中的地位之重要，甚至比耶和華還要重要。因此，神學家們有時對於撒旦和上帝之間的界限也弄不清了，比如偉大的神學家奧古斯丁，他就把撒旦比喻成為「修辭學中的反襯法」，撒旦對於人間的建設，還是有用。這明明是說撒旦是神的另一名稱了。

的確，我們從《新約》、《舊約》中看，從基督教的教會歷史（事實史而非指的由教會編成的教會史）上看，如果願意花一點心力去考察一番的話，你就會被耶和華和撒旦這兩個名字迷住；你就會覺得，不知他們兩位大員之中，誰才更夠資格稱之爲魔或稱之爲神。那麼，我告訴你吧，撒旦本來就是由耶和華的屬性中分出來的另一半，他們兩位，乃是一體的兩面，二而一，一而二，難兄難弟，所以也不必去多費心力分別的啦！

因此，基督教在原則上既崇拜神，也崇拜魔。至於「仇敵」兩字，那不過是用來對付異己者的一個藉口而已！

第三節　多神結合的一神教

（一）牛神話與贖罪觀

月神話化爲耶和華，蛇神話化爲撒旦，牛、羊等的犧牲化爲耶穌的贖罪，耶穌的出現則爲月神話及牛神話等的結合，結合它的人便是摩西，結合後的神便歸附於耶和華的名。

耶穌自以作爲代人類贖罪的羔羊，而給耶和華做獻祭的犧牲，他以爲犧牲之後即回歸到耶和華的天國，他把這種代人類贖罪的行爲叫作眞理，但在這「眞理」的背後，尚有一條牛做陰影。牛子應歸向牛父，歸向的方法便是利用獻祭，藉祭之力而使這對神性的父子交接。耶和華之子是耶穌，牛之子應是小牛，《舊約》中的獻祭，也以牛爲重要的祭品，但在耶穌的想法羊比牛溫馴，耶穌總算是愛好和平的羊，所以人子（The Son of Man 這是耶穌的自稱）就以羔羊的身分回到耶和華那兒去了。因此，在耶穌的心目中，羊神話比牛神話更可愛。

如此，就可得著一個完美的結論：神愛世人，所以造了世人；神喜歡世人，所以又用魔鬼的面目來害人；神救濟世人，因而再派子耶穌來代世人向他自己贖罪；神基於愛的「眞理」，便從無中變有，從有中製造罪惡，從對罪惡的救濟而現出神的「愛」。於是乎，耶和華這個偉大的神，就一手導演了正反兩個角色，演出了這一幕精彩的人間悲劇，他就因爲導演有功，而向他所造出的世人，領取「榮耀」的金像獎，這就是基督神話的最高功能了！

耶穌贖罪觀的由來及其結果，到下一章中還要講。

實際上，耶穌的殉難，稱爲贖罪，倒不如稱爲獻祭，不過，根據《舊約》的思想，獻祭的功能確是爲了贖罪。

（二）用人做燔祭

向耶和華贖罪，通常是用畜牲，但是像耶穌這樣，用人來獻祭，則更是耶和華所希望的事，所以，用人獻祭，在耶和華的面前，耶穌尚不能得到第一獎，但幾乎得到了最佳精神獎。如果你備有《聖經》的話，請你自己去查閱，在此，略提兩個章目：〈創世記〉第二十二章，耶和華命令他的第一個選民亞伯拉罕，將他的兒子以撒，作爲犧牲，向上帝用火焚祭。那個專用詐術騙人的亞伯拉罕，眞的就把以撒帶到山上，預備用刀像宰羊似的宰他的兒子了，臨要下刀時，耶和華的使者，從天上呼叫他停止，說這只是神試驗亞伯拉罕對神的忠心。現在證明他對神絕對忠心，不必殺以撒了。這時亞伯拉罕看到有一隻公羊兩角扣在稠密的小樹中，於是他就取了那隻公羊來做燔祭，代替他的兒子。

到了〈士師記〉第十一章，那個大大地殺敗了亞捫人，又大大地屠殺了同族以法連人四萬名的士師耶弗他，他先向耶和華許了願：「你若將亞捫人交在我手中，我從亞捫人那裡平平安安回來的時候，無論什麼人，先從我家門出來迎接我，就必歸你，我也必將他獻上爲燔祭。」耶和華眞的喜歡有人用活人殺了祭他！所以，眞的讓耶弗他打敗了亞捫人。但是，當耶弗他回家時，第一個見到的竟是他那唯一的女兒，歡喜地跳躍著來迎接她的父親，耶弗他有些猶豫起來，但他畢竟是領導猶太人打慣了侵略戰的總司令，殺的人太多了，所以他沒有像亞伯拉罕那樣的軟弱，他是當眞拿他的獨生女在耶和華的祭壇上宰了，而且用火燒了。

另有好幾個例子，就讓基督徒自己去找罷。

(三) 耶和華的神格分析

再說到摩西，為什麼愛上了月神又崇拜著蛇神？雖然他假裝著反對牛神。要知道，一個從埃及的奴隸生活中逃亡出來的民族，在經常颳著颶風的沙漠中，過了四十年漫長的流浪生活，白天的日子，冒著太陽和風沙而流汗工作，那種滋味之苦，是可以想得到的；一到晚上，月白風清，涼爽宜人，仰望著高掛在山巔的一輪明月，自然就會產生一種莊嚴神聖的嚮往之情。西奈山的名字，就是如此的出現了，由於那座山是沙漠中的主宰，因此，連帶那個沙漠也沾到了月神的光榮，也被稱作Sinai了；同時，白晝的沙漠是可厭的，月光下的沙漠，卻是最最迷人的，如果你有猶太人的想像經驗，到了那種景色之中，也會覺得自己是住在月宮裡的嫦娥仙子了。據林惠祥著《文化人類學》第五篇第二章中說：「在旱燥的地方，太陽成為可畏的物；居民只崇拜月神，因為在夜間月亮底下，才有露水下降以滋潤人畜，並使人畜得以行動。……初生的月亮，在很多地方都受歡迎，如古以色列人，每見新月，便舉烽火於山頭，以傳播這種可喜的消息。」這是耶和華與月神話的又一證據。

至於蛇，林惠祥著《文化人類學》第五篇第三章中說：「古代的蛇崇拜，又曾行於埃及、印度、菲尼基、巴比侖等處。」在當時穴居野處於沙漠中的猶太人，對於蛇困擾人畜的安全，必然會引起一種恐懼的神祕的心理，埃及人既崇拜蛇，摩西在不得已時，也就在半推半就的情形下把牠視爲耶和華的權威之一了。直到現在，尙有天主教徒在遇到「魔鬼」困擾時，也用「異教」的偶像來驅除，淵源亦在於此，因爲他們始終弄不清楚「天主」與「撒旦」之間的界限何在！

牛，牛的用途太多，從游牧民族到農業社會，牛是財富，也是勞動力，尤其是人類的糧食。人吃牛肉，人就推想到神可能也喜歡吃牛肉，於是，牛便成了祭神的主要犧牲品；由於崇拜神，就連帶祭神的犧牲物也神化了起來，凡對文化人類學稍有涉獵的人，都能知道這是原始人類宗教信仰的共通現象。埃及人崇拜牛神，做過埃及人好幾百年奴隸的猶太人，自然也不會不崇拜牛神，所以，牛神的確也是猶太諸神中的一個神；摩西不喜歡用牛神及牛神的形像，因爲他要利用那個充滿了忿怒的耶和華的名，以便於鎭壓整肅那些一開始就想反叛他的猶太人。

說到祭神的犧牲物的神化，可以證明基督教雖脫下了多神信仰的外衣，卻保存著原始宗教的本質。據林惠祥著《文化人類學》第五篇第十章說：在古墨西哥的土人，每年選出準備做犧牲的青年一人，這一青年在未犧牲前，即被人們崇拜爲一個神，人民看見他時，必俯伏爲禮；但到經過祭神儀式，把他殺了，他的肉，則由祭師和尊長割去分吃。以人祭神，人即被視爲神，神在獻祭之後，即被信仰者分割而食，那麼，基督教的神聖的「聖餐禮」，以及耶穌之所以自許爲神，並被信他的人視之爲神，就可得到最原始的答案了。耶穌自視爲對神的犧牲，所以也自視爲神，結果也眞的做了犧牲物，犧牲物的身體，應分給信徒們吃，所以基督徒要吃喝象徵性的耶穌的肉與血（現在通常用餅及酒代替），這能使他們得到由神而來的靈。

（四）耶和華的權威

不過不論如何，一神教雖老早發源自古巴比侖和古埃及，雖其與中央極權的專制君主政治有關，一神教之繼續發展，則是摩西居其首功。摩西能從埃及法老（Pharaoh）的統治下，把那批並不喜歡受摩西領導的猶太人帶了出來，是因他「塑」成了耶和華這麼一個動不動就要殺人的神，因此奠定了一神教的發展基礎。

因爲，耶和華的特性，正和摩西一樣，極端地仇恨外國人，也極端地仇恨異己者，一動怒，便會翦滅許許多多的人，用現代語來表達，便是恐怖的鎭壓及思想的控制。摩西利用了耶和華的名，激發了猶太人的對外仇恨而對內自大的心。因爲，據說耶和華本來就是他們祖先亞伯拉罕曾經拜過的神，又是被他的不肖子孫淡忘了的神，那實在也確是名不見經傳的一個小小的神，經過摩西的改造，他就變成猶太民族的保護神了。

總算摩西的機會湊巧，並且他也似乎在那裡學會了幾套魔法。當摩西正爲猶太民族向埃及法老爭取自由獨立的時候，而又遭到再三的拒絕，這時，埃及境內卻發生了災難：旱災、蟲災、瘟疫、風災、水災，摩西就趁機宣傳，說這是耶和華爲了要讓猶太民族離開埃及，並說這些災禍來自耶和華的安排。最可笑的，耶和華爲了要顯示他的大能，竟故意地再三、再四地使得法老的心硬，而反悔他屢次的承諾，好讓耶和華接二連三地來大大地打殺埃及人。

不過，這種誇大的描述，你不必信其爲眞，我且舉一個例子：在〈但以理書〉之中，敍述一位叫作尼布甲尼撒的巴比侖王，說他因爲不信耶和華，竟爾造了一座高九十呎闊九呎的大偶像來崇拜，並且命令他治下的臣民全部崇拜這大偶像。到了王的晚年，耶和華就給他顏色看了——使他變成了一頭野獸的樣子，用四手四腳走來走去，並且學著牛的叫聲，後來就悲慘地死在田裡，臨死時也還像老牛吃草的那個樣子。這個故事，在基督徒看來是很痛快的，可惜，我們從巴比侖方面所得到足夠的史料，證明尼布甲尼撒王是在西元前五六一年平安地死去的，而且〈但以理書〉的作者，是距故事發生後三九四至三九六年才動筆寫〈但以理書〉的，時間僅隔四個世紀，〈但以理書〉的內容就變成如此的荒誕不經，至於距離故事一千年才寫出的〈出埃及記〉，它的眞實性的程度，當可不言而知了。

總之，耶和華的信徒，不愁沒有爲耶和華臉上貼金的機會。

第四節　級級爬升的上帝觀

(一) 升了五級的上帝

摩西改良了耶和華，不，應該說是吹大了耶和華，因爲耶和華的本質，直到如今，還是那個樣子，並沒有良好起來。

不過，摩西已使亞伯拉罕的耶和華，在「權威」的範圍上，已經升高了一級。並在此後，又升了好幾級。

現在的基督教，已把耶和華裝上了「神學」的金，而且似乎定了形，所以他們就閉著心眼向你宣稱，耶和華是自有永恆的上帝。其實呢，到耶穌的時代，耶和華這個神，已經被人給他升了五級：

家長時代至摩西時代的上帝觀——家族神
↓
摩西時代至士師時代的上帝觀——民族神
↓
士師時代至王國時代的上帝觀——護國神
↓
王國時代至先知時代的上帝觀——世界神
↓
先知時代至耶穌時代的上帝觀——人類父

基督教的上帝觀，從家長時代到耶穌時代，已經升了五級。不過，站在佛教的立場，未必要否定耶和華的神性。因爲，依我們的看法，從《舊約》到《新約》的那些先知或聖徒，包括耶穌在內，如果他們的宗教經驗屬實，如果他們在良知上的確「見」到過「耶和華」，我們也不必說他們是無稽的謊言；在精神緊張、情緒興奮、意念游離的狀態下，從心理上浮起某些景象的幻影或幻覺，乃是可能的。因此，隨著時代的變遷及人智的開發，歷代先知或聖徒們所「見」的耶和華，本質固然不變，他的「塊頭」，卻是日漸膨脹起來了。

進一步說，歷代的先知或聖徒，如果的確見到了神，我們也不妨姑且承認基督教眞的有神；但是他們所見的神，絕不是同一個神，僅僅是被安上了同一個耶和華的名而已。譬如神有魔神、鬼神、畜神、天神、空神、地神等等，在此各類

的每一類神中，尚各有無量無數的神，佛教稱他們爲眾生，所以，正信的三寶弟子，也不崇拜這些神類的眾生。耶和華之能跟著時代而級級爬升，就表明他是在一神之名內的多神信仰了。除了如此解釋，就無法說明級級爬升而又尚是一神的難題了。

(二) 五個階級的時代背景

以上五個階級的上帝觀，出於袁定安先生的《基督教概論》。唯其對於這五個階級，我們必須解釋和分析一下。

1. 家長時代：是指亞伯拉罕以後的一段時期。據說亞伯拉罕是西元前約二千年左右的人，但從史實而論，未必眞有其人，因爲那只不過是摩西需要的人，摩西要借亞伯拉罕的名，創造一個叫作耶和華的神，如果不說那是他們列祖列宗的神，怎能使他的民族憑空起信呢？充其量，亞伯拉罕是猶太民族尚在小小部落各自散處時代的一個族長或酋長身分的象徵。耶和華，不過就是那些家族或部落神的一個影子而已。

2. 摩西時代：我們已經說過了，摩西是希望藉著耶和華的名，來結合生活在埃及的各支派的猶太人，成爲一個集體的民族。在摩西之前，有許許多多的猶太人，尚不知道有一個叫作耶和華的神，經過摩西的硬性宣揚，耶和華就成了猶太各支派共同的神了。

3.士師時代：士師是摩西死了以後開始的制度，因爲猶太人的十二支派，一派不服一派的管轄，他們不願意從某一派中推出一個人來，作爲他們共同的王。但是，摩西死了，猶太人尚未進入他們的目的地迦南，在那個時代，若有兩個不同意見的民族緊鄰而住，你不打人家，人家也會來打你，何況猶太人在四十年前，就跟迦南人結了仇打了仗，現在猶太人又要積極地打進迦南去。於是，蛇無頭不行，他們就在變通辦法下，推出了一個帶領作戰的總司令，這就是擁有一個古怪名目的士師了。士師利用耶和華的名，代表本國對外國的作戰，所以耶和華便成了他們的護國神。

4.王國時代：這是指的自掃羅王，經大衞王，至所羅門王以後的時期。實際上，此時的耶和華，尚沒有世界神的資格，不過，藉著那位好大喜功的所羅門王的力量，爲了要向世界各地收購他建造神殿所需的金銀珍寶，猶太人已在向海外通商了。

5.先知時代：先知，是指一些帶有神祕性的預言家而言，這樣的人物，他們的性質，與被他們用火刑燒死及指罵的女巫或巫覡（witch）沒有什麼不同；如有不同，便是有沒有信仰耶和華。先知們往往自稱與耶和華談話，耶和華常常藉著他們的嘴，來發布命令或透露消息。所以，被稱爲先知的人，無一不是耶和華的狂熱信仰者。我們在前面已說過，人在精神緊張、情緒興奮、意念游離的狀態下，產生一些幻象或幻覺的經驗是可能的，雖然，像《舊約》的以西結和《新約》的約翰，他們那種神話連天的描述，已是跡同瘋癲了。然而，像這樣的人，喜歡沉思默想，勤於禮拜祈禱，熟習他們民族宗教的各種傳統、法律、儀節，乃至可在前輩的先知那裡，學到一些魔術（witchcraft），比如以利亞這個人，常常神出鬼沒，若非《舊約》的作者說謊，他必定是學過隱身術的。所以，像這樣的人，對於某些事物的觀察和推測，要比常人來得敏感。這就是使他們成爲先知的因素了。

(三) 預言和權威

說到先知，我們就很容易地聯想到《舊約》中的預言。因爲矛盾的基督教的教士們，一方面強調他們是崇奉《新約》，而避免和人家討論《舊約》中的許多不人道、非理性、虛妄、殘暴的問題；同時又要藉著《舊約》中的預言，來證實上帝的「權威」，他們以預言成爲歷史的事實，來肯定他們的上帝是獨一無二的、全能的，神是眞實的。

其實，如果說凡有預言之能的人，即是受了耶和華的「權威」之命，那麼，在猶太教及基督教之外的其他地區，也有預言的人及預言的記載，他們卻不信奉耶和華，乃至根本沒有聽過耶和華的名字。

說穿了很單純，凡是善於沉思默想並且熟悉史事的人，對於若干事象的觀察和預測，比諸一般的人來得敏感，是可能的；一些宗教狂熱的人，在心理上，往往也會浮起神意或神命的幻影。將此兩者連在一起，便成了「神啟」的預言了。

然而，若從歷史痕跡及其慣例的考察，許多類似的預言之記載，大多是出於事實發生之後，由那些好事者的傳說、誇大，再被套上神話的色彩，附益到已在流行的故事上去，便成了神乎其神的預言。《新約》、《舊約》中的許多預言及神跡的記載，絕大部分就是這樣來的；少部分則是出諸於後人的附會，它的原義，未必即如後來的基督教士那樣的解釋。所以有許多預言，永遠也不能兌現。

我們明白了《新約》、《舊約》的成立過程、時代背景、社會心理、民族意識，那就可以用科學的方法來分析基督教所重視的預言問題了。能夠分析的，它就不是神的「權威」；「權威」兩字，僅是基督教會在不能面對現實辯解時的一種獨斷的遁詞，在理性的宗教及時代的觀念中，「權威」是不存在的。事實上，近世以來的基督教的「上帝的權威」，已在加緊腳步對科學及民主的躍進而向後連續的退讓。

（四）先知時代與彌賽亞

這裡所講的先知時代，大概是指猶太王國分裂成爲兩半以後的後期，直到耶穌出現爲止。

我們知道，所羅門王大約死於西元前九四〇至九三〇年間，當他死了五年，猶太王國就分裂成了兩半。北方成立了以色列國，南方成立了猶大國，在猶太民族的十二個支派之中，北方的以色列國統領了十支，南方的猶大國則由所羅門王的兒子統領了兩支。這兩個同爲猶太人血統的仇敵國家，對峙了兩個世紀，北方的以色列國首先滅亡，那是亞述王提革拉．毘列色（Tiglath Pileser），和他的繼承人撒幔以色（Shalmaneser）的努力竟一舉而把以色列國總共二萬七千八十戶約十萬之眾的猶太人，放逐到外國去了，留下的一部分猶太人，後來跟外國殖民去的移民混合起來，變成了撒瑪利亞人。到了波斯的居魯士王於西元前五三七年准許放逐的猶太人返回原先的猶太王國，也就是那個巴勒斯坦的地方時，這十個支族的後裔，連一個影子也不見了；無疑地，他們是被外國人同化了、消滅了。

再過一個半世紀，南方的猶大國也被巴比侖的迦勒底人尼布甲尼撒王滅亡了；但很幸運的，這兩個支派，雖然被巴比侖人放逐出境，卻保守住了他們自己的血統和宗教信仰，並且一直綿延迄今。往後，猶太人的統治者，便是巴比侖人、波斯人、馬其頓人、羅馬人了。所謂先知時代，就是指的猶太人失去了自己的主權而受制於外國帝王勢力之下的時代，未必一定要等到兩個分裂的小國全部傾覆之後。在這期間的先知很多，譬如以賽亞、耶利米、但以理、以西結、彌迦等都是。

到了這時候的猶太先知們明白了：耶和華並沒有把他們國家的榮耀保住。可是，忠實於耶和華的先知們，認爲這是耶和華給他們的懲罰，不久的將來，在他們這支優秀的民族之中，就要由神的出現而來拯救他們，而來統治世界了，譬如〈以賽亞書〉第四十章第三至四節，以及〈彌迦書〉第五章第二節，就是在這種心理狀態下寫出來的。世界性的救主耶和華，也就如此地出現在他們的想望中了。

猶太人在失去了國家主權及其領土的完整之際，還要以爲他們自己是世界最了不起的民族，還要以爲他們那個偉大的神，必將征服全世界的人類，這實在就是那些猶太先知，表示了要對全人類報仇的願望。現在的基督教會，把〈以賽亞書〉說成上帝將要爲全人類的幸福而建設一個理想的世界；其實，你只要研究一下，那便完全不同，因為〈以賽亞書〉第四十章第三至四節，是說明要把整個的世界削平填滿，以做成耶和華的道路，它這削平填滿，用字上是具象的物質世界，實則卻是表徵著要削平阻礙耶和華之道的異己者或外國人，是表徵著要填滿耶和華權威至無限無際，以顯現他的「榮耀」之無敵不摧無遠弗屆，所以「凡有血氣的，必一同看見」，看見什麼？是看見耶和華的權威來對付一切阻礙他榮耀的一切「有血氣的」。我這樣解釋，絕對是正確的，請看〈彌迦書〉第五章第二節，說是「牧養我以色列民」的「君王」要從伯利恆出來，這個君王雖征服世界，但卻僅是牧養以色列（猶太）的民。你說他是何等的「偉大」！

到了耶穌的出現，猶太人眞的以爲他是來統治世界的以色列人的王了。可是，這個沒有誰給他塗膏的彌賽亞（參看下一章），在羅馬政權的統治下，怎樣也不可能成爲征服世界之君王的。因此，猶太人又來了一個自我安慰，把耶和華再升一級，說他是人類的父了。這個「父」的態度如何？留到下一章中再告訴你吧！

（五）《舊約》的結論

《舊約》，據基督教說，那是一部人類的成長史；其實，只要你不是沒有讀過

一、兩本有關世界文化的歷史書，你就不會眞的如此可笑地跟著他們說「是」。

事實上，除了《舊約》而外，根本找不到半點猶太這個幼稚民族的上古記錄，就連一點遺跡也沒有，你說怪不！

猶太人有幸有了這麼一部《舊約》的文獻，而値得他們誇耀；也正因爲有了一部《舊約》而使他們的祖先蒙羞！

如果我是基督徒或猶太人的話，我就寧願相信《舊約》是出於一些好事者憑空想像的臆造。因爲，在那裡面告訴了我們：猶太這個民族，竟是這般地喜歡鬥爭與屠殺，由族內的內訌與整肅，到向外的侵略與奴役，再內訌、整肅，再侵略、奴役，形成一個循環不絕的連鎖交接，直到他們的民族瓦解時爲止。至於耶和華這個神，竟是如此的殘酷不仁，他命令猶太人攻擊外邦人，指導猶太人整肅猶太人，又運用外邦人來懲罰猶太人。如此這般的鬥爭，往往是從門內殺到門外，從族內殺到族外，滅門、滅族、滅城的大屠殺！在《舊約》中，縱然是那些被耶和華祝福的人，那些被他們的後人讚美敬仰的人，卻又無一不做那些人間最壞的壞事。

因此，站在我們佛教徒的立場，也不忍心相信它是歷史的眞相。

其實，今日的基督教會，也不喜歡向你介紹或討論《舊約》的問題，如果介紹，那必是經過註釋粉飾的再製品了。

如說《舊約》也有可愛之處，那麼，除了想像文學性的〈約伯書〉、格言性的〈詩篇〉及〈箴言〉、憂鬱性的〈傳道書〉，以及那篇並非宗教性的戀愛詩〈雅歌〉，另有帶有人情味的短篇小說〈路得記〉，在這數篇雜書之中，可以找到倫理的及文學的若干價值而外，其他的就很難說出《舊約》的可愛處了。那篇〈約伯書〉，也為基督教帶來麻煩，據近人陳鼓應，於一九六六年六月一日商務印書館《出版月刊》十三期，以〈約伯——最早的存在主義者〉為題，說它乃是反抗耶和華的詩。

當然，假如你是虔誠的基督徒，《舊約》再不可愛，我也盼望你能把它從頭到尾地多讀幾遍；如果你順著讀下去而不是照著教會教你的抽著或選著讀，它一定能給你重大的「啟示」。

基督徒們不必懷疑本章的資料根據，我除對《舊約》的研究，尚參考了好幾種史書及哲學書，主要的歷史考證，是採用了近代的大歷史家，一位歸化美國的荷蘭人——房龍（Hendrick William Van Loon，西元一八八二——一九四四年）著的《聖經的故事》。

第四章　基督教的「偉大」在哪裡

基督教，不論你從什麼樣的角度去看它，它總是夠偉大的，因爲，基督教相信：「天國是努力進入的，努力的人，就得著了。」（〈馬太福音〉第十一章第十二節）

但是，佛教徒也好，基督徒也好，眞的瞭解基督教之「偉大」的，在比率上，均屬少數。不管相信它是背面的偉大或正面的偉大，究竟它是偉大在什麼上面呢？如果僅從浮面上看，羅馬的聖彼得大教堂偉大，但那是建築藝術而不是基督教的內容；或有人說，基督的新舊兩教已擁有八億五千萬信徒，所以偉大，實則那是他們一千九百多年以來，從「努力」中所得的收穫，也不是基督教的內容。基督教是否偉大，必須要從它的歷史中去求證，才能得到正確的答案。

歷史的資料是公開的，所以，我有權利探索基督教歷史的事實，並且把它介紹出來。

我既詬病基督教士對於佛教的蓄意歪曲，「己所不欲，勿施於人」，所以我想用平實通俗而力求客觀的筆觸，寫出基督教的一個輪廓如下。

第一節　耶穌的出現

（一）從《舊約》到《新約》

要介紹耶穌基督，便不能不介紹《新約全書》。

應該告訴你，「約」是什麼意思？在上一章中已經介紹了《舊約全書》，在那裡面曾說到摩西十誡（The Ten Commandments）：摩西把十誡刻在兩塊石版上，從西奈山帶下來，作爲耶和華與猶太人（就是以色列人）立約的憑據；此所謂約，是指神的命令，而不是神人之間彼此同意的契約。因那石版上的文字，除了摩西之外，他人是看不懂的，也是看不得的，摩西就用櫃子把它藏了起來，這就是有名的「約櫃」（The Ark of Covenant）了。以約櫃代表耶和華，違約的猶太人固然有禍，除了受到神命的祭司，猶太人連碰到約櫃的也會立即死亡。這一神話，到了耶穌的心中，就成了「除非經由我，沒有人能到父（上帝）那裡。」後來的基督教會，便說：「教會是唯一的得救之門。」這是他們一貫的信念：神權至上，祭司階級至尊。不過今日的新教，已把這層由神話織成的面紗，揭去了一半：神權依舊至上，祭司（教士）則未必至尊了。

耶穌之前是《舊約》。耶穌出世之後，他和他的門徒，又說了一大堆的天國及耶和華的神話，因其是耶穌（他說他就是神的道成肉身）對於他的門徒的新規定（如四福音），以及門徒對於耶穌新規定的再解釋（如使徒書信），所以稱爲《新約》。

可是你千萬不要上當，以爲現在的《新約全書》，就是耶穌和他的門徒言行的原始記錄。正如房龍所說：「正如〈但以理書〉和大衛的〈詩篇〉以及《舊約》聖經中其他各書那樣，福音書也是虛構的名稱。」

在耶穌死後的第一、二世紀之間，耶穌的信徒，老是受著羅馬帝國的政治迫害，他們僅能私下傳教，他們所用的〈耶穌生平〉或〈使徒行傳〉之類的宣傳品，是從那些曾經見過或聽說過耶穌及其門徒的人——那些並無多少知識的老公公、老婆婆的口頭，蒐集謄錄，謄錄又謄錄，傳抄再傳抄。越到後來，有關的傳說也就越多越複雜，直至失去了其內容的眞面目的痕跡爲止。

到了西元第三世紀，不再有人迫害基督教了，而且基督教反過來迫害異教了，所以，有些聰明的教士們，集合起來，蒐集那些混亂而龐雜的記錄，經過詳細的排比審查，以不損害他們的信仰爲原則，刪削了大部分，保留了其中的小部分。

可是，留下的這小部分，仍爲基督教的內部帶來了數百年的爭論，開了一次又一次的主教會議，直到耶穌死後的七百年代，才有了爲東西方一切基督教會一致採用的《新約全書》，這就是我們所見到的那個面貌了。因此，今日的《新約》，與其說是耶穌及其門徒的，倒不如說是出自後世教會的，更切乎實際。

（二）耶穌出生

耶穌是誰？不用說，他就是那個拿撒勒或伯利恆地方的一個叫作約瑟的木匠，和他年輕而尚未婚的妻子瑪利亞，所生的一個兒子。

這個孩子的出生，那是在西元前的幾年，不能確定有幾年，大概是四年或六年，也許是五年吧？

當時的猶太王國，在名義上是獨立的，實際上卻是羅馬的附庸國，不，它是羅馬的一個省而已。它的統治者，是由於勾結了羅馬而打垮了猶太人自己所選擇的大衛王的後裔，才登上了猶太君王的寶座，他是希律王（Herod）的父親晏特派（Antipater），因此，希律王雖然也是猶太人，卻被猶太人看作假洋鬼子；希律王雖是猶太國的王，卻是羅馬人的兒皇帝。尤其他不是大衛王的後裔，他就時刻提防有人謀奪他的王位。到了希律王晚年，迷信猜忌，疑神疑鬼，更加嚴重。

就在這時候，有一個木匠和他的妻子，從鄉下因事來到伯利恆，借宿在一所馬房裡，生下了一個男孩，那個木匠，據說是大衞王的後裔。

木匠和他的妻子正在伯利恆撫養著他們那個孩子的時候，街上出現了一個波斯的商隊，打那裡經過，那些商人的駱駝，以及富麗服裝和燦爛的裹頭巾，吸引了滿街的猶太人出來觀看，木匠和他抱著嬰兒的妻子，也是觀看的人眾之一。波斯商人見到這個美麗的少婦，抱著一個可愛的嬰兒，便停下駱駝，逗弄那個可愛的嬰兒，離開的時候，又送了一些小禮物給那個漂亮的母親。這是很平常的事，但在很少見世面的猶太人看來，就很稀奇了，原因是那是一個波斯的商隊，給了他們新奇的感觸，因而多了一個茶餘飯後的談話資料。這個資料一直傳了約二百年，到了〈馬太福音〉的作者筆下，就神話起來：「耶穌生在猶太的伯利恆，有幾個博士從東方來到耶路撒冷說：『那生下來做猶太人之王的在哪裡？我們在東方看見他的星，特來拜他。』……在東方所看見的那星，忽然在他們前頭行，直行到了小孩子的地方，就在上頭停住了。……進了房子，看見小孩子和他母親瑪利亞，就俯伏拜那小孩子；揭開寶盒，拿黃金、乳香、沒藥爲禮物獻給他。」（〈馬太福音〉第二章第一、二、九、十一節）

〈馬太福音〉的作者，故意製造緊張的戲劇氣氛，而說那幾個東方來的博士，先被希律王召去，希律王託他們去查訪後再回稟，說他自己也要去「拜」那小孩。可是希律王竟會如此的笨，沒有派個密探跟著博士們去查訪，以致讓那個孩子在被捕殺之前漏了網？

事實上呢，根據希律王下令，凡伯利恆所有兩歲以內的孩子一律殺死的記載判斷，這個謠言的故事的流傳，已在耶穌生後大約兩年，才被傳到希律王的耳中。

當希律王聽說有個波斯商隊，在伯利恆對一個嬰兒發生了逗弄和送禮物的事，他就覺得不自在起來，他以爲大概是什麼先知之流的人物，來向大衛王的後裔，付託什麼消息和任務了。說實在話，猶太人曾受波斯人統治，波斯人的文明，早已使猶太人感到神祕，這是一個原因。

眞是無巧不成書，當那個木匠的小孩，被帶到耶路撒冷的神殿，獻祭謝神之時，又被一男一女的兩個老年人看到了，正像所有的老人一樣，見到這樣可愛的小孩，便以最好的話來祝福他和讚美他，自然，這個故事，到了〈路加福音〉的作者筆下，也大大地神話起來。（〈路加福音〉第二章第十五至三十五節，請讀者自己查閱吧！）

這兩個謠傳，大概都被希律王聽到了，這本來是平常的事，但傳到多疑的老希律的耳中，卻覺得事態嚴重了。於是，他便下了一道捕殺小孩的命令，伯利恆城裡並四境所有的兩歲以內的男孩，就因此遭了殺劫。

但是，已有許多的父母，預先從好心的官吏及朋友方面，得到了警報，帶著孩子逃出了伯利恆的範圍，耶穌便是其中的幸運者之一。福音的作者，爲了附和《舊約．創世記》故事中的亞伯拉罕與約瑟，均到了埃及，便把耶穌的這次逃難，也寫到遙遠的埃及去了；其實，離了伯利恆及其四境，就安全了，何以要逃得這樣的遠？

(三) 救世主與神之子

後來，這個小木匠的名字，也有點特別，本鄉人稱他爲約書亞（Joshua）。然而，約書亞在摩西時，是一個驍勇悍戰的青年，而且，當摩西喪妻而續娶了一個異國婦人爲亞侖所不滿，摩西就改變了最先要把領導權傳給亞侖及亞侖的子子孫孫的主張，而選中了約書亞，約書亞就繼承摩西未完成的事業，帶著猶太民族向迦南人進行了一連串的侵略戰，終於把迦南的各城邦屠殺的屠殺，未殺的就做了猶太人的奴隸，猶太人就此佔領了亞洲西部那塊肥沃的平原。直到西元前五八六年，他們又被巴比侖人趕走爲止。

現在這位木匠之子約書亞，以後在他鄰國的希臘人，卻喚他叫作耶穌（Jesus），耶穌即是由約書亞一語而來，即是「神」與「救濟」二語（Jehoschua）連合起來的縮音；耶穌童年及少年時代的名字，現在無人知道，因爲，將神與救濟二語合起來稱呼他的第一個人，乃是耶穌死了之後好幾年才皈依基督教的那個使徒保羅，如果說，當他一生下來，就被稱爲耶穌基督，那便未免太是神乎其神的神話了。告訴你吧，「神之子」的說法，老早就被西洋學者們推翻了的，並且以爲那是騙子的騙術。假如當眞一生下來就被稱爲救世主，他就不能繼續活下去，他也不能在家裡的父母弟妹之間待下去；事實上他是在他家可能一直做著木工，以幫助父母維持家計，直到遇見了施洗約翰（John the Baptist）才離家出走。

基督，是希臘語之Xpπu，乃係譯自希伯來語之彌賽亞（Messiah）轉而成爲希臘語之Xpπoπo's（Chritos）是「塗膏」的意思，轉而成爲「受膏者」，德譯Christus，英譯及法譯則爲Christ，中文便譯成「基督」。因爲，古代的希伯來人，凡是國王、祭司、預言者，均須舉行塗膏禮以示他們的身分與衆不同，這與印度的灌頂禮，或一般的加冕及受階禮相似。故在古希伯來的Messiah一語，並不是指的耶穌，後來用「受膏者」一語，以表示他負荷有神的使命者，推而論之，即含有救濟者的意思了；再一轉，「基督」也好，「彌賽亞」也好，竟放棄了它的原義，而是僅指那個生在伯利恆或稱拿撒勒的木匠之子的代用語了。

這就是我們所要知道的「主」了。

至於耶穌降生的神話——他是不是由上帝和未出嫁的瑪利亞所生？這是基督教堅持信仰的，也是他們的外邦人所極端懷疑的。不過，根據猶太教對於希伯來原文的解釋，以爲那個預言是說：「一個青年女人應懷胎」，而不是童貞女生子。

不過，正如尼采在他的《宗教生活》中所說：「這點，人們不能批評太苛，因爲全古代中，皆爲上帝的兒子們所充斥。」的確，古代的傳說中，由人母與神父交配而生的故事太多；在中國，到了《史記》上的漢高祖劉邦，還說他是因他的母親：「嘗息大澤之陂，夢與神遇，是時雷電晦冥。」劉邦的母親，就因此懷孕而生下了劉邦。如果我們可信《史記》爲眞，自亦不妨可信《新約》爲眞；類此的東西方的古代神話實在太多，耶穌有幸，獨被他的信徒們信以爲眞罷了。

其實，若一定要說耶穌是他母親跟上帝的聖靈懷孕而生，便與他父親約瑟木匠的血緣無干（〈馬太福音〉第一章第十八、十九節），那麼耶穌就不能算是大衛王的後裔了。

可是，心理矛盾的〈馬太福音〉的作者，一開頭就把耶穌的家世系譜寫了出來，從亞伯拉罕，一直數到大衛王，再往下數到耶穌的父親約瑟，使耶穌跟猶太人的名王大衛，拉上了血統關係（〈馬太福音〉第一章第一至十六節）。如果說耶穌係大衛王的後裔，那麼，耶穌就不是神之子，同樣也是「罪人」了。這也是基督教在教理上的一個死結。

（四）歷史上的耶穌

耶穌其人，現在雖已是全世界聞名的歷史人物，但在他的當時，乃至當他逝世了半個世紀，知道有耶穌的人卻很少，當時的歷史家們，也沒有把耶穌看作是歷史的人物。在西元八〇年時，猶太的大作家約瑟夫斯（Josephus），出版了一部猶太的詳細歷史，其中說到了施洗約翰的事蹟，卻沒有一字提起耶穌這個人。另有一位與這差不多同時代的羅馬歷史家耶斯塔史（Justus），顯然也沒有聽說過耶穌是誰的故事。也許是耶穌的生平太簡單了？簡單得連他十二歲以後到三十歲時的生活，也無人知道；也許又因為他的群眾，都是一些貧困的婦女、小孩及單純的漁夫和旅館的掌櫃等等。

我們現在要知道耶穌，只有向四福音中去找，那是四個不同的作者所寫的耶穌傳記。雖然，四福音的出現，是根據西元後第二世紀所流行的材料編輯而成——基督徒們深信那是耶穌當代門徒的著作，但在歷史的考察上，無法立足。（以上

的資料出於房龍著《聖經的故事》第二十章）

從四福音中看來，耶穌的確是位從小就很聰明的人，雖然他並未受到良好的學校教育，尤其像希臘式的教育，他是受不到的；但他對於家庭的及宗教的教育，似乎是個天賦特高的兒童，當他在十二歲的時候，隨同父母上耶路撒冷守節，就能對於那些著名的「拉比」（Rabbi 爲希伯來文，原爲奴僕對主人的稱呼，後來轉爲稱呼師尊或夫子）的言論，向來爲大衆視爲權威及神聖者，他竟能夠提出一些不同的看法，和他們辯難，使得廣博老成的拉比，也不能不驚奇讚歎（〈路加福音〉第二章第四十六、四十七節）。可見他在童年時期就對猶太教典及宗教的問題有了若干的認識和思考。

當然，耶穌的事蹟，從十二歲之後，直到他大約有三十歲了，遇到比他不過大了一歲的施洗者約翰時的階段之中，始終諱莫如深，似乎他不願說，因此也就誰也無法知道；縱然當耶穌上了十字架後，他的胞弟雅各和他的生母瑪利亞還健在人間，並且拿了香膏，要去耶穌的墓中塗抹耶穌的身體（〈馬可福音〉第十六章第一節）。福音的作者，如果眞是耶穌當時的門徒，何以連對這一點訪問的工作也懶得去做呢？事實上，那幾位福音的作者，絕不會是故意要把這一段資料放棄，以致湮沒了將近十八年之長的一段耶穌傳記。

不過，耶穌之爲歷史上確有其事的人物，我們不必否定；他對當時猶太教的形式主義，不表同情，並且有他自己的看法，我們也不必存疑。至於他是不是神的兒子，那當是另一個問題——事實上也不是問題，西洋有很多的考古學家、人類學家、語言學家，早就得到結論：耶穌不過是一個先知型的人。

當然，耶穌不是一個平庸的人，他是一個頭腦敏捷、情感豐富、意志倔強的人，像他這樣的人，來演反傳統的歷史角色，的確相當地適合。也許由於他自己有一套想法；也許因爲家庭太窮，弟弟妹妹又多，所以，直到大約三十歲時，他尚沒有結婚。當他見了他的表兄施洗約翰，那種在南方沙漠中培養成的苦行僧的氣質，比起傳統猶太教徒法利賽人的作風，大不相同，因此使他感到一股新奇的刺激。所以他就在約旦河邊向約翰受了洗，耶穌的意思是想跟這位表兄學到一些什麼的，但是，約翰知道這位表弟的思想不凡，自負過人，所以還不太樂意給耶穌施洗，並說：「我當受你的洗。」（〈馬太福音〉第三章第十四節）但是，這句話對於耶穌事業的影響太大了，當耶穌自己在曠野做了一番沉思默想的工夫之後，便使他有了積極的打算。

不過，我要告訴你，後來的基督徒們，喜歡牽強附會地說，施洗約翰是來爲耶穌的降臨而做準備的；其實，約翰根本沒有這樣的意思，約翰所演的角色，跟

《舊約》先知時代的任何一個先知沒有什麼兩樣，他是爲了救世主的降臨——末日，而來勸人悔改的。但到約翰一死，耶穌的自負，使得耶穌利用了約翰的群眾，助長了耶穌的神祕性及吸引力。因爲，當時的猶太人，天天渴望著他們的彌賽亞，來將他們從外邦人的統治下拯救出來，希望施洗約翰就是那個人，至少希望他是能夠神出鬼沒的先知以利亞的再來，但卻全被約翰否認了。耶穌可算他的機會湊巧，就利用了大家的這個希望，扮演了這麼一個角色。

至於耶穌爲何要演這個角色？因爲，當時的猶太教，對耶穌來說，並不反對它的教義，只是反對它的教儀，那些保守得近乎愚蠢的教儀，使猶太教僅存有形式的外表，而沒有內在的精神，耶穌卻是主張宗教精神的實踐，反對虛有其表的外貌。

但是，這種形式的猶太教徒，跟政治非常的密切，耶穌既反對形式的宗教，也攻擊腐敗的政客，特別是他們當時的國王腓力希律（Philip Herod），就是那個老希律的繼承者，有很多的猶太人都不喜歡他。耶穌如此勇敢地做了他們採取行動的代表，他們就敏感地想像到耶穌大概就是來拯救猶太民族的彌賽亞了。尤其重要的，腓力希律這個王，正是間接地促使施洗約翰被砍下腦袋的人，所以，約翰的信徒，很自然地就成了擁護耶穌的群眾。

（五）猶太教的三個教派

說到耶穌時代的猶太教，我們應把時間上溯個把世紀。大約在西元前百年光景，猶太教由於受了外國如波斯、印度、希臘、羅馬等文化的影響刺激，他們內部的意見，便分裂成了三派：

1.法利賽人（Pharisees）：他們的特別處，就是狂熱地遵守律法的文字，他們背熟了認爲是出於摩西的書籍，幾乎每個字對於他們全有暗示的性能。他們很少必須做的事，卻有很多不可做的事。他們泥於古書文字（《舊約》原稿）的解釋、訓註、闡述、補訂。他們憎恨一切外國的事物，妒嫉一切的改革。耶穌的死，就是由於法利賽人的堅決主張，撒都西人也做了幫嘴和詆毀耶穌的罪人。

2.撒都西人（Sadducees）：這一派的猶太人要比法利賽人寬大得多，但他們是冷漠的寬大。他們一方面忠實於耶和華的禮拜，同時也承認外國學者所宣傳的那些道理委實有著高貴的意義。因爲他們願意比法利賽人有更多的機會和外國人接觸。法利賽人的一切純法律的想法，在撒都西人看來，乃是徒然浪費了精力和時間而已。他們漸漸地專心致志於政治，他們害怕耶穌的思想在政治上所引起的結果，所以也贊成定耶穌的死罪。

3.愛散尼派（Essenes）：他們或被稱爲「神聖的人們」。他們是絕對的厭世者及逃世者，他們遁入了荒野，他們把自己超立在人間之上，聚集了志同道合的人，便自成爲小小的團體，團體中沒有私人的財產，除了隨身的衣服、臥具、食器之外，他們沒有一件可以稱作是自己的東西。他們每天以部分的時間去勞作耕種，以取給自己最低限度的食物供應。他們不進城市，不經商，更不與政治生活接觸，這與印度的宗教生活是有淵源的。

在這三派之中，愛散尼派人數最少，法利賽派人數最多，勢力最大；法利賽人乃是猶太教的正統宗派，也就是保守派。

因此，我們看到耶穌要攻擊的猶太教徒，往往是選中了法利賽人，這以〈馬太福音〉（第二十三章第一至七節）的指摘可做代表，並且舉出了法利賽人的七禍（〈馬太福音〉第十五章第一至九節），主要的是說他們爲了名利而不是爲了上帝的工作，是虛僞的做作而不是眞理的實踐；斥責他們不虔敬，斥責他們是瞎眼的領導人，斥責他們簡直沒有宗教的信仰和品德，連思想也沒有。他們僅是假借行善而來沽名釣譽，而來聚斂財物。

雖然，有一本法利賽人的拼湊著作*The Book of Enoch*之中，有關倫理上的格言，也正是基督教設教的特色之處，可是，猶太教形態不如時代的理想，想也必是事實。

（六）基督教的成立與保羅

所以，耶穌在形態上反對猶太教，在教義上仍是正統的猶太教徒，甚至要明白地宣說：「莫想我來要廢掉律法和先知，我來不是要廢掉，乃是要成全。」（〈馬太福音〉第五章第十七節）可見他是願做一個猶太教的改革者（縱然他自以為是彌賽亞，彌賽亞還是來自猶太教的），而非作為一個新宗教的創始者。

因此，耶穌也經常採用《舊約》中的話來做他自己的倚託。而且耶穌的胞弟雅各，就是一個猶太教氣質很濃的基督徒，他在較保守的基督徒群中，也很受擁護，致到馬丁路德，還對〈雅各書〉被收入《新約全書》，而表示異議。

可見，如果不是保羅在耶穌死後加入了基督教，耶穌的事業，也只是猶太教的一個支派而已，正像其他的三個猶太教派一樣。

於是，如說基督教是由保羅而成立，也不為過，試看收入《新約全書》的二十七篇文字之中，保羅的著作，就佔了十三篇，另有一篇尚在疑似之中。

事實上，基督教的思想，也不是以四福音為主，而是以使徒的著作為準，從奧古斯丁，到馬丁路德，到現在的教會思想，也都是照著保羅所畫出的路線在走。這是研究基督教者應加注意的事。

第二節　耶穌的思想

(一) 福音書中的耶穌

四福音是耶穌的行誼錄，四福音卻不能代表耶穌行誼的眞貌。因在四福音中，僅僅記載了耶穌出生前後的一點神話傳說，加上耶穌三十至三十三歲之間的一點經過，而其也被神話的色彩所包圍。

特別是在耶穌當時的門徒之中，能把事實經過，做成備忘錄的，可說沒有一個。至於瞭解耶穌思想的人，那就更加難找。耶穌的群眾，文化水準很低，耶穌選擇門徒的條件，又嚴格得達於極端。在許多人之中，僅被他選上了十二人；如照耶穌的要求來考選今日的基督徒，今日的基督教會，早該自動的解散了。所以，耶穌經常用譬喻傳福音，群眾們卻不懂他所說的是什麼，縱然他會給親信的門徒，重將譬喻解釋一遍，門徒之中仍然要誤解他的意思。

同時，福音成爲定式的記載時，早已將耶穌的故事，渲染得走了樣。耶穌生時的親信門徒，尚且不易瞭解耶穌的思想，何況是一、二百年之後的福音作者？

福音書不能自圓其說的矛盾處，也就是因此形成的。

因此，四福音不能代表耶穌的思想精神，當無疑問。

不過，我們若想要知道耶穌的一個概念，仍得從四福音中去尋找蛛絲馬跡，因爲除此之外，沒有更好的資料可求。所以，四福音雖不能代表耶穌的思想精神，它卻仍是記載耶穌生平唯一的最古著作。

（二）基督的真理

耶穌的宗教思想，是主張愛的實踐——神意的實踐。他是實踐家而非理論家，他說：「字句是叫人死，精意是叫人活。」（〈哥林多後書〉第三章第六節）所以他的教訓，沒有系統條理，甚至前後矛盾，因他不重視咬文嚼字，而特重於眞理的啟示。所以他說：「你們若常常遵守我的道，……必曉得眞理，眞理必叫你們得以自由。」（〈約翰福音〉第八章第三十一、三十二節）但我們必須明白，基督教所講的「眞理」，不是推論的邏輯學的發明，而是直覺的宗教信念，信神「充充滿滿有恩典」，藉著神的恩典而得救，並且以實踐神的意志而救人，這就是眞理。

耶穌強調一個「信」字；由信而產生「望」——不致滅亡反得永生；望神有「愛」——將獨生子賜給人類而代人類贖罪。這是基督教的基本思想，也是《新約全書》

的精義所在。「信」、「望」、「愛」三個字，就說明了耶穌思想。所以基督教特別重視〈約翰福音〉第三章第十六節，因爲那是他們全部思想的靈魂：「神愛世人，甚至將他的獨生子賜給他們，叫一切信他的，不至滅亡反得永生。」

由於要實踐上帝的愛，所以反對猶太教的教條主義——律法的呆板遵守；耶穌是以眞理爲主，爲了眞理，縱然違背了傳統，他也在所不惜，並且樂此不倦。耶穌之後的基督徒們，反而拘滯於《新約》的文句的爭論，實在不是耶穌的本意。

基於眞理的原則，根據耶穌的主張，幾乎要仇視現實人間的一切傳統，因爲，這些都不能合乎眞理的要求。他要以愛來改造這個人間的社會，所以他要說：「你們不要想我來是叫地上太平，我來並不是叫地上太平，乃是叫地上動刀兵，因爲我來，是叫人與父親生疏，女兒與母親生疏，媳婦與婆婆生疏。」（〈馬太福音〉第十章第三十四、三十五節）因爲「人的仇敵，就是自己家裡的人。」（第三十六節）所以「愛父母過於愛我的，不配做我的門徒，愛兒女過於愛我的，不配做我的門徒。」（第三十七節）

（三）剛強的愛

耶穌的本質，並不是一個反道德或反倫理的人，他何以會說出這樣的話來？

他是以「眞理」爲第一；而且以爲他自己就代表了眞理並做眞理的標本，所以愛他的人就是愛眞理，家人眷屬的愛是私愛，所以不應將私愛高過眞理的愛。當然，以上四節話，說明了耶穌對於爲要推行眞理而表現的愛，是剛強而非柔和的，這是希伯來宗教的一貫精神。以至在〈約翰書〉中，約翰的愛，也是有條件的，那是爲了眞理而愛。並不像一般人誤以基督教的「博愛」爲泛愛，它的條件是信了它的才愛，不信它的便不值得接受它的愛。這是從摩西以來的傳統思想。比如摩西禁止他的信徒以高利貸獲利，但對他們的外邦人是不受此限的，從外邦人處取得越多越好，因爲耶和華不喜歡外邦人。

不幸的是，正由於這一剛強的有條件的爲「眞理」的愛，也就導致了基督教的許多不人道的行爲，比如說：不在教會中的就不得救。因此，爲了愛人，爲了使人服從「眞理」而得救，不惜以屠殺來解決問題。

當然，耶穌的思想，的確是具有革命性的，比如猶太教的律法中，沒有規定積極性的善行，而是繁瑣的生活規定。最顯著的，猶太教沒有布施貧窮的規定，耶穌就積極地主張濟貧，並且教人在「施捨的時候，不要叫左手知道右手所做的。要叫你施捨的事行在暗中，你父在暗中察看，必然報答你。」（〈馬太福音〉第六章第三、四節）並說：「倚靠錢財的人進神的國，是何等的難哪，駱駝穿過

鍼的眼，比財主進神的國還容易呢。」（〈馬可福音〉第十章第二十四、二十五節）

耶穌時代的政治環境很惡劣，統治者的面目可憎。耶穌卻主張：「誰願爲首，就必做眾人的僕人。」（〈馬可福音〉第十章第四十四節）現代政治中，以官吏稱爲人民的公僕，可說與此有關。

可是，這一公僕的觀念，只對世俗的領袖有效，一涉及耶穌自己的問題，就不同了。他說：「你們要紀念我從前對你們所說的話：『僕人不能大於主人。』他們若逼迫了我，也要逼迫你們。」（〈約翰福音〉第十五章第二十節）耶穌雖然爲大，但他不是公僕，而是「主」，因爲他是「人子」。所以，耶穌雖曾主張解放奴僕，認爲奴僕也同樣是亞伯拉罕的苗裔，所以應該讓其在安息日從奴位上得自由（〈路加福音〉第十三章第十至十七節）。到了保羅的時候，也勸人對奴僕要以兄弟的情分看待（〈腓利門書〉）。

但是，神人之間，永遠是主僕關係。以致到了中古時代，教會取代了神的地位，就立出了許多的對待關係，羅素稱它爲二元論：教士與凡人是二元；拉丁族與條頓族是二元；天國與塵世是二元；教皇（Pope）與人皇（Emperor）是二元。一切都是主僕的關係。

此所謂二元，實則就是一元論中的二分法。

(四)統一人類的信仰

猶太教的宗教觀，直到現在，仍未完全脫離民族神的範圍，把異民族看成不可救的一群。然而，耶穌卻喊出了這樣的呼聲：「我另外有羊(人)，不是這圈裡的(猶太)，我必須領牠們來，牠們也要聽我的聲音(服從信仰)，並且要合成一群，歸一個牧人了(基督化世界)。」(〈約翰福音〉第十章第十六節)

近人將此解釋爲耶穌的宗教平等的世界大同主義，可說是正確的，雖然耶穌本人未能實現此一理想之少分，但到了保羅入教之後，這一理想就開始實行了。

然而，這也爲基督教帶來了惡名，這使基督徒們相信，基督教必定可以征服全人類的信仰，尤其耶穌曾經如此地激勵著門徒說：「信的人必有神蹟隨著他們，就是奉我的名趕鬼，說新方言，手能拿蛇，若喝了什麼毒物，也必不受害。」(〈馬可福音〉第十六章第十七、十八節)後世的基督徒們相信，凡是爲傳教而去外國歷盡艱危，也均有神蹟的隨身保障。所以，基督徒的傳教精神的狂熱，不是偶然的。這種信念，到了羅馬帝國幾乎想席捲全世界的時候，基督教會的「天主教」，也自信以爲必可征服世界了。從這一信念而導致的屠殺(屠殺猶太人、回教徒、異端)及戰爭(如十字軍及三十年戰爭)，若要寫一部基督教的詳細迫害史，寫上數千萬字也寫不完，眞是血淋淋的教訓。然而，那些教會的領袖們，直到現在，仍在努力於基督化世界的工作；排斥異端，不容忍異教，也是因此而來。事實上，大同的世界，又何妨小異？否則，「歸一個牧人」的理想，只有待諸於世界末日以後再去追求的夢境了！

我們理解了耶穌的思想，主要在於「眞理」——信、望、愛的追求與實踐之後，就不難明白基督教的根本意趣或根本精神了。

(五) 贖罪思想

耶穌的思想，並沒有深奧的學問，耶教卻能吸收部分深奧的學問爲其所用，例如神學，耶穌並不曾主張什麼神學，神學卻爲耶穌的信念，築成了一道道的萬里長城；耶穌並不鼓勵信徒們思想神學的問題，竟有許多的人要爲神學而做爭論與辯護。耶穌並沒有高深的學問，許多的學問家卻願歸向基督教。這從表面看來是難解的，若從耶穌的言行上考察，也就並不難解了。

譬如保羅，他本是一個反基督的學者，後來竟又成了被迫害的使徒。

那麼，基督教怎麼會使人們起信的呢？無他，那是由於耶穌的犧牲精神的鼓舞。那種近乎瘋狂的鼓舞人去爲「眞理」而犧牲的精神，他自己就率先做了犧牲的榜樣。所以凡是受到他所鼓舞的人，往往也能不顧一切地去犧牲。爲一種理想而死得有聲有色，總是一樁動人心弦的事！

耶穌是承襲了猶太教《舊約》中的一個觀念——犧牲。不過，《舊約》是認爲人類有了罪，就得做贖罪祭（Atoning offering）和贖愆祭（Trespass offering），那是利用活物做犧牲品，先將自己的手，按在犧牲品的頭上，自己承認有罪，然後將自己的罪，交給被犧牲的牛或羊，由牛、羊擔負其罪，並代其受刑，交由祭司，向神獻上，如此一來，自己的罪就沒有了。

這一種代罪贖愆的祭奠，耶穌必定見過及聽過，到了耶穌的心中，就起了聯想的作用，認爲人的罪既可贖，必定仍要用人來贖。神既喜歡人們用畜牲的血來祭，必定更喜歡用人的血來祭（如本書第二章第三節所舉的例子）。如果用有智慧並且懂得神意的人來祭神，神必更加的歡喜；要是用無罪的神的兒子來祭神，那必可得到神的無上歡心了。

既然有人需要一個救世主，既然有人以爲耶穌是上帝的兒子，他自己也有這樣的自信，正像中國古代的皇帝們，無一不以「眞命天子」自居。

凡人皆因祖先亞當和夏娃的犯罪，所以也都遺傳了祖先所犯的「原罪」。耶穌是他母親跟上帝的聖靈懷孕所生，他的父親是神，神是無罪的，所以耶穌也是無罪的，因爲耶穌不是人而是神之子，這是基督教的主張。

《舊約》中以畜牲祭神，既可被認爲代替某一人的某一種過咎而贖罪；《舊約》中用普通的人祭神，既可被認爲代替某些個人及某一集團而做酬謝。那麼，若用無罪的耶穌來祭神，當可代替全人類來向上帝贖罪了。

（六）原罪與贖罪

顯然，這種理論是極端矛盾的。例如耶穌之父是神，耶穌之母則仍是人。如果一定要說耶穌是由人母及神父而生，必定也遺傳了二分之一的人類祖先的原罪，耶穌何能無罪？因爲這在基督教的理論站不住腳，基督徒之中唯恐人家說耶穌也是二分之一的罪人，所以天主教會，就把耶穌之母也神化了起來而稱爲聖母，並立偶像對她崇拜。事實上，耶穌之母固由於生了一位歷史上的大宗教家，而顯出她是一位偉大的母性。可是，瑪利亞這個婦人，卻不是專門爲了生產耶穌而來人間，她在生了耶穌之後，又跟他的丈夫約瑟生了四個兒子——雅各、約西、西門、猶大以及幾個女兒。所以，瑪利亞也是人，當無疑問。如說人皆有罪，耶穌也必不能獨免。

再說，當耶穌上了十字架，死了，既是代替全人類贖罪的義行，那麼，自從耶穌死後，全人類就不該再有一個罪人了，那就不必再分信不信上帝基督，也不用再分選民及落選者，當也不會有末日的審判了。否則，耶穌的贖罪，代價何在？人類的命運豈不仍與耶穌未死之前相同？可是，耶穌的教訓，依然盼望人類自行悔改，否則就不能得救；縱然悔改了的，依然是個罪人。若不爲上帝寵愛，悔改的行爲，並不能代表得救的依據。難道說耶穌之死，是代人類贖回祖先所犯的原罪，耶穌復活之後，贖罪的代價也就不存在了嗎？其實，所謂人類有遺傳原罪的觀念，就是一個矛盾重重的問題；耶穌的肉身復活，也是一個無從理喻的神話傳說。

所以，耶穌本身的有罪無罪？是人是神？贖罪邏輯的能否成立？永遠是基督教神學中纏繞不清的問題。頭腦單純的人，一旦被基督教的神學纏上幾纏，就迷失了自主的方向。因此，如果你先沒有足夠的哲學基礎及思辨能力，而去研究基督教，則以不鑽進神學的牛角中去爲佳，利用一部《新約》、《舊約》的樸素資料就夠了。原因是神學的本身，不是耶穌的思想；神學只是後來的基督徒們，借了外邦人的哲學架構，給耶穌思想打起的牆。

可是，耶穌是一個直覺主義的人物，他對一個觀念產生之後，即以爲是眞理，他從來不考慮邏輯的問題。

於是，耶穌既然有了這樣直覺的感觸，他就相信他的這一想法是合乎眞理的：唯有以自我爲他人代罪的行爲，才是最高的眞理。所以，當他的環境對他越形不利的時候，他就越希望自己眞的成爲代罪的羊；因爲自殺不能算是祭神，所以他是盼望有人對他下刀。當有人把他送上當時通用的刑具十字架上，便成全了他要爲人類代罪的理想，他有這樣的存心，有了爲「眞理」而犧牲自己的存心和行爲，就很自然地感動了許多許多的人。

這種天眞的聯想，和悲壯的犧牲，不論它的本質如何，但禁不起理性的考察，乃是很顯然的。他的行動，卻又是最能引人同情的；雖然眞的上了十字架時，他也感到後悔。

(七) 背負十字架

因此，耶穌也同樣把他的想法，要求他的門徒：「凡不背著自己十字架跟從我的，也不能做我的門徒。」(〈路加福音〉第十四章第二十七節) 又說：「若有人要跟從我，就當捨己，天天背起他的十字架來跟從我。」(〈路加福音〉第九章第二十三節) 又說：「凡要救自己生命的，必喪掉生命，凡爲我和福音喪掉生命的，必救了生命。」(〈馬可福音〉第八章第三十五節) 在這三節話中，耶穌已以

「眞理」自居了。服從他就等於服從「眞理」，服從眞理的人，就當捨己而作爲祭神的犧牲；犧牲不是死亡，乃是成義——回到「父」那裡去，永生在上帝的天堂裡。所以，初期的基督徒是不怕死的，並以死亡爲快樂；故當環境對他們的迫害越嚴重，他們的從容赴死的情緒也就越昂揚。保羅的皈信基督教，就是受了這一精神的感動；許多的學問家，也都在這一點受到了感動。這鼓勵的效應很大，能使許多的人產生信心，以爲基督的信仰，必定有著什麼神聖的力量。其實，如果你願把贖罪觀的根源找到了，再細細地想一想，那倒反而覺得是很可憐憫的事了！

主要的是耶穌誤把他自己當作了神的兒子。這請與本書第三章有關神話考證的部分，參照著讀。

（八）由神性到魔性

本來，耶穌尙無意以基督自居，後來由於他的門徒西門彼得，認爲他是基督，認爲他是永生上帝的兒子。當時他還不敢明白地承認，經過考慮，他就以基督自居了（〈馬太福音〉第十六章第十五至十七節）。

這樣一來，耶穌就開始神祕化了。「主耶穌」的名稱，也就因此而產生，耶穌的傳教工作，也就更加積極了。

一方面，藉天國的理由，教他的信徒們忍辱、節儉、誠實、施捨。天國的福音，無疑就是社會主義的建立，讓他們把自己的財產拿來與貧乏的鄰人共同享受。另一方面，積極地鼓舞他們爲天國的福音而從容赴死的犧牲精神。

但是，神祕性的耶穌一出現，他就變得不怎麼可愛了，他要大家都信他確是救世主基督，並且不許有人懷疑，所以他要說：「信子的人有永生；不信子的人得不著永生，神的震怒常在他身上。」（〈約翰福音〉第三章第三十六節）又說：「你們是從下頭來的，我是從上頭來的，你們是屬這世界的，我不是屬這世界的。所以我對你們說，你們要死在罪中，你們若不信我是基督，必要死在罪中。」（〈約翰福音〉第八章第二十三至二十四節）因此，他便說出了一個末日的安排，希望大家早日信從他，否則他是不再來了（〈馬太福音〉第二十三章第三十九節）；如果要來，那就是末日到了。末日來臨，人子到了門口，那時：「挪亞的日子怎樣，人子降臨也要怎樣，當洪水以前的日子，人照常吃喝嫁娶，直到挪亞進方舟的那日，不知不覺洪水來了，把他們全都沖去；人子降臨，也要這樣。那時，兩個人在田裡，取去一個、撇下一個，兩個女人推磨，取去一個、撇下一個。」（〈馬太福音〉第二十四章第三十七至四十一節）

這是說明人皆有罪，若不信耶穌是基督的人，必死在罪裡，並且有上帝的震怒加在他的身上。上帝的震怒是什麼？那就是人禍天災，末日是人禍天災的總結算。

本來，這還不會促成基督教的魔性的發作，然而，耶穌的思想是剛性的，神祕的身分感，更使他變成信仰的獨斷者，人類的罪惡感，尤其使他以爲是無上的權威者，他是如此的合於眞理，人類是如此的不合於眞理。所以，人類不可能藉著自己的力量而成聖，除非由於神的恩寵而赦免。所以，「選民」的取捨，他有權決定，罪人的處置，他也有權決定，因爲他本人就是神的「道成肉身」。

因此，當基督教正被迫害的時期，信徒多能從容赴死，當基督教有了實權之時，基督徒們又成了迫害異端的能手。在基督教的立場來說，遭受迫害與迫害異己，無一不合乎耶穌的旨趣——受迫害是成義的機會，迫害他人是救人的美舉，同樣是爲了天國的福音！

第三節　基督教的演變

（一）耶穌的神蹟

基督教徒們，往往喜歡引述福音書的神異記載，來作爲耶穌確是救主的「見證」。

例如潔淨了患大痲瘋的人，又治癒了癱瘓的人、發高熱的人、血漏病的人、將斷氣的人、瞎子、瘋子、啞巴等；又能使海中的暴風平靜，在海面上行走；又能將七個餅和幾條小魚，除了婦女、孩子，給四千人吃飽，以五個餅及兩條魚，給五千個男人吃飽，而且每次都還剩下了碎餅、碎魚十二籃筐；有一次參加迦拏地方婚禮，變水成爲酒。

這些神異的傳說，在基督教以爲是無上的資本。其實，如果看一遍佛教的律部及史傳部，神異之多，俯拾即是。除了佛陀的神異，佛弟子中的神異記載，也是太多太多了。中國佛教史上有一部《神僧傳》，就是專收這類神異僧人的事蹟的。如果說：有了耶穌這樣的神異，證明他就是救主，那麼佛教史上的「救主」，實在太多了。

正像房龍先生所說：「在中國、在波斯、在印度、在埃及，凡是我們所到的地方，我們到處都遇見超自然的功績底記載，這些功績是遙遠國土中原始居民所共有的東西。」又說：「但我們許多人，都以爲耶穌給予世界的影響，是可驚地深刻而且難以說明。」又說：「在這點上，也許我們是全然錯誤的。」（《聖經的故事》第二十三章）

神異的問題，從歷史家的角度上看，它是不存在的，正像房龍所說：「人們總是喜歡將超人的力量和他們自己所崇拜的人物聯繫起來。」又說：「隨著時代的遷易，同一類的奇蹟就不斷地添入於原來的故事中，那是極其自然的事。」（同上所引）

照這看法，耶穌的神蹟乃至《舊約》的神蹟之記載，與其說是確有其事的，實不如說是傳說如此的，因爲從事這些神蹟記載的執筆人，無有一個是這些神蹟的目擊者。

若從宗教家的角度看神異問題，則凡是在禪定上有了相當工夫的人，他們的身心之異於常人，乃是不必否定的，佛教稱此爲神通。但在佛教的宗旨上說，雖承認修定者可以得神通，卻不以神通之神奇爲聖事，因爲佛教以爲凡夫均有求得神通的機會及可能。

同時，神異的形成，也不一定均須經過禪定的修持，利用咒法術數，同樣可得奇蹟。《歷代三寶紀》卷九，即有一個例子：菩提流支三藏法師，有一天「操柳枝聊撝井口，密心誦呪，纔始數遍，泉遂涌上，平至井脣，三藏即以鉢盂酌用。傍僧見之，並歎稱聖，法師乃曰：『斯是術法，外國共行，此方不習，乃言是聖，懼惑世人，因爾雜法，悉祕不爲。』」（《大正藏》四九．八六頁中）

可見，佛教既不以神通所現的神異爲聖事，更不以咒語術數的雜法所現者爲聖事。

我們以此兩個觀點來考察基督教所傳的耶穌神蹟，可謂兼而有之。一部分是由福音作者根據傳聞的渲染而來，一部分是耶穌可能有點小神通，也可能耶穌在何處學了一點術數雜法。

所以，我們不必全然否定福音書的耶穌神蹟，也不以爲有了神蹟的人，就是神的「道成肉身」。否則，那僅是基督徒的自我安慰的獨斷解釋而已。

（二）福音書的成書年代

耶穌是神，但他畢竟死了；耶穌的復活，也僅是神話的傳說，而不是歷史的事實。所以耶穌死後，便給他的門徒的心上，罩下了末日的恐怖，因爲耶穌曾說過：「僕人不能大於主人。」所以，耶穌一死，門徒也都準備著死，並且相信人類自己的罪，必招致上帝的震怒，末日的降臨，便是人類罪惡的總結。

因此，耶穌的門徒，誰也沒有想到，他們在耶穌死後應該爲耶穌做些什麼？因爲末日將到，替耶穌編集一些備忘錄之類的紀念物，實在沒有用處。

然而，地球在繼續轉動不已，末日的景象，並沒有立即來臨，於是，日子久了，對耶穌的懷念快要淡忘了，在門徒之中的忠實者，就擔心起來，就開始一點半點地，把他們及她們所見所聞有關耶穌的印象，做成了零零碎碎的備忘錄，並且相互傳誦。就這樣，有關耶穌的傳說，便越來越多，但仍沒有系統的條理。大概傳誦了一、兩百年，就有些人想要把這些傳聞整理選擇和編輯一下了，他們各人都依據自己的趣味和能力，用他們主耶穌的話來重述了他們主的苦痛和勝利。那就是現在被標名為〈馬太福音〉、〈馬可福音〉、〈路加福音〉、〈約翰福音〉的四福音了。這是從其文學上的特點考察出來，它們是第二世紀的作品，而且，〈馬可福音〉的作者，可能還是〈馬太福音〉和〈約翰福音〉的後代子孫。

這似乎是個祕密，其實是公開的。

我是根據房龍《聖經的故事》第二十章的資料寫出了這段介紹。

(三) 聖保羅

因此，要找基督教的新思想及其闡釋辯護的依據，四福音無濟於事。基督教的完成者，其實是保羅，他是眞的脫盡了猶太教氣質的一個新生基督徒的典型。我們看《新約全書》第五篇的〈使徒行傳〉，一共二十八章，竟用了十六章來講述保羅的生涯和事業。可見他對基督教的重要。

在前面說過，耶穌的門徒之中，眞有學問的，根本沒有一個。到了保羅，這才使耶穌的言行，找到哲學上的依附及辯解。保羅具有羅馬、猶太、希臘三個地區的學問，他所居的便當——大數，乃是羅馬最著名的文化區域之一。當時的大數，就有一個屬於斯多噶派的著名學舍，這是西元前二九四年由希臘人齊諾所創立的學派。保羅自小學得了這派的哲學思想，皈信基督教之後，他就用斯多噶派的泛神論來補充希伯來的超神論（超宇宙的一神論），這是基督教宇宙觀的希臘哲學化。保羅又用柏拉圖的人生觀來疏解基督教的人生觀。這些在保羅書信中均已表現出來。

因此，耶穌死後，基督教接受了希臘哲學化，它的成分，分有柏拉圖派、斯多噶派、新畢達哥拉斯派、猶太腓羅等的哲學思想。凡是可資借用的，他們就盡量地移花接木。

（四）三個學派

由於基督教的希臘哲學化，也就漸次形成了內部思想紛歧。紛歧的結果，約可分爲三派：

1. 智慧派：這一派的思想，後來被認爲是異端，所以從西元第一世紀至第五世紀以後，就不再存在了。他們否認耶和華是基督教的神，因爲《舊約》的耶和華，要希伯來（猶太）人滅絕一切迦南人，那太殘忍，所以也否認並反對《舊約》的一切道理。《新約》中凡是引用《舊約》的句子，也被全部刪去。他們主張神與人的合作，以靈與質交戰，特別採用各種方法以苦待肉體。

2.辯護派：這一派是基督教本位者，一面維護保守，一面攻擊異端。這一派的人，大都對希臘哲學受過相當的訓練。他們把智慧派視爲魔鬼的兒子，因爲他們信仰自第二世紀以來就成立了基督教的「要道」。那要道就是：信神爲創造主，是全能的父；耶穌是神的獨生子，爲人類的救主，由童女生，被釘十字架，已復活，將再來；並信聖靈永生。這「要道」，迄今仍未稍微改變其分毫，那就是他們所謂的〈信經〉。他們也相信「道」不因耶穌降世而才有，乃是自太初就有了，不過，歷代的先知只能藉眞理的啟示而得「道」之少分，所以人類的理性不可靠，必須靠基督的力量，人們才能夠得救。

3.問答派：這是調和派，因爲智慧派左傾，辯護派右傾，這一派做了兩派的中間人。這派有兩位代表人物：一是革利免，一是阿利金。革利免將希臘哲學比作一株野橄欖枝，將其與《聖經》的眞理之根相接，必有美果結出，他本人是柏拉圖派和斯多噶派。阿利金是新柏拉圖派，這是一位大著作家，相傳他的大小著作有六千餘卷。當然，冒他名的也在所難免。阿利金從三方面看《聖經》，第一層是文字的瞭解，第二層是對文中所存心理的推測，第三層是依靈修的祈禱，求得神的默感，而以第三層的工夫最爲吃緊。

基督教的教義，可說是到阿利金（Arigen 西元一八五—二五四年）時，才有了哲學運用的穩定性，到了奧古斯丁（Augustine 西元三五四—四三〇年），便算集其哲學用於神學辯解的大成。

雖然，如房龍所說：「一切論爭，再沒有比神學問題那樣更無用、更無益。」（《聖經的故事》第二十章）但是，神學在於基督教，確是非常嚴正的問題。如果不將《新約》、《舊約》的神話借來哲學的外衣套上，使你鑽在裡面，蒙起頭來，覺得神乎其神，基督教的信仰，豈能維持？

然而，神學是出於基督徒們的想像和附會，所以，彼此就有了矛盾。

（五）主教會議

爲了解決他們內部的爭論問題，自君士坦丁大帝以基督教爲羅馬國教之後，都是以主教會議的召集來表決，第一次大會是在奈西亞城召開，那是西元三〇五年，出席的主教約有三百人。以後就經常用這方法解決紛爭。

他們，對於立教三位一體說（Trinity），爭論不休。
他們，對於基督的神性與人性說，爭論不休。
他們，對於耶穌的屬性說，爭論不休。
當然，他們的大會能把這些爭論表決；反傳統的觀念，照例是遭受大會的否決，保持住耶穌，不，是保羅的一貫信念。

值得我們注意的，有一件趣事，那就是有一位名叫皮拉古（Pelagius）的基督教隱士，竟然敢主張：人類的始祖犯罪，與後人無關；人犯罪與行善，皆由自己的意志決定，得救即在我們堅強行善的意志，照著耶穌爲人的榜樣而行，因爲耶穌並非爲人類贖罪，而是以其榜樣救人。而且，他主張即使沒有耶穌，我們靠著自己也能得救，行善，雖無聖靈相助，也能得到。

毫無疑問，這種自力解脫的論調，不會得到傳統基督徒的支持，所以在西元四三一年召開的以弗所會（Council of Ephesus）中，把他否決了。

（六）神學家奧古斯丁

奧古斯丁的神學，不用說，他是根據《新約》而來的，他爲了維護《新約》而著了一系列的神學書，所以自他之後，教會的言論，已成定局，雖然爲了追問

「神何故成爲人」的問題，又開出了中古的經院哲學（Scholasticism）。天主教自稱其中古哲學爲「士林派」，學者間卻用「煩瑣哲學」來稱呼它，因它除了兜著哲學的圈子，來襯托其「神」的存在，別無價值可言。

奧古斯丁是怎樣的人呢？據說他有點像托爾斯泰的晚年，他的思想和情緒中，充滿了罪惡感。雖然，托爾斯泰是以不能代替人們解決苦難而引爲不人道的自咎，乃是一位崇高的人道主義者，並不如奧古斯丁是因爲狂熱的宗教情緒在他的脈管裡沸騰。所以，奧古斯丁的生活，便成爲嚴肅而冷酷，他的神學，也就因此而變成不近人情。以致羅素要說：中古教會的獰惡，奧古斯丁的罪惡觀念的鼓吹，要負很大的責任。

不過，奧古斯丁的早年生活，並不如何地神聖，他在十六歲的時候，就愛上了一個情婦，愛了她好多年，她爲他生了一個兒子。後來，爲了要跟另一個女子結婚，所以和那個情婦分了手。當然，他是一個聰明的人，在他十九歲時，就已精通了修辭學，乃由西塞羅的著作而想到了哲學。

在奧古斯丁的著述中，最好的作品是《懺悔錄》的第十一卷**The eleventh book of the** *Confessions*，因爲我們沒有太多的篇幅，所以不討論它。他答辯異端攻擊的一部好書是*The City of God*。

不過，神學終究是不能解辯所有《聖經》留下的困難，奧古斯丁自也不能例外。比如他說：「我的靈魂，想知道這個最惱人的謎。」於是他便祈禱上帝：「主呀！我向你坦白，究竟什麼是時間，我現在還是一無所知。」（以上有關奧古斯丁的資料，採自羅素《西方哲學史》）

從哲學的觀點上說，奧古斯丁是新柏拉圖派。

（七）糾纏不清的神學

基督教的神學，從歷史上考察，也可算得多彩多姿，他們，前面已說的不算，由奧古斯丁往後數起的代表人物，就有新柏拉圖學說，阿奎那多瑪（Thomas Aquinas 西元一二二七——二七四年）的亞里斯多德學說，許萊馬赫的浪漫主義，哈那克的自由主義，提黎許、布特曼的存在主義等等。總之，基督教是善於調遣並利用「奴婢」的（他們把哲學看作神學的奴婢），然而，他們僅能附會利用，並把哲學弄得顛三倒四，卻不能在思想境界上，眞的有所創發，並且也不能清楚地指明一條路來。所以考夫曼（Walter Kaufman）要說：「當考慮基督教義的時候，人們很容易迷失在那些他人引伸出來或附會於它的多變的思想方式之中——從新柏拉圖……。」（《文星》九二期）

不論怎樣，他們的哲學或神學的目的，無非是想證明《聖經》是對的；縱然有錯，也是對的，因爲那不是《聖經》有錯，而只怪你沒有信「耶穌是基督」，沒有信「上帝愛世人」，沒有信「神充充滿滿有恩典」。所以，你不必研究神學，「信」了就包括了全部的神學；不信而去研究神學，實在是椿頭昏腦脹的苦事！

然而，不能說出一個名堂，就拉你去納頭信仰，豈不怕人指爲迷信！所以，縱然糾纏不清，他們還是要煩瑣地糾纏下去。

比如阿奎那多瑪，以爲靈魂不是以人的精液而傳遞，而是在各人來說，是重新造出來的。這種說法，羅素以爲確有難通之處，譬如一個人不是由正式婚姻生出來的，這似乎要使上帝作爲通姦的助手了；又如果靈魂不是傳遞而是重新造出來的，那又怎樣來承襲亞當所犯的罪呢？既然各人的靈魂，均由新造，造出來就要承襲始祖的罪責，上帝豈不是太不仁慈了嗎？繼續不斷地造出許多靈魂來，使他們變成了罪犯！當然，這在奧古斯丁的辯解，認爲上帝預先知道惡魔的罪過，但於改良整個宇宙，他們也有用處，正像修辭學中之有反襯法。這能算是理由嗎？根本是強詞的詭辯。

類此糾纏不清的神學問題，可謂很多，本書限於篇幅，不多列舉，同時，那對於我們的實際，確是毫無用處的。

第四節　基督教的教會

（一）最初的基督教會

耶穌這個人，可說是無拘無束的人，他不用文字的思想，不用思想的邏輯，也不用組織的教團。從〈馬可福音〉看，他到處都以治病趕鬼，吸引了許多老弱婦孺的群眾。對這些群眾，也唯有一些簡單的譬喻說些小故事，群眾也很少人聽懂他譬喻的眞義是指的什麼？他對群眾的感化力，是在於他給群眾的同情，並用他的感應力爲群眾治病。

但是，耶穌沒有想到宗教的儀式，也沒有想到教會的組織，甚至有反儀式反組織的思想。

大概是在耶穌死後幾年，據說是西元三十五年，那時離耶穌被釘死，已有近十年了（耶穌生於西元前大約四年至六年或五年以上），耶穌的幾位常隨的門徒，想到了要爲耶穌做點什麼了。那就是使徒傳道的開始。

教會的成立，是由保羅開始。保羅這個人，我們已經說過，是一位了不起的人物，他給基督教注入的生命力，可謂震古鑠今。

保羅一邊爲耶穌的言行闡釋宣揚，一邊則到處傳道。他的傳道區域，遍及羅馬帝國的各都會，如大馬色居比路、帕弗、旁非利亞、彼西底、呂高尼、加拉太、弗呂加、敍利亞、基利家亞西亞馬其頓、雅典亞該亞等各省，無不有其足跡。甚至向西發展，要以西班牙爲目的。在他皈依基督教後的二十多年之中，他的足跡所至，隨處設立教會，並且實行團契的生活——各教會有無相共，互助合作，以推行其公產公用的理想。雖然，這一共產型的團契生活，由於後來分子的良莠不齊而沒有貫徹到底，但其教會的基礎則已建立了。

保羅對於日漸複雜的教會分子，也深惡痛絕，那些藉信教而賴教會生活的人，保羅便主張：「若有人不肯做工，就不可吃飯。」（〈帖撒羅尼迦後書〉第三章第十節）

因此，基督教會以耶路撒冷爲基地，向安提阿，而一直開展出去。使徒們也用外國方言，向外邦人傳福音。尤其他們已能使用希臘語文傳教，藉此語文爲媒介，教會的力量便迅速地遍及希臘文化所及的方域。

初期的基督教，由於它是反對猶太教的，是反對多神教及偶像崇拜的，又是反對政府的，並且態度堅定，情緒狂熱，赴湯蹈火，在所不辭。所以它的處境是「四面楚歌」。猶太教要迫害他們，外邦的群神教要迫害他們，人們多以基督徒爲大逆不道者視之，逼得基督教的傳流，只得在地下的墓穴中祕密進行。

（二）從受迫害者而成為迫害者

西元六十四年，遇上羅馬大火，尼祿王爲了推卸罪責，便嫁禍於大家所不喜歡的基督徒，說是基督徒放的火。因此大舉進行搜尋迫害，把基督教徒投入惡獸欄、浸油點天燈、釘上十字架，殉難者不計其數，使徒彼得及保羅，據說也是死於此次的迫害。

自尼祿王之後，羅馬政府很想統一宗教的信仰，但卻未考慮基督教，所以頗有把基督徒撲滅的決心。因爲當時的基督徒雖不殺人放火，由基督徒而引起的麻煩卻很多。所以造成了基督教教會史上的羅馬帝國十次大迫害（實則僅有九次，因爲第十次僅欲迫害而未見諸實行）。

然而，我在前面說過，初期的基督徒是不怕死的，並且以赴死爲成義；何況無理而殘暴的大肆迫害，也適足以引發更多人民對基督徒的同情。因此，基督教的勢力，正是「野火燒不盡，春風吹又生」，並且越來越壯大，竟把羅馬的統治者驚醒了。

所以，到了西元三一二年，當君士坦丁大帝打敗了東部羅馬，使羅馬統一而爭取帝位的時候，他就想到了基督教的力量，所以藉著他的士兵多信基督教爲理由，而於西元三一三年頒布了他有名的「米蘭詔書」，第一次使得基督教成爲受政府所公認並護持的宗教。

雖然，君士坦丁本人，到了西元三三七年臨終時才公開皈依基督教而受洗禮，但他對於基督教的護持發展，已盡了最大的努力。以十字架作爲他的旗幟的標誌，規定屬下接受基督教的信仰，支持召開了第一次主教大會，以期將教會內部團結起來，再使全國人民向教會團結。他的這一套策略的運用，對他的安內攘外的政治功能，確有很大的幫助。於是，政府與教會相得而益彰。

君士坦丁自己也躬親講道，散發《聖經》，勸人信從，並將各古教的廟宇，給基督教會做講道所，但也沒有完全撲滅古教的信徒。他在政治方面則極力走上基督教化，依照基督教義，廢止格鬥戲（人與人鬥、人與獸鬥以娛樂觀眾的戲，那是殘忍的戲）、廢止十字架刑、禁殺奴僕，並獎勵人民釋放奴僕。

但是到了君士坦丁的兒子，君士坦丁二世（Constantius II），情形就不同了。因他過分擁護基督教，竟效法以前迫害基督徒的手段，去迫害羅馬古教，於是，基督教徒們在各地將異教的廟宇搗毀，強迫人去信仰皈依基督教會。

這也是因果循環，到了君士坦丁二世的堂弟朱利安（Julian）嗣皇帝位後，爲報父兄皆被害於基督徒手的不共戴天之仇，又反對基督教而立意復興古教。不過這是信奉羅馬古教的最後一位皇帝，自此以後的諸皇帝，無不信仰基督教，且有一個叫作替狄奧多西一世（Theodosius I）的皇帝，於西元三八二年嚴禁基督徒背教，違者處死，並且重演搗毀古教的廟宇及神像的故事。

到了狄奧多西二世，強迫人民入教受洗（西元四四〇年）。到了查士丁尼大帝（Justinian），將雅典大學的學舍封閉（西元五二九年），並命令政府人員及全國人民，一律受洗入基督教。

到了西元第九世紀時，古教異端，便在羅馬帝國的版圖內，完全滅絕！

很明顯的，基督教最初反政治，並遭政府的迫害，但到了西元第四世紀的四〇年代以後，正如朱利安臨死前所說的一句話：「加利利人哪，你終究得勝了。」（加利利人是猶太人輕藐耶穌的稱呼）基督教終於征服了政治，跟政治的權力結了婚，並把政治當成了工具。

（三）教皇制度

宗教的信仰越受政權的重視，宗教的勢力也就越大，宗教領袖的地位也就越高，而且，神權的政治理想，早就是《舊約》的中心觀念。

因此，約在西元五百年左右，羅馬基督教會的教長，便成了教皇（Pope）。因爲奧古斯丁等根據《舊約．以西結書》的鼓吹，世界除教會之外，別無得救之道。所以教會應在國家之上。於是，教會成了國上的國，教皇成了皇上的皇，也就是太國與太上皇了。

到西元七五五年後，羅馬教皇便兼了義大利的國王，直到西元一八七〇年才結束了這樣的局面。

因此，教皇在加冕時，共有三頂王冠：一爲國王冠，一爲教皇冠，一爲萬王之王冠（代表基督，基督自稱是萬王之王）。

然而，教會既從天國降到了俗世，俗人的毛病也就難免不在基督教士的道袍之下，繁殖滋長了。

（四）教會分裂

正因爲政治的權力進入了羅馬教皇的掌握，在君士坦丁堡方面的教會大主教，就覺得不以爲然了。東方的大主教跟西方的教皇，原來是隸屬性的。但從西元第八世紀開始，彼此的思想距離，就越來越遠：一者傾向於塵世的權力，一者保持住宗教的本位。在羅馬方面的，因爲羅馬人以政治見長，教會當然也學得了政治的手法。在君士坦丁堡方面的，接近東方，仍以希臘的哲學見長。

東西兩個教會，爭來爭去，終於在西元一〇五四年，分道揚鑣，各不相屬，西方的就是今日的天主教會，東方的就是今日的東正教會。前者又稱為羅馬教會，後者又稱為希臘教會。

到此為止，基督教會已經分裂為二。跟耶穌希望的「合成一群，歸從一牧」，正好相反。

（五）恐怖的中古時代

現在，我們已講到西方的中古時代，所謂中古，大約是指的自西元十一世紀至十四世紀的階段。

說到中古時代，大家總要想到基督教教會的黑暗恐怖。但是，基督教會也有其善的一面，比如由於基督教的信仰，感化了侵入的蠻族日爾曼人。中古騎士的氣質，也是由於基督教的陶養，並使中歐與西歐的一切家庭，處於同樣的社會生活之中。基督教會也辦了不少的慈善事業，教會的寺院也非常的好客，歐洲民風的淳厚，迄今仍可見到，這些都是基督教會的功績。

雖然，教會對於異端的處置，是非常的嚴酷，比如教皇格利高里九世（Gregory

IX，西元一二二七—一二四一年），於西元一二三五年設立宗教裁判所，又稱爲「斷獄司」（Inquisition），用嚴刑審訊異教徒或異端。

其實，用酷刑對付異教徒的，也不自中古開始，比如被基督教尊爲聖徒的賽里爾（Cyril），他是狂熱的基督徒，約在西元四一二年至四四四年之間，他被任命爲亞歷山卓的監督，他就利用監督的地位，煽動對於居住在該地的猶太人，做大規模的屠殺。使他被稱爲聖徒的，則是由於另一項功績；他對一個名叫希柏夏（Hypatia）的女子，利用了酷刑；她是一個篤守新柏拉圖哲學的女子，跟當時的教會思想不合，所以賽里爾把她逮去，由車上拖下來，剝到一絲不掛，拖到教堂，被一群狂徒，用手屠戮，她的肉，是用尖利的蠔殼由她的骨上刮下，她震顫著四肢，被送到焰火之中。從此以後，亞歷山卓那個地方，就不再有哲學家來騷擾它了（取材於《西方哲學史》第二卷第一篇第五章）。這眞是令人心悸肉顫的酷刑！

有一位教皇，那是諾森三世（Innocent III，西元一一九八—一二一六年），羅素對他有如此的評語：「他是個精明厲害的政客」、「可惜者，乃缺乏基督教徒之謙恭耳！」（《西方哲學史》第二卷第一篇第十二章）他在就職的時候，以萬王之王自居，他說：「看呀！今天我們將你們置於國家之上，要提起就提起，要放下就放下，要毀滅就毀滅，要撤銷就撤銷，要建樹就建樹。」他後來也眞的如此做了。

當時有兩個被視爲邪教的異端，亞爾比教派（Albigense）及發爾多教派（Waldenses）事實上他們也是基督教徒。諾森三世便向他的附庸發出命令，對他們做十字軍式的討伐，此事見於西元一二〇九年。

（六）十字軍東征

說起十字軍東征嘛，這本來是給回教徒一些顏色看的，因爲回教徒佔領了他們兩教共同的聖城耶路撒冷。

在西元一〇九五年，教皇烏爾班二世，呼籲基督徒團結起來，向回教徒進行聖戰，一〇九六年，戰爭開始。這在表面上是對付回教徒，骨子裡則另有作用。羅素說：教皇藉此宣傳而增加權力，同時可以藉機對猶太教徒強迫領洗、大肆屠殺、劫掠財產。第一次十字軍，在日爾曼對於猶太人，有大規模的屠殺。第三次十字軍，則在英倫，信基督教的皇帝約克，對於猶太人屠殺之多而慘，令人不堪聞問。第四次由諾森三世教皇發動的十字軍很好，沒有殺到聖城去，僅是轉到君士坦丁堡去，殺了無數平民，搶了可搶的財貨就滿載而返，因爲那是他們分了手的朋友。

十字軍東征，自西元一〇九六年至一二七〇年，共一百七十四年之間，發動了七次，雖對東西文化的交流上有些貢獻，然於宗教的精神及其威信而言，可謂一敗塗地。因爲除了屠殺猶太人、屠殺回教徒，以及屠殺無辜的平民之外，基督教會並未藉著萬王之王的神威而使他們得到便宜。

（七）腐敗的羅馬教會

說到基督教的威信和神聖，自西元第八世紀之後，眞是不堪一提。因爲在神聖的羅馬教會之中，到處都是腐蝕教會的細菌，比如到了西元第十世紀，教會已不再是教徒的教會，已是「強盜、娼妓和私生子」（《基督教概論》第三章）魚肉教民的工具；因爲，在那個年代之中，教皇的權力已爲貴族所控制，當時的實力人物是元老院議員西奧菲拉，因此他的女兒羅沙便成了教皇的實際控制者。這個女人，後人把她看作妓女，因爲她公開地嫁了好幾任丈夫，她的不落籍的情人，則更無法統計其數字，其中就有一個她的情人交了好運，她把他陞爲教皇，那就是塞爾吉斯三世（Sergius III 西元九〇四—九一一年）。她和塞爾吉斯三世生的兒子也繼任爲教皇，那就是約翰十一世（西元九三一—九三六年）。她的孫子，在十六歲時就當了教皇，那就是約翰十二世（西元九五五—九六四年）。

因此，到了西元十一世紀的教會，要求改革了。改革家所反對的，是教會教士的兩大罪行：一是鬻賣聖職，一是蓄養情人；一是財，一是色，教士的生活腐敗如此，還有什麼話說！但也怪不得他們，教士的職位是用錢買來的，當然也要用同樣的方法出售個人職權以內的職位了；教士既不能公開結婚，有了財勢，除了蓄養情婦，還有什麼比這更加美妙的享受呢？所以也是値得同情的！至於聖潔的宗教情操，以及修靈的精神生活，跟這些比較起來已經不算重要。

就以諾森三世來說：他是一個偉大的教皇，他在三十七歲時，就繼承他的叔父而登了位，有人說：以他的才幹，「不但指揮教會的行政，並且指揮全世界的行政」而無愧（《人類的解放》第七章）。他所欠缺的，也許正是身為一個教皇所該有的一些什麼，但他本人覺得，已經不少什麼，如果嫌少，那大概是尚未征服全世界。至於宗教的氣質，那已用不著了，因爲教皇的權威，就已代表了萬王之王，你要萬王之王還增加一些什麼呢？就不怕「震怒在你的身上」嗎？

說起震怒，至少，這位仁慈的萬王之王，尚沒有能把這世界提前毀滅，所以仍該感恩。

（八）對付異端的方法

但在中古時代的基督徒看來，起於波斯的一個新宗教——摩尼教徒，是應該反對的。因爲摩尼（Mani）所主張的那一套禁欲克己的思想，流傳在民間，對於富足奢華的基督教士生活很不投機。所以，最好的方法，是用「信奉邪教」的罪名，來得簡明而有力。那位厄克巴塔那的先知，那位將佛教、基督教、太陽教、猶太教混合一體的先知摩尼，就是這樣在基督教士們的審判下，將他帶到城牆上處以磔刑，並將他的屍體剝了皮，陳於城門口，以儆效尤。

然而，摩尼教的陰魂不散，竟然到處闖禍，因此也造成了許多人的冤死，並且使得基督教的內部也遭了殃。譬如普立息立安（Priscillian）是西班牙的主教，便受火刑而死，他的罪狀就是被控有摩尼教的傾向。

同時，各區的教民，對於教會也時有反抗，那些反抗的首魁，處死是理所當然。那些教民，卻完全表現了耶穌的精神，若被宣告死刑，他們反覺得歡欣，就像羔羊一般地柔順，連忙跑到火刑的綁柱上去受刑。也正像初期的基督徒一樣，燒死了一個，往往又來了十個，或更多的人。

這時候，有許多眞想奉行基督教義的人們（前面說到的那兩個教派），不滿羅馬教會，諾森三世教皇便鼓動了一部分正式的十字軍，前往征討。

因此，滿足了野心貪暴的十字軍，卻犧牲了許多人的生命。被十字軍絞死、焚死、溺死、斬首、分屍的男女婦孺，以各城市的大小，多者兩萬人，少者兩千人。

當然，人被殺光了，財物總不能任其拋棄，十字軍將財物帶走，當然不能算是劫掠。因爲這是奉了萬王之王的命令而行，何況翦除「邪教」，是千該萬該的事呢！

可是，這些「邪教」的殘餘，竟躲在深山中潛伏流傳了三百年，終於，那些「邪教」的教義，又被馬丁路德說了出來，結果便攻垮了神聖的羅馬教皇。

（九）宗教裁判所

除此以外，對付異端的方法，那就是西元一二三五年成立的斷獄司，又譯作「宗教裁判所」，如今已經不用，我也不忍再把那些血淋淋的案件，詳細地介紹出來。我只能借房龍的幾句話來介紹：「我們的印象總是：哈瓦那（Havana）的黑暗地牢，里斯本（Lisbon）的苦刑室，克拉科（Cracow）博物院中鏽著的大鑊與燒紅的鐐銬，黃色的頭巾與黑色的面罩，一個國王露著下顎，睨視著一長排的老年男女，掛在示眾架上慢慢地搖擺。」因此房龍又發表感嘆說：「但結果，我們所有的恐怖情感，仍足使我們極力贊成那些主張一切祕密法庭，都是無可容忍的罪惡，不應再許其存在於文明社會中的人士。」（《人類的解放》第七章）且有一個叫作派拉摩（Paramo）的裁判官說：此種宗教裁判所的制度，是始於亞當夏娃被逐出樂園之時。以此作爲設立宗教裁判所「神聖」根據，可謂荒誕之極了。

奇怪的是，當沒有「邪教徒」可整的時候，他們竟會製造出「邪教徒」來。但是，宗教裁判所確實沒有冤枉殺死一個人，因爲那些人都是自己情願死於火刑的，那些犯了莫須有的罪名的人，不願慢慢地死於地牢之中，所以總是「如實」供認與他們完全無涉的種種罪狀，以求一下子燒死。

就這樣，經過五百多年之久，世界各地——當然是指基督教的世界，有數十萬的無辜人民，或只因鄰居的傳說，就被半夜裡從床上捕去，喪失了他們所有的一切。

第五節　基督教的革新

(一) 宗教改革與馬丁路德

基督教會，既然到了如此地步，革新的要求，自然是越來越強烈了。不過，在教會的恐怖高壓之下，誰又敢於出這個鋒頭呢？

教會，一方面用鐵腕壓制人民，一方面又用捐稅滿足錢包，巧立名目，廣事搜刮，例如糧稅、花捐、贖罪票、禧年捐等等。

於是，人民不滿教會的情緒，慢慢地，在做星星之火式的燃燒了。

然而，謀求革新，談何容易！

所以，反對者如波希米亞（Bohemia）的胡司．約翰（Huss John，西元一三六九—一四一五年），義大利的撒弗那拉（Savonarola，西元一四五二—一四九八年），爲謀改革而遭火刑燒死。英國的威克里夫（Wiclife，西元一三三〇—一三八四年），雖未遭火刑，但在他死後的屍骨，仍被從墓中挖出，焚燒了投於河中。

好在，這時的經院哲學中，唯名論抬頭，神祕派興起，重視個體價值，主張獨到個人的靈修，對於教會的服從，已較淡漠。

於是，馬丁路德（Martin Luther，西元一四八三—一五四九年）應運而生。

馬丁路德確是一個偉大的人物，因他小時不過是德國薩克森省厄斯本城的一個貧窮的礦工之子，所以他曾行乞於市而以賣唱來補助學費，後來得到一個富婦的憐助，使他完成了大學的教育。

中古的經院哲學，約分三大派：實在論、唯名論、概念論。但也絕不是眞的實在論，否則便成泛神論；也不是眞的唯名論，否則便會與獨斷性的基督教義衝突；所以概念論做了這兩者之間的調和。

馬丁路德由於生活上的刺激，使他進了修道院，他所佩服的是唯名論，這給他自由思考方面有所啟示，進而使他對於教會感到厭惡。尤其當他在一所小小的韋吞堡大學裡當了教授，他所教的是〈詩篇〉、〈羅馬人書〉、〈加拉太書〉。因此保羅的思想也給了他的靈感，那就是〈羅馬人書〉中的一句話：「義人必因信得生。」（〈羅馬人書〉第一章第十七節）這是說：不必藉著教會，只要信，即可得救，人人均有可能接近上帝，人人均能自己閱讀《聖經》並理解《聖經》。

也眞該有事情發生了，正好特茲勒（Tetzel）奉教皇利歐十世（Leo X）之命，爲建造羅馬的聖彼得大教堂而籌款，到德國推銷贖罪票，並說：不論犯了何罪，均可以買票來贖，而人人都是犯了罪的罪人。

特茲勒行進韋吞堡，路德便公布了有名的九十五條，指謫贖罪票的非法，並說唯有信仰耶穌基督的贖罪之功而痛悔前非者，可得赦免。那是西元一五一七年十月三十一日的事。

這一公布，可謂大快人心，但也立即招來了教皇的訓諭，限他在六十日內悔過歸誠，他卻把那份訓旨當眾焚化了。在那樣的環境裡，憑一個小小的修士，做了那樣的事，能說不偉大嗎？

（二）馬丁路德其人

若從歷史上看，馬丁路德並沒有什麼了不起，那是因爲普遍有著如此的要求，特別是歐洲各小國王公貴族的渴望。所以，當他登高一舉之下，雖然教皇的手諭滿天飛舞，要開除這個叛徒，要處罰那個異端，大勢卻已不能挽回了。路德雖被革除了教籍與國籍，但他仍有地方可住。日爾曼的很多人民，包括王公貴族以及部分僧侶都同情他。因而，他這一來，不但在德國，且在法國、匈牙利、瑞典、丹麥、挪威等地，也都受了很大的影響。他也因此而成了著名的人物。

平心而言，那些日爾曼人、芬蘭人、丹麥人、瑞典人、法蘭西人、英吉利人、北歐人，那些人的統治階級，在太上皇及太上國——羅馬神聖皇帝及教皇權威的高壓下，過了忍氣吞聲的數百年，誰不希望從那無形而實有的牢獄中得到解放呢？

因此，新教的改革，造成燎原的野火，實際的因素，毋寧是政治的而不是神學的。

若從神學而論，新教沒有什麼新鮮可說。如說有的話，那就是把《新約》、《舊約》向大家公開了，否則，今天的我，是不可能理解基督教的；另一點嘛，就是教士們從修道院走向了塵世，光明正大地投進了女人的懷抱。除此以外，馬丁路德派的教徒，迄今仍與天主教的一切相同，思想也沒有兩樣。

這兩點，也正是天主教最愛攻擊他的把柄，罵他違反了天主的本意，讓任何人自由地註解《聖經》；又罵他私德不修，引誘了一個修女跟他結婚。雖然新教徒爲他辯護，說他不是因爲女人而叛教，因爲結婚是在他叛教之後的第六年。不過，馬丁路德的結婚，卻是爲了堵塞他人的嘴，因爲他坦白地承認：「人家誹謗我，說我和加大利娜來往，所以我索性和她結婚，塞住他們的嘴巴。」（Enders V-197）

又因爲路德不贊成禁欲，所以批評禁欲僧侶的自我折磨是蠢驢，他說：「其實，補救這種誘惑很容易，只要多搭幾個女人，多玩幾個小姑娘，就好了。」（Tischreden IV.n. 5097）於是，有人說他曾和好多個修女發生過曖昧的關係。

這些，也無非是在相互攻擊時所引用的資料而已，事實上，教士有情婦，在中古以前，已是公開的祕密，何必指謫路德太甚？雖然，在中古時代，另有部分苦行的托鉢僧人，有點像東方的沙門生活。

再說到新教，在當時，除了丹麥、瑞典、挪威是屬於路德派，同時在另外的邦國響應者，則屬於瑞士派。

（三）瑞士派的喀爾文

瑞士派的首領是慈運理（Zwingli，西元一四八四—一五三一年）和約翰喀爾文（John Calvin，西元一五〇九—一五六四年）。

路德派與瑞士派，原則上相同，不同的是對聖餐的解釋，以及於教會行政的設施。然而，這兩個新的教派，只是拆毀了羅馬教會所造成的「監牢」，又將那些拆下來的舊東西，分別拿來建成了兩所新的「監牢」。他們對於政治，同樣都有濃厚的興趣。

當他們尚未成事的時候，他們總以「祈求信仰自由的神聖權利」，作爲號召宣傳及收攬人心的武器。一旦成功之後，他們又會毫不容情地使用鐵腕來對付異端。但其所謂異端或邪教者，不過是一種藉口，事實上那也是耶穌的信徒，只是思想上比保守者更加高明罷了。但是，偉大的馬丁路德，怎能容忍下去？他也用火刑燒死他的反對黨——洗禮反對黨（Anabaptists）。雖然路德曾經說過「焚殺邪教徒是違犯聖靈」的話，然而關係到他自身利益的時候，他又顧不得那許多了。

瑞士派，眞正發生大作用的是喀爾文（有人譯作賈爾文或喀勒芬或加爾文，他的英文名也可有Joannes Caluinus, Jean Caivini, John Calvin的三種拼法），在基督教會史上，這也是位雄才大略的偉人。他不過是逃亡流浪到瑞士日內瓦城的一個帶病的學者，他繼承了瑞英烈，竟然佔據了小小的日內瓦城，成了那裡的無冕王，舉兵對抗神聖的羅馬教皇。那時，他也許還不曾想到，竟會有許多的人擁護了他的教派，雖然那些擁護他的人，是爲了自身的利益，或者是些趁火打劫之徒。但他終於把他的勢力，從日內瓦推展到英格蘭、蘇格蘭、摩拉維亞（Moravia）以及全歐，此正所謂「時勢造英雄」。

許多人，認爲法國人是愛好自由的民族，事實上，這一次的宗教對敵的雙方主將，一個就是法國人喀爾文，對方的羅耀拉（Ignatius Loyola 西元一四九一——一五六六年），他是西班牙人。前者要建立新宗教的「新天國」（New Zion），後者擁護教皇，立誓要率領上帝的新軍，肅清世界上邪教徒的餘孽。

幸虧有了喀爾文那樣出色的人物，破壞了羅耀拉的計畫，否則十六世紀的黑暗恐怖，還要不堪設想。

然而，喀爾文的城府很深，他的學養很高，他在未被除出舊教的教籍以前，已經有了許多的著作。

喀爾文的人格雖高，自持自律，不貪錢財，自奉儉樸，這是他的成功處，也是他的可議處。因爲，他口頭信仰耶穌基督，心中卻活著摩西的耶和華。他對屬下人民的管理、訓練、控制，對敵人的陰謀策略，完全是用的〈出埃及記〉及〈申命記〉的手法。他的性格也完全傾向於《舊約》中的耶和華，嚴密地組織他的人民，制定嚴峻的法令來約束他的人民，闡揚仇恨哲學來使他的人民轉恨遷怒於他的敵人。所以，他使人民失去了一切的自由，人民仍能自願服從他的一切措施；他使日內瓦城全國皆兵，而又毋須設有多少軍營。每逢戰事來臨，全民又無不應召赴敵。他冷酷毒辣，毫不容情，翦除異己，獵捕「邪教」，鎮壓人民，他有一個執法如山的「法庭」，那就是恐怖慘烈的「城市宗教裁判所」。

如果我們要在近代的現實世界中，抽取喀爾文那樣的樣品，大概只有少數的幾個一些獨裁政權，可以跟他相比高下。

以這樣的英雄來對抗腐敗的舊教，自然是旗鼓相當了。

（四）三十年戰爭以後的基督教

正因爲新教出現以後，宗教的不寬容精神，較舊時有過之而無不及，再加上了各國之間政治及經濟的因素，便導發了三十年戰爭。

所謂三十年戰爭，這是歷史上最殘酷、最具毀滅性的一場戰爭。由於新舊兩教的各個國家，結合成爲兩個敵對的聯盟，把整個的歐洲，都捲入了這場戰爭的漩渦。它始於西元一六一八年，終於西元一六四八年。彼此攻來打去，雙方各有勝負；打得久了，最後使舊教的羅馬皇帝及其盟國吃了敗仗，並且覺得無力繼續打下去時，才雙方協議，簽訂了有名的「威斯特發里亞和約」，結束了這場惡夢似的宗教戰爭。在那和約中，承認了喀爾文派與路德派的宗教地位，可與舊教相等。你看，信仰宗教自由的權利，在羅馬的舊教看來，是多麼的不合「眞理」啊！這場戰爭中，行數十里而「不見一人、不見一牛、不見一麻雀」者，景象之慘，可以想見了。

舊教與新教，天主教（Catholic）與基督教（Protestantism），從此就有了合法的區別。

從此，北歐及西歐的小國王公們，便解脫了太上國及太上皇的高壓統治。

從此，歐洲的北半部信了新教；羅馬的天主教，損失太大，它只保有了歐洲的中部及南半部，而且政治問題還不包括在內。

自此以後，基督教已由原來的兩派，分裂成了三大派，它們的傳播區域範圍大致如下：

1.天主教的區域：義大利、西班牙、葡萄牙、法蘭西、比利時、瑞士的森林區、日爾曼南部、愛爾蘭、波蘭、立陶宛、捷克斯拉夫、匈牙利的大部分、南斯拉夫北部、南美洲、中美洲、墨西哥、西印度群島的一部、奎北克，以及菲律賓島。

2.東正教的區域：東歐的俄羅斯、羅馬尼亞、巴爾幹半島各國、希臘。

3.新教的區域：日爾曼的中部與北部、斯堪地那維亞、芬蘭、愛沙尼亞、拉特維亞、荷蘭、瑞士之大部分、英格蘭、蘇格蘭、美國、加拿大之大部分、南非洲、澳洲。近世紀以來新教與天主教在亞洲各地，發展也很積極，世界上唯一沒有基督教徒的國家是阿富汗。

最足注意的，這三派的基督教徒，雖然各有主張，但仍有其最大的共同點，就是無不遵守《新約》、《舊約》，無不尊信耶穌，無不重視初期基督教的各種傳統。所以，他們處於回教徒及佛教徒的世界中時，他們的目標是一致的，他們的信念也是相同的。別以爲他們在門內鬥爭，對基督教之外的異教，仍是步伐整齊、口號相呼的一群。因爲，基督教畢竟就是基督教，至於分派，不過是內部的傾軋而已。

因此，新教眞比舊教好嗎？這是未必見得的事，因爲，新教並未拋下舊教的基本原則，所以，房龍要說：「照實說來，新教從這世界上攜去了許多善良的、高貴的、美麗的東西，也帶來了很多褊狹的、可痛的、兇惡的東西。」（《人類的

解放》第十二章）

不過，新教的出現，的確給近代的西方，帶來了光明；唯其不是直接的，而是間接的，因爲，從此以後，教會不能有絕對的權力，來控制一切人民的言行了，自由思想的抬頭，便造成了西方的現代文明。所以，由於路德及喀爾文的出現，也引出了更多的新的路德與新的喀爾文，但這絕不是路德及喀爾文所希望的現象，雖然這種現象確是因了路德及喀爾文的宗教革命而出現。

第六節　近代的基督教

（一）耶穌會士與天主教

自從三十年戰爭結束之後，基督教就發展成了現在的狀態，舊教變了，新教也變了。

羅馬舊教的變，是由耶穌會的會士的竭力擁護，也由於他們的內部起了激勵的清潔作用。

自從十六世紀以後，教皇的人選，極其愼重，雖然除了義大利人之外，無一外邦有資格坐上教皇的寶座，但在選舉之時，已很愼重，唯有威望最高的候選主教，才有被考慮的希望。

耶穌會（Society of Jesns）的創始人，在前面已說到，那是羅耀拉，他在法國受了大學教育，但當他在西班牙軍中時，則由於一顆法軍的砲彈命中，使他的一隻腳負了傷。他在西元一五〇四年和六個同志，宣誓成立了耶穌會，也有人說是創立於西元一五三四年，因爲喀爾文與舊教分裂，也就是西元一五三四年。那時，羅耀拉跟他的同志，在法國首都之上的蒙馬特（Montmarter）山上，宣讀了他的莊嚴的誓詞，這誓詞，後來就成爲耶穌會的憲法。

凡是加入耶穌會的，必先起誓、守童身、安貧苦、克私欲、多默想、唯教皇之命是從。跟新教做死敵。

像這樣的誓約，正是當時的天主教所最需要的，他是給舊教救了命。

耶穌會士，不但在羅馬各地宣傳，同時也到了東方，唯其傳教的策略，稍有改變，在用不上武力及政治的地方，他們就用知識和科學技能，加上辦學校及醫院。明末清初來中國的有名的幾位教士，就是這樣的人選。

因此，在十六世紀後半期的天主教，已漸漸改革，並且出了幾位很有威望的教皇，有名的特林特教會議（西元一五四五—一五六三年），一連開了十八年，決定了許多的方案及措施。當然，在此會議的結果，對於異端的處置，並未稍有寬容，否則，此後的宗教裁判所就用不著，三十年戰爭及宗教迫害的屠殺也不會有了。

(二) 亨利八世與英國國教

新教的分裂，是從路德與喀爾文起頭；但是，英國的國王亨利八世，也是十六世紀中的一個新教領袖。亨利八世的成為新教領袖，說來非常滑稽，他不是為了信仰，也不是同情新教，卻是為了要跟他寡嫂——那個比他大四歲的西班牙公主凱塞琳皇后離婚，而想另和一個叫安尼鮑琳的宮女結婚，就是後來伊莉莎白一世女王的母親；但是，天主教會是不許離婚的，因為耶穌曾說：「夫妻不再是兩個人，乃是一體的了，所以神配合的人不可分開。」〈馬太福音〉第十九章第六節）因此，為了達成他的目的，便藉機反抗羅馬派在英國的主教，並且不再承認羅馬教會的權威；但他本人反對路德的新教，故在西元一五三四年，亨利第八促使英國議會通過了「最高權力法案」，根據這個法案，英國的國王，從此就成了兼掌國教教會最高權力的英吉利教會元首。然而，這位英吉利教會的元首，後來做了些什麼呢？當他的第二任皇后，那個原是宮女出身的安尼鮑琳失寵時，便把她送上了斷頭臺，接著第三任、第四任、第五任的皇后，也都使她們丟了腦袋，唯有第六任皇后，總算比亨利八世活得久些；也許第一任皇后是當時歐洲的強國西班牙的公主，所以撿到一條小命，並促成了基督教的一個新教教派的誕生。

可見亨利八世的新教，完全是出自自私，毫無宗教的意義可言。不過，到了他的兒子愛德華六世以及女兒伊莉莎白一世的手上，英國的教會，便與羅馬教會在儀節及義理上有了若干的變動，這就是現在流行於英國及世界各地的聖公會了。

(三) 宗教迫害與清教徒

說起聖公會，又要提到宗教的迫害。亨利八世在位時，不惜用火來焚死路德派的新教徒，又用刀來砍殺天主教徒，他也因此而成了英國史上的暴君。當亨利八世死了，他的兒子愛德華六世也死了，他的大女兒——第一任皇后凱塞琳的女兒——瑪麗女王即位以後，她的外婆家西班牙，是天主教國家，她的丈夫正好就是當時的西班牙王腓力二世，腓力二世又是個最具狂熱的天主教擁護人，他用盡一切可能的方法，不僅在自己的國土中，同時還在其他各處保證天主教的推行與勝利。有了這麼一位「好」丈夫的瑪麗女王，也就用她父親及丈夫所用的手段來對付英吉利教和喀爾文派的新教徒，大肆屠殺之後，天主教又在英國重建起來，她也因此而有了一個「血腥瑪麗」（Bloody Mary）之臭名。

在腓力二世的時代，西班牙、葡萄牙、義大利三個國家的國王，同時以強制的手段，迫使他們的人民全部爲天主教徒，不然即用宗教裁判所審訊，分別處以死刑或監禁。截至西元一八〇九年止，根據很保守的估計，僅在西班牙一處，被宗教裁判所活焚者即達三萬二千人之譜！

可是當瑪麗女王的異母妹妹，就是那個死於斷頭臺上的宮女所生的伊莉莎白一世，繼承英國王位之後，天主教又遭了殃，腓力二世不惜派遣一支強大的「無敵艦隊」（Armada）去進攻英國，企圖用武力來實現他擁護並推展天主教的願望，結果他是吃了一次大敗仗。

當伊莉莎白一世之時，恢復了英吉利教會，再以嚴峻的法令來撲滅天主教，並且設法使那些由英吉利教會分離的各派就範。所謂分離派（Dissenters），也就是被稱爲清教徒（Puritan）的新興教派，也就是指桂格派、長老派等而言。

這些清教徒，後來曾爲英國帶來了政治革命，可惜，當查理二世王政復辟之時（西元一六六〇年），又將英吉利教會成爲國教，再度迫害了清教徒。清教徒們因而相率逃亡到荷蘭，其中一部分，便越過大西洋，亡命到了北美洲的新大陸，從事拓荒殖民的努力，第一批前往美洲所乘的那艘船，便是有名的「五月花號」

（Mayflower）。

說起來既覺得辛酸也應該欣慰，今日能有強大的美國，她的先民竟是一批宗教迫害下的亡命之徒。那麼，宗教的迫害，是禍抑是福呢？

對了，所謂清教徒，是什麼意思呢？

清教徒是英國國教以外新教的總稱，他們反對亨利八世所成立的國教。瑪麗女王在位時，他們逃居歐洲大陸，其中多數化爲喀爾文派；到了伊莉莎白一世在位時，他們又回到英國，因爲英吉利教會在制度上，與舊教天主教教會沒有多大的區別（直到今天的聖公會仍與舊教教制大多相同）。因此，國教會由大監督派克（Parker）釐訂的禮拜方式及諸條規，便不爲那些分離派的牧師們接受。這些分離派，雖被稱爲新教教派，實際上是近乎瘋狂的極端的復古派，他們反對國立教會，反對教皇、主教、教士的各級制度，反對繁複的宗教儀禮，反對教堂中的聖像、蠟炬、彩繪玻璃、祭壇，反對主教及教士們穿著特殊的服裝，反對宗教藝術，曾一再地搗毀了聖賢的雕像及彩繪的玻璃，他們廢除了節期與假日，乃至戲院戲劇，也在他們的反對之列。他們堅持要擯除一切人爲的制度，而遵從清純（Pure）的神言。於是，國教會的人就用清教徒的名字來嘲笑他們，後來清教徒便從宗教的革命，鬧到政治的革命。

在西元一六四二至一六四九年，英國的內戰，便是清教徒擊敗了英國國王查理一世，並把他送上了斷頭臺，清教徒就宣稱從此不再要國王，同時公布英國爲共和國。可是好景不常，到西元一六六〇年，王政復辟，清教徒的厄運也就跟著到來了。

(四)不准離婚的天主教規

因爲說到亨利八世的離婚，順便一提天主教的這條禁令。天主教徒不准離婚，從原則上說是可取的，實際上是有點違反人性的，那些主持教會的主教們，也許因其自己沒有配偶，所以不會想到強迫怨偶共處的痛苦。雖然，天主教由於這條禁令，吸引了不知多少癡情相愛的男女，成了天主教徒，以他們天真的想法，結婚之前，接受天主教的洗禮，就表示了永遠相愛絕不離婚的誠意。事實呢？萬一到了不能忍受共同生活的時候，天主教徒就眞的絕不離婚嗎？歷史上的不多提，未出新聞的不管他，小小的人物不說他，在一九六六年二月上旬的各報新聞中，都刊載了一位天主教徒的有名人物離了婚，那就是美國前總統甘迺迪的妹妹，那位嫁給了電影明星的總統之妹，她雖因他哥哥而有名，這次離婚更加使她有名，連羅馬教皇保祿六世也知道她離了婚。

我不知天主教會如何處置她，大概至多是開除她的教籍罷？如說脫離天主教會就等於叛逆了上帝，上帝的叛逆者可多著哩！何必是因了離婚？但是我們站在人道的立場，應該同情那些怨偶的分離——如果確實無法使他們重歸舊好的話。

（五）天主教的許多會派

雖然天主教到目前爲止，也有許多的會派，但它們不是由於宗教的歧見而分裂，乃是由於爲了維持對外的傳教事業，而成立了各種社團名目，來籌募各式基金，推展教務。所以它們仍都是羅馬教會的教徒。

譬如日爾曼的方濟沙法略善會（Franz-Xaver-Verein）創於西元一八四一年，聖嬰會（Society of Holy Childhood）創於西元一八四三年，在法國的鮑羅梅善會（Borromaus-Verein）創於西元一八四五年，拉斐爾善會（Raphaelsverein）創於西元一八七一年，格雷斯學會（The Gorresgesellschaft）創於西元一八七六年。這些都是慈善性質的社團組織，目的在達成對外傳教的任務。

來至東方傳教的天主教士，分有聖三會士、方濟會士、道明會士、耶穌會士、奧斯定會士、遣使會士、巴黎外方傳教會士、米蘭外方傳教會士、聖母聖心會、白領修士會、聖言會、仁愛修女會、義大利的嘉諾沙修女會、貧寒修女會等等，其中以方濟會及耶穌會的成績最高，特別是耶穌會士。這些天主教會的會派教士及修女，在職稱及傳教的方法上也各有特長，唯其均係天主教而已。

在清朝世宗雍正四年（西元一七二六年），在中國即有天主教徒三十萬人，到了民國二十九年（西元一九四〇年），則達三百一十八萬三千人。天主教在臺灣，一九五三年，僅有二萬五千零七十五人，共有一百六十四位神父（司鐸），到了一九六五年冬天，天主教徒竟已有二十八萬三千餘人，司鐸及修女的總數，也達一千四百多位，十二年中，增加了十一倍，可謂神速了。這也可見臺灣的人心，是在反常地想著什麼了！

我說臺灣人心的反常，是從比較中得來的結論。就拿日本來說，日本是亞洲國家中接受中國文化感染最深的國家，也是亞洲國家中接受西洋現代文明最早且最卓越的國家；可是日本今日的總人口為八千八百二十八萬，在那裡的天主教徒的人數，卻只有約三十一萬，幾乎和臺灣相差不多，臺灣則很快地即將趕上這個數字，臺灣的全人口卻僅有日本的八分之一。可見今日在臺灣的人心，是在反常地想些什麼！如果說這是民族文化及民族精神退化的徵象，是有理由的，如果說這是追求現代文明及時代精神的徵象，實在解釋不通，因為日本是一個很好的例子。致使西方的教士要失望地說：「日本仍是傳教園地最貧瘠的土地之一。」

（《天主教史》五九八頁）那麼，我們在臺灣的同胞們到底在追求著什麼呢？

（六）紛紛獨立的新教教派

新教的教派，和舊教的會派，在性質上是不同的：舊教是統一的，新教是分裂的；但在今日的臺灣，已有一個基督教聯合會的組織，協調著彼此的矛盾，向共同的「異端」進軍。

主要的新教教派，大致有如下的數種：

桂格會（Quakers），或譯成貴格會、公誼會（Friends）、朋友會等。它的創始人是喬治．福克斯（George Fox）。

長老會（Presbyterian）：是由反對英吉利教會，而採用喀爾文的長老制度而起，主張以牧師長老執事人等，自行其政，稱爲長老制度。此本爲清教徒的一派。

浸禮會（Baptists Church）：此派的特點有二：一以爲小兒不得受洗，因其不能自主信神。二根據歷史的事實，反對洗禮，而主張浸禮。此派出現於西元一五二三年的瑞士。

美以美會（The Methodist Episcopal Church）：這是由衛理公會（Methodist）

自英國母會分出，而成立於美國的支派。美索得斯宗在中文譯名，另有循道會、監理會，又因它是約翰・衞斯理（John Wesley，西元一七〇三—一七九一年）的領導而成立，故又被稱爲衞斯理會，譬如蔣夫人宋美齡女士早年畢業於美國麻薩諸塞州的教會大學，叫作衞斯理學院，就是紀念這位創始人的。衞斯理本人，對神學的葛藤並不重視，他寧置重於實際的生活，他說：宗教的唯一之道，是在改悔而信福音，唯用愛爲得其完全。美國的美以美會，則於西元一七六〇年愛爾蘭人移居紐約時爲始。除了美以美會，同出於衞理公會的支派，尚有美普會、福一美會、黑人美會、合同美以美會等。

公理會（Congregationalist Church）：此派與長老會同爲十七世紀初，英國教會的分離派之一的清教徒。

基督教科學派：此派是由瑪利倍克愛狄女士（西元一八二一—一九一〇年）創立，他們相信以精神信仰，治療各種疾病，他們的教士，也多是不懂醫藥的「醫生」。自稱爲科學派，其實是很不科學的精神治療派。

門徒派：這是由長老會分離出來的，成立於十九世紀，但它是綜合了好多人及好多新教教派的因素而成立的。

耶和華見證派：由查爾斯・泰茲羅素（Charles Taze Russell），於西元一八八四年在美國成立。

摩門派：由美國人約瑟夫．斯密士於西元一八三〇年成立。

教友派：十七世紀中，在英國成立。

安息日復臨會：十九世紀中成立。此派嚴守安息日不工作之規定。

路德教會（Lutheran Church）：這本來是羅馬教會給馬丁路德派的輕蔑之稱，後來便成了這一出現最早規模也最大的新教教派的名稱，通稱爲福音路德教會，或單稱爲福音教會（Evangelical-union）。

敬虔派（Pietism）：又被稱爲信念派，是由於反對路德派而起的一個新宗派；而那個衛斯理所創的衛理公會，原亦是此派的旁支餘緒。

基督教青年會：由喬治．威廉（George William 西元一八二〇—一九〇五年），創於西元一八八四年。

聖書會：專爲印刷《聖經》，及翻譯《聖經》成爲上千種的語文，它每年印發的整本及小本《聖經》爲全世界出版物中數量最多的一種。

主日學校：由英國羅伯．拉克（Robert Rackes，西元一七三四—一八一一年）所創，西元一八〇八年全英成立聯合會，西元一九〇七年（清德宗光緒三十三年）傳來中國。此派是星期日的兒童基督教神學校。

新教多到兩、三百種，我僅數了如上比較主要的幾種。到一九六五年底為止的臺灣，則有美、英、加拿大、北歐、西德等國家，共六十多個教會，派來六百多位博士，中國籍的尚不在其內。總共已有教徒三十萬。

(七) 自由解釋《聖經》

新教，本來是因自由解釋《聖經》而起，於是，為了句把、兩句的見解不同，動輒便成立一派，自成一個範圍，把異己者排在他們的圈外。原因是《聖經》的話，往往自相矛盾，使人捉摸不定，所以有人要說：「在《新約》之中到處可以看到，耶穌避免做直陳的說明，寧可用寓言和誇張的比喻。有些比喻的模糊使得福音教徒們，簡直沒有一種一致的解釋，更不用說後來的神學家了。基督徒們對於山上寶訓裡的誇張說法，它真正的意義是什麼，也沒有一致的看法。……在具體的道德問題上，耶穌的話可以被而且曾經被各種主張的人所引用。」(《文星雜誌》九二期〈一個異教徒的信仰〉)

不過，從自由思想的立足點上說，新教的態度，要比天主教開明可取。天主教以教會代表上帝，以教皇代表教會，以教士代表教皇；教徒沒有自由解釋《聖經》的權利，乃至閱讀《聖經》也是教士的特權。不過請勿誤會天主教不能自由地解釋《聖經》，唯其是由教皇或教士集體通過的自由解釋，這種自由要比新教的自由更徹底，爲了傳教策略的配合需要，羅馬教會可以任意地改變《聖經》的意義。教士成爲特權階級，教會成爲中央集權，許多的制度及教條，都是出於教會教士的增訂，而不是由於《聖經》的規定，羅馬教會卻會把它們假託成爲聖靈的意思。這也正是新教徒所反對的焦點。

新教徒，至少已可不受思想上的一元領導。縱然不是羅馬教會御用的神學家，新教徒也可以自由地各自思想聖靈的問題；任何一個肯思想聖靈問題的新教徒，均可另外創立一個教派。也正因爲如此，天主教雖已承認了新教各派的地位，卻不承認新教各派是進入天國的得救之門；在新教徒各派之間，也無一不以爲唯有自己的教派，才是眞正理解了聖靈的教派。

因此，不論它是舊教或新教，所謂《聖經》聖靈的問題，無一不是出於人爲的想像和造作。

正由於大家自由地解釋《聖經》，到現在爲止，基督教已變了三大變。第一變，脫離了猶太教；第二變，分成了東正教及羅馬教；第三變，從羅馬教內分裂出了許許多多的誓反教（這是舊教對各新教教派的稱呼）。

唯其雖經三變，基督教還是基督教，它的本質，既未多也未少，對內對外，依然是兩副全然不同的面貌。「上帝愛世人」，仍不過是愛了極少數為「上帝」特別眷顧的「選民」，不信者不得救，信了基督教的，也很少有希望被救。許多許多的人們，卻被那個「愛」字迷住，不曾想到基督式的愛的裡面含有很多的不愛。如果想到了「上帝」很可能不會把他們自己選上，那就只好自哀自怨自己的祖上亞當夏娃缺了德犯了罪，所以也累他的子子孫孫生活在永不可得救的罪惡之中，而等接受「末日的審判」了！

第七節　基督教的問題

（一）迎拒之間的中國人

在我們中國，對基督教的問題，始終未曾引起人們眞正的深入及研究的興趣。

當我們閉關自守的時代，一味地瞧不起洋鬼子或者仇視洋鬼子，洋鬼子的基督教，也就被一再地排斥（例如義和團之亂）。至於為何要排斥，卻沒有一點可資立足的理性根據，因當時的中國人，根本不想瞭解他們。

到了近數十年來的中國人，尤其是最近十多年來的臺灣，許多的施設，幾乎都在爲了迎接西方現代文明的移植而努力，於是，基督教在臺灣迅速發展，也進入了空前的黃金歲月。然而，現在絕對多數信仰基督教的中國人，仍同過去要排斥基督教的中國人一樣，一樣是由於風氣的影響，並不是眞的瞭解了基督教。因爲，現在的中國人已無暇考慮到宗教信仰和理性根據的問題了，西洋來的東西，樣樣都好，西洋人的宗教，還有不好的嗎？

因此，有一位西洋的教士很欣慰地說：「十六世紀以後，教會因殖民政策而獲益，當殖民政府關懷她的靈牧的工作時，她很感激他們。但是殖民政策結束時，教會沒有受損，只受到一些間接的影響而已。」（徵祥出版社的《天主教史》六〇六頁）

當基督教向東方開發「牧區」的初期，是藏在歐洲帝國主義兵甲之下的武士，到了殖民政策失敗之後，基督教又變成了與帝國主義無干的傳道者，藉著文明國家應當保障人民的信仰宗教自由的理由，他們便順順利利的留了下來。因爲現代的基督教會，雖仍慣於利用政治的勢力，但卻無法證明它本身即是政治的勢力，因此也沒有人願意提出政治的理由驅逐基督教，何況基督教爲了吸收更多的信徒，他們也確實做了好多使你看來很好的社會福利事業。

（二）西方人的宗教信仰

一般的東方人，總以為所有的西方人，都是基督教的信徒，總以為基督教的思想，跟西方的現代思潮沒有牴觸；所以，有些人也覺得作為一個文明的現代人，接受了基督教的信仰，才更像一個時髦的現代人。

其實，這也是大大的錯覺，大大的誤解，因為，一部西方的思想解放史，明白地告訴了我們，基督教會與自由思想之間的鬥爭，基督教與科學發明之間的恩怨。基督會與任何一種教會之外的思想，起初接觸時，均是處於誓不兩立的狀態，使出種種的壓力來排斥、禁止、迫害，最後若見到大勢已成定局，教會就會見風轉舵，他們自己也跟著高唱思想自由，也鼓勵研究科學，但他們是利用「自由思想」的口號及科學研究的成績，來掩護基督教義的不自由及反科學，並將這種口號及成績，作為對外宣傳的工具。實際上，他們所喊的口號及所研究的科學，與他們所信仰的宗教教義，並沒有絲毫關係的。最滑稽的，在歐洲有若干世紀，人民沒有思想自由，要想有自由思想及研究某種學問的人，往往就得逃進基督教的修道院去，利用教士的身分做招牌，而供自己研究學問。因為教會太可怕，唯有自己也成為了教士，才有有限度的自由思想可言。但你不要誤會是教會放任你自由思想，教會乃是要你研究它，而設法破壞它；如果破壞不了，便要你設法轉變它成爲教會的「奴婢」，受教會所利用。由基督教會的教士們，窮年累月，爲無事而忙的「神學」，就是如此這般地，有增無已地出產了，人家是爲人類解決實際問題而思想，他們則爲保衞神的權威而用腦，神的權威要人來爲它做保護，可稱諷刺之極！

(三) 基督徒與改變信仰

也許你要懷疑，懷疑基督教會既然反自由反科學，那麼，當教士們接觸了自由思想或研究了科學問題之後，豈能繼續地信仰基督教呢？是的，這是非常微妙的問題。不過，這不是不能解釋的問題。在中古時代，即使你想對良心負責而不信仰教會，教會的權威卻使你沒有自由選擇的餘地，例如哥白尼及伽利略的故事，幾乎已經是盡人皆知的了。至於到了文藝復興之後，教會的權威雖然尚在，上帝的手掌卻已縮小了很多很多，所以，有些對良心負責的教徒，宣布脫離天主教（加特力教）會，乃至現在的基督徒可以自由脫離任何一個新教會，但他們確實需要宗教的信仰，而又未能接受及理解到更理想的宗教，於是便用他們的良心來自由解釋《聖經》，以彌補他們在精神上的空虛感，這就是新教派逐漸增加的原因。

另有多數的基督徒，入教受洗，是受了環境的影響或出於偶然的機會。比如出於教會的鼓勵，比如教會學校出身的人士，當他們信教時，並未意識到教義教史的問題；但是當他們一旦成爲基督徒之後，日後縱然理解了教義及教史，也會很自然地照著教會所編定的那一套解釋方式爲基督教辯解了。這是一個心理學上的問題，一個先入爲主的印象或觀念的問題，一個不承認自己搞錯了的面子問題，因爲，對於一般人來說，要想改掉一個習慣的動作尚不容易，何況要改掉一個先入爲主的觀念？至於傳教士的態度，則是職業上的問題，不是知見上的問題。同樣的，凡是受教會培植成才的人，在情感上也使他們不敢起而反叛教會，同時，在現在一窩蜂崇洋的社會裡，信仰基督教不唯不致受到歧視，並且可以藉教徒之名而得到若干因教會教友而來的現實上的方便，又何樂而不爲呢？

因此，若非大智大勇，要他從良心的自覺，毅然脫離基督教徒的身分，並轉而皈依另外一個宗教的信仰，實在很不容易。

只有一個可能，那就是社會的風氣轉移，並有了更多更多的學者，認眞地研究了宗教的問題，使得國人普遍地理解到宗教問題的嚴肅性，那麼，基督教的「黃金時代」，就會很快地在我們這裡結束。代之而起的，必將是理性化的宗教而不是權威化的宗教，必將是與人間交融的宗教而不是神人對立的宗教，必然是以人間爲中心的宗教而不是以天國爲中心的宗教。

（四）宗教學家

研究宗教的宗教學家，在歐洲，在美洲，已有很多人爲此努力了好幾個世紀。在從前的歐洲，談起宗教，必是指的基督教，談起宗教哲學，必是指的基督教神學。近世的歐美，有了專門的宗教哲學家，那是由黑格爾開始，是以道德的意義來批判歷史的宗教，而不即是基督教的神學了。又有專門的宗教學家，他們廣泛地研究一切的宗教，運用他們廣博的語言學知識，考察了東方許多的宗教，馬克斯．穆勒（Max Muller，西元一八二三—一九〇〇年），就是其中卓越的一位，法國的勒南（Renan，西元一八二三—一八九二年），也是一位了不起的宗教學家，他主張以古談說（Legends,Legendary-narratives）來解釋基督教的福音書，臺灣商務印書館有雷崧生譯出勒南著的《耶穌傳》。斯特勞斯（Strauss）則以神話來解釋福音書，稱之爲神話說（Mythical theory），他著有《基督傳》及《基督教信仰論》，詳細地說明了他的態度。勒南也是贊成斯特勞斯這種態度的，他的「古談說」，即是由神話修正而成。向來的「正統派」教會人士，極力信仰《聖經》的神話爲眞理；許多「合理派」的學者，又極力以科學方法找出根據來證明《聖經》神話的虛僞。他們這些宗教學家，則是站在兩者之間，認爲《聖經》的神話，雖然非歷史的事實，乃係心理的事實；雖不以爲耶穌即是神，然而以爲應有一人格作爲中心信仰。這些宗教學家，雖被正統的教會人士群起而攻，但他們站在人類心理上對宗教信仰的要求寄託，仍然重視，所以他們依然承認基督教的價值。

很明顯的，那些宗教學家所承認的基督教，是他們良知判斷所產生的宗教信仰，是給予人類心理的一種安慰價值；絕不是教會所代表的基督教，也不是一般人所想像的福音書，他們也絕不承認所謂「教會是唯一的得救之門」。

（五）反基督的西方學者

合理派所見的基督教，乃是從歷史的追查及科學的考察而得的結果，基督教本身是反歷史反科學的，所以他們不以爲基督教有存在價値，這有許多的西方學者爲代表，例如不可知論（Agnosticism）、無神論（Atheism）、實在論（Realism）、進化論（Evolution theory）、唯心論（Idealism）、孔德的實證論（Positivism），及目前盛行於美國的存在主義（Existentialism）等等的倡導者及他們的信徒，可以說無一不是基督教的敵人。若要列出他們的名單，隨手寫來，也可寫滿好幾張紙。唯有那些自以爲是傳統正派的，實際是由教會御用的神學家，以及一些受了教會培植而又沒有自由思考的膽量及能力的學者，才永遠甘作教會的「奴僕」。

我現在且舉兩個例子：

十八世紀的法國哲學家伏爾泰（Voltaire，西元一六九四—一七七八年），他對基督教做了三點證明工作：1.以爲一個全能的上帝，天地的創造者，特地選中猶太人那個遊牧的亞伯拉罕部落作爲他的特選民族，是最荒謬的思想。2.這個民族的歷史《聖經》充滿著不可信的、淫猥的、矛盾的事實，他爲此事曾頗費心血地寫了一部《聖經廣註》，把經文重新校訂，加上了無數的按語。3.數世紀以來，教派之間爲了幾個字而互相殘殺，是發瘋的、無聊的行爲。另一位德國的大思想家兼文學家尼采（F. Nietzsche，西元一八四四—一九〇〇年），他對基督教說了許多使教會人士聽來怒髮衝冠的話。在此僅能抄錄其《宗教生活》中的兩段，用饗讀者：「倘我們在某星期日早上，聽到教堂的古鐘盪響，便不免撫心自問：這眞可能嗎？這紀念一個兩千年前被釘十字架的猶太人，因爲他自稱上帝的兒子。這道理沒有證明——基督在我們時代裡，一定是從極悠遠底的古代侵來的古董，而凡人猶相信其道理者——普通凡人對於稱謂的檢驗，非常嚴格的——也許正是這流傳的最古之一。一個天神，與塵世的婦人生子；一個智者，叫人停止工作，拋棄法庭，卻要注意當前世界末日的徵象；一種公道，要將無罪者代作犧牲；一個說教者，叫他的徒眾飲他自己的血，對於奇蹟的祈求；侮瀆天神的罪，卻因一個天神而得懺悔；要恐懼一個來世，死便是那世界的門；十字架的形象要當一個時代的象徵，那時代據說是忘掉了十字架的使命及其譏訶的——這一切，看去是多麼鬼怪陰森，好像出自往古底過去墟墓似的！人還能相信，這還能有人相信嗎？」

尼采這一段話，說得夠辛辣的，但是，其中所說的，都是基督教教義的問題，如果你是基督徒，或者你對基督教曾經用過一點研究的工夫，當可一目瞭然，否則你可能還不大懂得他在說些什麼。我可告訴你，尼采大致是對準了基督教的〈信經〉的內容而說的，〈信經〉是什麼？留到下一章的第三節中，再向你介紹罷。

尼采很不滿意基督教的反智識及反科學的宗教精神，他在《宗教生活》的結尾時便說：「智識、科學——只要有這麼一種——因論理的學習與思想的訓練而高過旁人，這在佛門中也一樣的看作神聖之標誌，而在基督教世界裡，這些德性是被視爲非神聖之標誌，是要被排斥、被毀滅的。」

（六）西方人信教的原因

也許你又要問：西方既然有那麼多的大思想家反對基督教，何以基督教依舊爲西方普遍地信奉著呢？

是的，這個問題問得很中肯，我應該向你解釋。

這當分作三方來刺透它：

第一，在我們的上一個世紀，的確已經由西方人宣布了上帝的死刑，不幸地，到了我們這個世紀，西方的社會人心又落入空虛徬徨的歧途，失去了心靈的寄託，所以西方人又覺得上帝還是死不得，以期利用上帝天國的迷信，來對抗唯物共產的迷信。這實在是以毒攻毒，以救一時之急的措施。

第二，現在的基督教之在西方的社會裡，已由一千幾百年來的鎮壓、灌輸、薰陶，使得它變成了日常生活中的風俗習慣，從嬰兒的出生、成人的結婚，以至臨終的死亡，都希望有一種什麼儀禮上的表示，以作爲慶賀、隆重、追思的表徵，基督教爲此而編定的儀式，已被西方人用了一千幾百年，一時間尚未找到其他的方式來取代它，所以，縱然是個對基督教義毫無興趣的人，逢到這種場合，還是不能免俗。如說這些不能免俗的人就是熱中於基督教信仰的人，那就大錯特錯了。

同時，現代西方的各種宗教集會，乃是社交的活動。

曾有一位美國朋友來訪我，我問他對宗教的看法如何？他回答得很妙，他說他崇仰中國的禪宗，不過宗教的習俗在美國是一種生活而未必即等於信仰，他的生活環境是基督教的，爲了生活的方便，也可以說他是一個基督徒。如果表明他是佛教徒，勢必要使他的社交生活的範圍，縮小很多，因爲佛教在他們那裡，雖已受到許多學者的重視，且有了許多著名的大學開了佛學的課程，但在比例上說，佛教徒的人數，尚是很少。我又在一九六五年十二月二十三日的《中央日報》副刊上，讀到歐陽子女士的〈中國女人看美國女人〉一文中，說她應邀參加奧斯汀城一個教會主辦的婦女座談會，會中大家談的多半是宗教的問題和《聖經》的故事。但到會後一同進午餐時，話題完全不同了，有一個銀髮斑白的寡婦，邊吃邊談她的困難，她的困難是要找一個有錢的丈夫，另一個擔任座談會中《聖經》教師的婦人就說：「可惜有錢的人討得到年輕的太太。」於是兩人一起搖頭。我們由這故事，也可明白西方人的宗教集會，與其說是宗教性的，不如說是社交性的。大家利用這種機會，碰碰頭，談談自己心中的事，至於「天國」的事，不過是一個假借而已。

第三，現在的西方教會，做的已不是吸收信徒的工作，而是西方人在利用教會的體系，做公共關係及世俗事務的工作。至於現在西方人心中的上帝，與其說是教會所規定的那個上帝，倒不如說是指的各人自己的良心，許多的人，一年之中難得上一次教堂，也根本不相信教會裡的那個上帝，但在爲了要表白他忠實不欺的信譽之時，也會向人家說：「我對上帝立誓。」其實他所指的上帝，即是他的良心，並不是良心之外，另有個上帝。這和我們中國人筆下的上帝和口頭的天理良心，乃是同一個東西，但卻不是基督教的。

（七）從研究中認識基督教

我們知道，基督教總是「偉大的」，它能利用各種的機會和面貌，來延續它的生命，擴展它的勢力。它在傳播的時候，在一個新開闢的「牧區」內，絕不輕易暴露它的個性，它會使你相信它是爲了基督的博愛而來幫助你的，到了一旦大勢在握之時，如果是僅有一個教派的話，你就得小心你的良心，要爲教會所沒收了。

當然，依照事實的發展，專斷的、唯一的教會，當不會順利地再現於未來的世界，比如今日美國教會，它是專斷不起來的，因其教會的派系太多了，所以就互相牽制住了。

但是也難確定，萬一有一天，有一個天主教國家，那個國家在國際上的地位，正像今天美國這樣的強大，或者更加強大，她出了一位美其名曰終身職的總統，那位總統恰巧又成了天主教的教皇，那麼，問題就非常地不簡單了。不過，你不用恐怖，在我們所能預見到的將來，尚看不出有這樣的一天要來臨。雖然越南吳廷琰的政權，曾經演習了一次，然而他是失敗了！畢竟，人類的歷史是進化的。

相反的，一旦獨裁專制的政權從我們的世界上消失，並有另一種理性的宗教信仰，爲人類普遍地接受了，到那時候，如他不是考古學家或歷史學家而仍談論基督教的話，一定是把基督教的故事，當作天方夜譚來欣賞了。

可是，當基督教正在此間度著蜜月的今天，我們應當嚴正地把它當作時代的「顯學」來研討。不論是正面的或反面的，既不應該盲目地排斥，也不應該盲目地附和。

我寫本章的目的，是用歷史的材料及事實的分析，來給我們的時代社會做疏導。我既不要攻擊基督教，也不想宣傳基督教。因爲佛教徒的多數並未研究基督教，所以平實地介紹給大家參考；基督教徒之瞭解基督教者，也是很少很少，縱然他們讀過教會史，卻無從明白眞實的基督教。

我曾讀過好幾種教會史，不論舊教、新教，無一沒有偏見，他們把光明面過分的誇張，把罪惡面過分的隱瞞，乃至文過飾非，推諉應負的責任，並把自己由迫害者說成受迫害者。

第五章　基督教與佛教的影響及價值

第一節　基督教與印度文化

基督徒很少願意承認，基督教中混有若干印度文化的色彩，事實上，又究竟如何呢？

基督教是猶太教的革新教，猶太教是民族宗教，到了耶穌，就把猶太教的民族神向全人類公開，變成了世界性的宗教。雖然，目前的猶太教，在對內教養扶助，對外寬容忍讓的態度，比基督教可愛可取得多。

但是耶穌怎麼有這樣的啟示？不用說，在基督徒的信念中，這是屬於神的意志。事實上，我們應當考察耶穌所生的時代，以及那個時代中耶穌所生存的地理環境，在宗教思想上，可能會受到什麼樣的影響或暗示？否則，耶穌的宗教運動，難道眞是天上掉下來的？

(一)印度聖典與《舊約》的內容

我們先把眼光投向印度，印度這支民族——雅利安人，原是由中央亞細亞族遷移而去，據印度近代學人提拉克（B. G. Tilak）的判斷，當在西元前四千年左右，中央亞細亞的這個民族，不知爲了什麼，向東南遷徙，越過印度庫斯山脈，便分爲兩部，一部繼續向東南而到達伽布爾及印度河上游，後來就成爲印度的主人，另一部則轉往西南而進入波斯。這是一個線索。

我們再往後看，釋迦世尊在印度建立了佛教，佛教之前的印度雅利安民族，早已有了婆羅門教，所謂婆羅門教，實則就是雅利安的民族宗教，所以他們的宗教，也不許異民族信仰，異民族——譬如印度的土著，在婆羅門教看來是不能得救的，也是無權信仰宗教的，這個觀念與猶太教的信仰，非常的相近。所以，考察印度早期的聖典，如《梨俱吠陀》的風俗，粗獷而有原始美的情調，跟《舊約》的性質，也有相似之點。這是第二個線索。

我們再看，救世主的降臨問題。在希伯來民族，他們受著異民族的壓迫侵擾之時，常常渴望有一位屬於他們自己的王，來拯救他們與保護他們，那個王，最好不過的，當然是他們所信仰的神的降生人間，這是一種精神的寄託。

這一民族，既可敬尤可憐，他們一開始就很有自信，但也一開始就受到強國的壓抑。他們有史蹟可考的，初期的屬於塞米族，他們居於由許多低山及巖谷形成的地帶，那裡的樹木很少，泥土是給太陽烤乾了，他們則選擇一些小湖與溪澗附近落腳，靠游牧而生活，常常也做一些綠林好漢所做的把戲，互相攻打，彼此劫掠。那個地方，古代有過許多的名字，現在，大家管它叫作敍利亞。

但是，那個叫作塞米族的游牧部落，在地理上恰巧被夾在埃及與巴比侖、亞述利亞之間，當時的埃及、巴比侖、亞述利亞，均已有了商品的出產與溝通，塞米族的安居地帶，便成了他們通商往返的走廊，因在文化、政治及武力方面，塞米族人是比不上他們的，所以也就含含糊糊地承認了埃及、巴比侖，或亞述利亞的各個帝王，並且在表面上非常謙卑地承認自己是那些外國帝王的順民。他們後來不知在那個世紀，便從這阿拉伯沙漠遷出，曾住埃及，又走入了亞洲西部的肥沃平原。但是，自卑感和自尊心，始終熾燃著他們那仇恨報復的情緒，這在《舊約》之中可看得出來，因此而相信他們的神，一定會來拯救他們。摩西把他們從埃及的寄居生活下帶了出來，但總還沒有使他們也有一日作爲世界的領導民族，他們卻自信是最優秀的民族，因爲耶和華跟他們同在。所以，渴望有個屬於他們自己的萬王之王。

於是在《舊約．以賽亞書》第四十章中就出現了他們所希望的「安慰的話」說：「有人聲喊著說：在曠野預備耶和華的路，在沙漠地修平我們上帝的道，一切山窪都要塡滿，大小山崗都要削平，高高低低的要改爲平坦，崎崎嶇嶇的必成爲平原。耶和華的榮耀必然顯現，凡有血氣的，必一同看見，因爲這是耶和華親口說的。」（〈以賽亞書〉第四十章第三、五節）這也說明了他們的上帝會來改造這個世界，到了〈彌迦書〉第五章第二節，就更明顯了：「伯利恆以法他啊！你在猶大諸城中爲小，將來必有一位從你那裡出來，在以色列中爲我做掌權的。」於是，耶穌的出現，便被認爲就是他們的「王」了。只是耶穌的出生，並沒有見到耶和華的榮耀顯現，山窪沒有因此塡滿，山崗沒有因此削平，高低未曾變成平坦，崎嶇也沒有成爲平原，我們的世界，仍和耶穌未生之前差不多，所不同的是因爲耶穌的宗教而爲人類增加了恩恩怨怨。

我們看了〈以賽亞書〉第四十章第三及四節的記載，很容易想到印度民族，也有類似的傳說，那就是轉輪聖王的應現，雖然轉輪聖王的出世，並不限於一個時代的某一個，但是輪王治世的時候，也是：「諸山河石壁皆自消滅，四大海水各據一方，時閻浮地極爲平整，如鏡清明；……人心平均皆同一意，相見歡悅善言相向，言辭一類無有差別……人民大小皆同一類……彼時男女之類，意欲大小便，地自然開，事訖之後，地復還合。爾時閻浮地內，自然生粳米，亦無皮裹，極爲香美，食無患苦。所謂金、銀、珍寶、車磲、瑪瑙、眞珠、琥珀，各散在地無人省錄……。」（《增一阿含經》卷四四〈十不善品〉第四八第三經）這是將來彌勒佛出世時的輪王建設，比起〈以賽亞書〉的理想，有過之而無不及。這是第三個線索。

（二）約翰及耶穌的印度氣質

我們再看《新約》記載的施洗約翰：「約翰穿駱駝毛的衣服，腰束皮帶，吃的是蝗蟲野蜜。」（〈馬可福音〉第一章第六節）「約翰來了，在曠野施洗，傳悔改的洗禮，使罪得赦。」（〈馬可福音〉第一章第四節）

我們知道，猶太教的大禮是割禮（割包皮），洗禮不是古禮，洗禮的根源，倒可以在印度找到，在佛的時代，就有人勸佛受洗。說是經過「聖水」一洗，罪業就完全洗脫而可生天了（如《增一阿含經・利養品》），這跟約翰的施洗而「使罪得赦」，幾乎一樣；但是，罪業在於心造，洗澡不過能使身淨，兩者不相應，所以是無謂的迷信，佛陀把那外道說服了。至於約翰的那種生活，也頗類似印度的苦行外道。約翰竟又是耶穌的施洗者，耶穌得自約翰的影響很深。

我們再看耶穌出生之後，爲免被希律王殺死，所以他的父母把他帶到埃及去避難。（〈馬太福音〉第二章第十三、十四節），等希律王死了，才又到加利利去住（〈馬太福音〉第二章第十九至二十二節）。此後，耶穌在十二歲時露了一次面，直到約三十歲時才出來傳道，其餘的時間就不知他到哪兒去了，〈路加福音〉第一章第八十節，僅做了如此的交代：「那孩子漸漸長大，心靈強健，住在曠野，直到他顯明在以色列人面前的日子。」至於這個「曠野」在何處呢？是阿拉伯沙漠還是別處！在佛經中，「曠野」是一個城的名稱。

（三）從阿育王到基督教

我們又知道，印度的佛教，當在孔雀王朝阿育王的時代（接位於西元前二七二年），近代發現他的勒令的刻文中，知道他曾經派遣「正法大官」至敍利亞、埃及、馬其頓、克萊奈、愛毘勞斯（這是希臘五王國），以政治力量推行佛化的國際和平運動。從晚近的考古發掘之中，證明在佛元千年（西元七世紀）頃，波斯猶有佛教的僧侶。而耶穌的環境，就在這希臘五王國的範圍之內，在耶穌的時代，那兒早已有了佛教的流傳，並且也該有了印度其他教派如苦行道的踪跡。正如印順法師所說：「希臘五國，乃耶、回發祥之地；彼二之自猶太教而演化為世界宗教，不應忽略佛教深大之影響，尤以基督教為甚，不特博愛、和平，即耶穌及彼得等之獨身，亦染有濃厚之佛教色彩也。」（《印度之佛教》第五章第三節九三—

九四頁）這是耶穌交涉的重要線索。

以上所舉各點，是從歷史上大略地考察出來，我們不必確認施洗約翰及耶穌基督，完全接受了佛教及印度其他教派的思想，至少，他們也不能否認曾經受了印度宗教思想的鼓勵。縱然這種鼓勵是間接的，乃至他們自己也沒有覺察到的。因爲耶穌本人既未受到像樣的教育，也不可能成爲明顯的「印度文化之友」。

雅利安族既能移民到波斯（今之伊朗），當然也有可能繼續向西而到敍利亞，接觸到了塞米族。對於游牧民族而言，這不是稀奇的事。

印度《梨俱吠陀》的成立，約在西元前三千年左右，比摩西早了一千五百年，根據《舊約》的推算，上帝創世到現在，尚不過六千多年，比《梨俱吠陀》的時代只早了一千年左右，除了內容的比較，在年代的比較上也頗有趣味。

阿育王既曾派遣佛教的僧人到埃及、敍利亞、馬其頓等地去傳佈佛教，印度跟希臘地區的交通往返，文化交流，卻不是以此爲始，早在西元前三二六年，亞歷山大攻取印度西北部的時候，就已開始。尤其在佛滅七十一年時，敍利亞王塞留克斯，在印度爲阿育王的祖父旃陀羅掘多王擊敗而媾和，而派其部將馬伽斯登尼斯（Megasthenes）出使印度，駐節首都華氏城（Pāṭaliputra，波吒釐子），自西元前三〇二至二九八年，住了五年，返國後寫了一部《使印筆記》，記錄其在印度的見聞，這是外國人知道印度文明的最古記載。此後，印度接受了外來的希臘文化，及至後來也接觸到了猶太教、基督教文化，最後還接受了回教的信仰；至於埃及、敍利亞、馬其頓等地，也吸收了印度的文化。這在雙方的古籍之中，均可找到彼此影響的蛛絲馬跡了。

因此，到了耶穌的時候，既傳說在襁褓中即曾到過埃及，埃及在以色列的西南鄰，敍利亞在以色列的東北鄰，佛教早已傳至這兩區域。那麼，耶穌有沒有接受眞正的佛教教義，是一個問題，耶穌是不是間接地聽到過有關佛教的教義，則又是一個問題。然而，在耶穌出世以前的二、三百年時，敍利亞人，已經有了在印度見聞的著作，乃是事實，同時，佛陀把解脫之門，早已向全人類大開，早已使宗教的觀念衝破了民族優越感的藩籬，到了耶穌的時候，也將猶太教的民族神耶和華，向「世人」公開了。在這之間，究竟是誰學了誰呢？

(四) 波斯王與猶太人

其實，基督教在西元前五百多年，就已接觸到並也接收了東方的祆教，那是在西元前五三八年，由於雅利安種族的波斯王居魯士，攻陷了巴比倫城，讓猶太人有了向東看文明的機會，這在本書第三章第二節中已經講到一些。至於《舊約》

聖經的絕大部分，便是在那以後才記錄成文。譬如但以理是西元前六世紀的人，《舊約》第二十七篇（共三十九篇），雖然託名為〈但以理書〉，它的被人寫成現在這樣神話多於事實的記載，卻是晚在西元前一六七年至一六五年之間了，一個故事在迷信誇大的猶太人之間傳流講述了四百年來，尚存有多少眞實性？已可想見了。

當然，我無意要說基督是脫胎於佛教，因它並不像佛教，佛教也不會因此而感到榮耀，我只是從歷史文化的線索上，找出一些比較推近的根據，以資說明佛教與基督教的交涉關係。只是彼此的發展，由於社會背景的互異而有所不同，佛教是超越了印度古宗教，同時也否定了神教的基本信念——神造萬物。耶穌是脫胎於猶太教，膨脹了耶和華，但卻沒有超越出神教的基本信念，乃至把他自己也變成了神格的人。但這神格人的問題，也給近二千年來的基督徒們傷透了腦筋，耶穌是神還是人？始終是神學上的一個難解的結。

（五）誰是外邦人

至於到了耶穌死了以後的基督教，跟印度宗教色彩相似的，也有很多。譬如第五世紀的隱士貝拉齊（Pelagius），以為人類犯罪應由各自承當，不會因了始祖亞當的犯罪而有原罪，耶穌也不能代人贖罪，耶穌只是作爲救人的榜樣。這個思想在基督教的發展史上非常地特別，可惜被主教會議斥爲異端邪說。

又有基督教的修道主義的形成，及禁欲思想的成長，均跟「外邦人」的批評及加入教會有關，雖然耶穌曾主張：「有爲天國的緣故自閹的」；「當復活的時候，人也不娶，也不嫁，乃像天上的使者一樣。」（〈馬太福音〉第十九章第十二節，第二十二章第三十節）保羅也說：「我對著沒有嫁娶的和寡婦說，若他們常像我就好。」（〈哥林多前書〉第七章第八節）但是教士不許結婚，是受外邦人的影響，到了西元第三世紀之初才規定的。那麼，「外邦人」又是誰呢？

至於基督教的修道主義，是始於西元二七〇年，有位叫作安多紐的隱士，捨棄了一切而獨自隱居，他以爲邪魔常用各種方法來苦害他，他總是禁食，祈禱不止，用克制肉體的方法與上帝親近。後來效仿他的人多了，漸漸也有了修道的集團。但這種方法，也是學自「異教」的，譬如改善修道主義的帕科繆，他在西元三一五至三二〇年間，在埃及南部創立了第一所基督教修道院，然而他本來是一個異教徒。

所以，基督教的本質不變，但它能夠接受並利用外邦人的長處，正像《舊約》時代利用搶劫自外邦人的布，搭起他們奉神的幕。至於那些長處之中，有多少是來自外邦人的？冷眼旁觀，也許在外邦人看來，比他們自己更加明白。修道及禁欲，不過是一例。

本來，一種文化吸收另一種文化，乃是不足爲奇的事，譬如我們的佛教，在龍樹時代的大轉變，佛教的思想發展，也以印度的西北方更爲顯著，這都說明了佛教已經受到了外來文化的刺激，最著名的犍陀羅佛教美術，那就是外來文化的影響所形成，我們佛教徒也不隱諱這種歷史的事實。

（六）這是他們的策略

基督教呢？他們是接受你、征服你、再消滅你。這在天主教表現得最徹底，他們慣用政治及武力；近代，他們加用策略與技術，譬如他們對待中國的民間，准許供奉祖宗牌位，對佛教徒也用代亡魂祈禱超度的方法，對於中國的學者，承認儒家的上帝。然而，正像他們接受各式各樣的哲學及宗教一樣，是以「奴婢」的眼光來看待的。他們的警覺心很高，羅馬教廷設有「非宗教問題祕書處」等的專門機構，凡有一種非天主或反天主的思想出現，他們就會立刻指定專人從事研究，以期達到轉變之而克服之的目的，他來接近你，乃至幫助你，而批判你。他們尚未瞭解你之前，即已有了現成的結論，所謂「研究」，僅是手段而已。所以，當你眞的成了天主教的信徒之時，什麼祖宗牌位、儒家的上帝、哲學的觀念等等，便都是不合要求的「魔鬼」了。他們用懷柔的爭取、軟化的進攻、迂迴的否定。因此，在傳教的策略運用上，天主教比新教更具有壓倒性的威脅，天主教對「外邦人」的「異教」，固然如此，對於新教，也採同樣的方法，譬如一九六六年春季，臺北出現了天主教與各新教教派共同禮拜祈禱的運動，便是由於羅馬教廷的號召，可是，有許多教派的新教教士卻聯合起來，反對新舊聯合祈禱的運動，這是爲了什麼？請聰明的讀者，參罷！因爲，天主教的態度有了改變，從前是用的十字軍，現代是派遣的「聖誕老人」，你能說對聖誕老人也不歡迎嗎？

不過，請不要誤會，以爲基督教的新教各派是弱者，他們新也好，舊也好，本質卻是一樣的，都在積極地爲了「神愛世人」而工作，新教與舊教鬥爭，新教各派間鬥爭（如果留心報紙，資料很多），更向佛教鬥爭，所以，香港有「道風山」，臺灣有龔天民，他們僅屬於信義會的一派，其工作的熱烈，已經可觀，以「研究」佛教，弱化佛教，而期消滅佛教。在一九六五年冬季，曾有一個外國教會，給臺灣分會的電報中，責斥臺灣的教士們，未能在其限期以內，把臺灣人口的百分之五十變爲基督徒而埋怨呢！因爲該一外國教會花了大量的資金，到目前爲止的臺灣，竟然尚有佛教等的其他宗教在大肆活動——這一資料，係由政府的有關部門所透露，相信它是可靠的。

第二節　基督教與中國佛教

（一）唐朝的景教

我們知道，中國之有基督教，僅比佛教的輸入晚了六百年，那就是唐太宗貞觀九年（西元六三五年），大秦（波斯）景教的傳入。爲何稱基督教爲「景教」？據〈景教碑〉說：「功用昭彰，強稱景教。」（《大正藏》五四．一二八九頁中）乃是照明黑暗之功用，所以稱爲景教。

說起景教的歷史，應該上溯二百年，在西元四三一年的以弗所主教會議中，曾對一位教士聶斯托留（Nestorius）的主張予以譴責，並公決以爲異端，而把他逮捕了流放到阿兒美尼亞去，他的書也全被焚棄，他相信耶穌本身兼具有神性及人性的兩種位格，這種「二性分離」的說法，無異是否定了耶穌是神之子的觀念，所以不合教會傳統的眞解。然而，這一主張，竟能盛行於敍利亞及波斯等地。不論怎麼說，景教確是基督教的一支。

那麼，景教與佛教之間又有什麼交涉呢？

從景教對待佛教的態度上說，可以稱得上是溫和而虛心的一派。因爲唐代是佛教鼎盛的時代，景教初來中國，它的用語及標誌，也盡量模仿佛教，從其〈景教碑〉及〈三威蒙度讚〉（《大正藏》五四．一二八八—一二九〇頁）中的文字，可以見到許多的佛教名詞，如「慈航」、「眞寂」、「僧」、「大師」、「大聖」、「慈父」、「妙身」、「應身」、「法王」、「寺」、「功德」、「大施主」、「普度」、「阿羅訶」、「大德」等類；〈景教碑〉上也刻有蓮花。故也可說：景教乃是佛化的基督教。

最有趣的，那位〈景教碑〉的作者名字，固然佛化了，他叫作「景淨」而不叫什麼保羅、彼得、約翰。尤其有趣的，這位「大秦寺僧」的教士，竟然還大膽地翻譯佛經，不過譯得很不像話。《貞元釋教錄》中有這樣的記載：「大秦寺波斯僧景淨，依胡本《六波羅蜜經》，譯成七卷。……景淨不識梵文，復未明釋教，……察其所譯，理昧詞疏。且夫釋氏伽藍，大秦僧寺，居止既別，行法全乖，景淨應傳彌尸訶教（案：彌尸訶的原文是Messiah——現代譯為彌賽亞，即是救世主基督的意思），沙門釋子，弘闡佛經，欲使教法區分，人無濫涉。」（《大正藏》五五．八九二頁上）

當時因爲般若三藏初來華，不懂波斯語，也未解漢語，由於他人之勸請，而與景淨合譯了一部《大乘理趣六波羅蜜多經》，共爲十卷而僅譯七卷。他們兩人，彼此不能理解對方的語文，竟然譯起經來，自然是要鬧笑話了，故在譯成之後，獻於朝廷，唐德宗見了，不許流行，因其「雖稱傳譯，未獲半珠；圖竊虛名，匪爲福利。」（《大正藏》五五．八九二頁上）原來是景淨想藉此沽名，怪不得德宗皇帝要下如上的詔諭了。不過這也說明了，當時的基督教士，是與佛教友好的。

但是景教在中國流傳了二百一十年，到唐武宗會昌五年（西元八四五年），就被消滅了。

（二）元朝的也里可溫教

往後，基督教又在元朝大興特興，那就是「也里可溫教」，由於蒙古人的征伐歐洲，故與歐洲的基督教國家發生了關係，基督教士也跟著蒙古人的鐵騎，到了中國內地，再度復興起來，元世祖入主中華，基督教便以蒙古語「也里可溫」之名，在中國傳佈。也里可溫的意思是福分人、有緣人、奉福音的人。

根據清朝洪鈞的《元史譯文證補》中的〈元世各教名考〉說：「也里可溫元之爲天主教，有鎮江北固山下殘碑可證；自唐朝時景教入中國，支裔流傳，歷久未絕，……也里可溫，當即景教之餘緒。」

從這段文字看來，也里可溫教即是景教的支裔而傳至蒙古的，但它加入了新自歐洲傳來的成分，當無可疑。因爲元世祖的母親別吉太后可能是基督徒，所以當馬可波羅覲見元世祖後，世祖便命他帶信給教皇，且請派道行高深的教士十人來華（見《馬可波羅遊記》）。因此而爲也里可溫教形成了舊有的和新來的兩派。後來彼此攻擊，自相傾軋，跟隨元朝的蒙古勢力而興，也隨著蒙古王朝的滅亡而滅亡。

但是，當也里可溫教日正方中之際，從《至順鎭江志》的記載中看，單鎭江一區，一百六十七戶中即有一戶也里可溫，六十三人之中即有一人是也里可溫；唯其比較今日的臺灣，平均二十人之中即有一人是基督教徒（包括新舊兩教），那就算不了什麼。

也里可溫教與佛教的關係如何呢？

最有名的是於元世祖至元十六年（西元一二七九年），也里可溫教徒馬薛里吉思，做了鎭江的達魯花赤，建立十字寺於西津岡頭（是金山地），到至元二十七年，又仗勢將晉朝建武時代建立的佛教道場金山寺，收爲十字寺的下院；但到了元仁宗時，又以朝廷玉旨，把十字寺改爲金山寺的下院了，並由趙孟頫奉旨爲此撰碑。這也可謂因果報應了。

(三) 明朝的天主教

元朝的也里可溫教滅亡之後，到了明朝，過了兩百年，基督教又捲土重來，那是利瑪竇與勞吉耳，在明神宗萬曆十年(西元一五八二年)來到中國。利瑪竇是一位了不起的基督徒，他是耶穌會的天主教徒，他有良好的科學知能，因此而為中國帶來了西方科學的啟蒙。到了清聖祖時，又由於教會內部發生派別鬥爭，便將在中國傳流了一百九十五年的耶穌會解散了。

至於耶穌會的基督教與佛教的關係，我們看到有普潤的誅左集、密雲的辨天三說、圓悟的辨天說、黃貞的不忍不言等。在蓮池大師的《竹窗三筆》中，也有〈天說〉三篇，他說：「一老宿言：『有異域人為天主之教者，子何不辯？』予以為教人敬天，善事也，奚辯焉？老宿曰：『彼欲以此移風易俗，而兼之毀佛謗法，賢士良友多信奉者故也。』因出其書示予，乃略辯其一二。」可知蓮池大師並不反對天主教敬天，並且也見到了天主教的宣傳品，只是天主教徒「毀佛謗法」，所以略說了幾點。

由於天主教的仇視佛教，且有見於文告的，如山西絳縣雷狆的告示，題名「尊尊天祛邪」說：「佛道二教，使人不尊天而尊己，西儒修身事天，愛人如己。」

他把佛道二教看作邪教，因此也有佛教徒如黃貞等把天主教說成邪教了，結合了傳統的儒家勢力，遂形成了非教的風潮；眞是非常的不幸，如果天主教徒能容忍一些，這是不會發生的。

（四）清朝的太平天國

耶穌會在中國滅亡之後三十四年，英國的馬禮遜，又於清朝仁宗嘉慶十二年（西元一八〇七年）到了中國，傳入了基督教的新教。

馬禮遜的基督教，後來對中國的影響極大，最大的是太平天國的形成。由於洪秀全四次府試（考舉人），均名落孫山；本想求功名，以舉子業邀富貴，他考了四次的府試，卻次次失敗，他就想造反了，在盛怒之下，擲書於地，而說：「且待我來開科取士可也。」

適巧當洪秀全於清宣宗道光十六年（西元一八三六年）第二次到廣州應考，他從考場下來時，在街上遇到了一中一西兩個傳教士，講道並送書，洪秀全也得到了一套，那就是馬禮遜派的第一位中國牧師梁發所編的九本小冊子，名叫《勸世良言》。同時因爲考試失敗，傷心過度而害了一場精神病，在病中自覺到升了天，見到了一個金髮黑袍的老人，命他除妖魔，驅邪神，並戒其勿妄殺兄弟姊妹；又見一中年人自稱爲長兄，教他遨遊四方，教他追尋妖魔邪神，並且助他誅滅。當他第四次趕應府試失敗，心灰意懶之下，詳讀先前所得的《勸世良言》。於是，牽強附會，便以爲他往年病中所見的老人即是耶教的天父，中年人兄長即是耶穌，因此，他就開始成了自成的基督徒，自施洗禮，並除去他所執教的私塾中的孔子牌位，又回家燬了所有的偶像及祖先的神位，並且積極傳道，勸人信教，儼然是一個信仰狂熱的基督徒了。

初期的洪秀全，到底是秀才出身，曾讀過中國的古書，所以他的天道教義，尚能參合中國的經史典籍，提倡倫理道德、闢除迷信、崇拜一神、去惡行善，堪稱是中西合璧的新宗教信仰。

但是洪秀全由於一度的精神病經驗，使他變得自負，自以爲天父天兄交代了他的任務，又加上厭惡滿清統治中國並受壓迫的民族意識，他的弟弟洪仁玕也向他說：「獨恨中國無人，盡爲韃妖奴隸所惑，以中國十八省之大，受制滿州狗之三省，以五百萬之華人，受制於數百萬之韃妖，誠足爲恥爲辱之甚者。」

因此，經過六年的醞釀，終於在道光三十年（西元一八五〇年），混合了民族的、政治的、宗教的意識，集合了狂熱的信徒，激起了作亂的怒潮，在廣西桂平的金田山區起事了。第二年即清文宗咸豐元年（西元一八五一年），便成立了太平天國，洪秀全自稱天王。咸豐二年（西元一八五二年），北入湖南又進湖北，破了漢陽、漢口、武昌。咸豐三年（西元一八五三年）二月，就佔領了南京，節節勝利，眞是勢如破竹。

本來，洪秀全的拜上帝會所謂的妖，是指偶像邪神，至此，凡是與太平軍不合作的一切人員、書籍、制度等，都成了妖的代名詞，所以太平軍所到之處，對政府及宗教的異端則燒殺無遺。

遭受破壞最大的是佛教，太平天國自咸豐元年至同治三年（西元一八六四年）洪秀全自殺身死的十五年之間，太平軍的蹂躪，遍及十八省，例如廣西、湖南、江西、湖北、江蘇、安徽、浙江、福建、廣東、河南、山東、山西、甘肅、四川、雲南、貴州等；破城六百餘座，如漢口、南京、鎮江、揚州、安慶、九江、蘇州、常州、無錫、杭州、寧波等；死人數千萬，佛教也因此大遭其殃。中國領土被佔了三分之二，東南景象已是滿目瘡痍！可是，太平軍既然殺了和尚，又僞裝和尚，當他們經過湖南及湖北之時，到處焚燬廟宇寺觀之後竟派了勇悍戰士三千人僞裝成和尚，先到南京的各寺院掛單，等太平軍攻打南京城時，這三千個假和尚便在城內趁機放火接應。從這僞裝和尚的數字判斷，太平軍經過湖南、湖北的期間，至少也殺了三千個眞的和尚。（以上資料係採自國防研究院印行的《清

史》及《高中歷史》的太平天國部分）

著名的佛教道場，如鎮江的金山寺及北固山、西天目山的禪源寺、寧波天童山的弘法禪寺、天臺山的國清寺、杭州的海潮寺、江西的雲居山、南京的獅子嶺、福建的鼓山等是比較知名而被焚毀的。其實，除了鎮江的焦山，由於了禪禪師的冒死往太平軍中陳說利害而倖免於劫之外，凡是太平軍過境駐足之處，寺宇無不被燬，直到民國以後，尚有各省的舊時名刹，未曾恢復的，所以自太平天國之亂以後，中國禪宗一枝獨秀的臨濟宗，也就一蹶不振了。中國的佛教，自南宋以來，就已走向下坡，經此洪楊之亂的法難摧毀，便更加衰微了！

在中國佛教史上，曾經有過三武一宗的法難，然而北魏太武帝時，地僅限於北方，爲時不過六年；北周武帝時，地僅限於關隴（陝西及甘肅兩省），爲時不過三年；唐武宗時，尚許於長安及洛陽各存四寺，地方諸州各存一寺，上寺留僧二十人、中寺十人、下寺五人，爲時僅僅一年；後周世宗時，地域雖較大，但在群雄割據之下，尤其南方的吳越王極力保護佛教，周世宗的破佛令也只禁止私度僧尼，勅廢無勅額的寺院，並未將佛教一律毀滅，且其爲時五年之後，即到了宋太祖興隆佛教的時代，尚有周世宗時應毀而未毀的寺廟。因此，三武一宗是道教加給佛教的法難，太平天國是基督教加給佛教的法難，太平天國的蹂躪燒殺之廣而且久，則比三武一宗尤其具有毀滅性。故在太平天國之後，明末紫柏大師的方冊藏經版，即蕩然無存，海內人士欲求一冊單行的經典已不可得了。

洪楊之亂的太平天國，一開始就喊除妖、除迷信，他們實則一開始就帶有妖言惑眾的氣質（精神病患者洪秀全自認是耶穌之弟，又說什麼上帝降託楊秀清之身，耶穌降託蕭朝貴之身），也一開始就開口上帝閉口天國地推行迷信的愚民教育，最後也因假藉天父降詔而使楊秀清反逆洪秀全，終至內訌而告滅亡。

洪楊的拜上帝會，雖不即是馬禮遜傳來的基督教，卻是由於馬禮遜所傳的基督教而形成，本質可說沒有不同。

（五）民國以來的基督教

到了民國以後，在「五四」運動的浪潮聲波之餘，學術界高唱民主與科學的口號，對宗教信仰，多半抱持懷疑的態度，卻有許多的知識分子認眞地研究佛學，佛學的精深博大，使他們崇敬不已；至於基督教，由於其教理的不能自圓其說，已被看成外國來的洋迷信，連研究的興趣都沒有。

然而，仍有若干軍政大員的基督徒，仗著他們的權勢，利用時機，摧毀佛教。譬如有「倒戈將軍」之稱的馮玉祥，他是一位基督徒，在民國十七年（西元一九二八年）春天，就在他的勢力範圍的河南省開封及信陽，實施毀佛政策，沒收寺產，驅逐僧伽。馮玉祥的部將韓復榘，也受了影響在山東省驅逐僧尼。

同在民國十七年，馮玉祥的部屬基督徒薛篤弼主內政部期間，有「廟產興學促進會」的成立。各地紛紛非法拘捕僧人，乃至有被非法監禁至死，藉口沒收寺產，興辦學校。鬧了三年，雖未成爲政府的正式政令，它的影響卻至爲深遠，直到政府遷臺灣十六年後，在一九六五年十月一日，尚有行政院的第一組祕書余茂阱，對中國佛教會的理事長說：「過去在大陸，有若干寺廟改爲學校，並不爲過。」又說：「軍隊佔用寺廟，係通常之事。」（《覺世旬刊》三〇四號）

晚近以來的基督徒中，也有極崇仰佛教的，比如張純一先生，便是主張「佛化基督教」的基督徒。

近十多年來，基督教的發展非常迅速，且以佛教徒爲其主要工作的對象，雖未發生過迫害的案件，但在文字及口頭上的攻擊毀謗，已很普遍。佛教徒爲了護持正法，也在做著義正詞嚴的辯駁。

宗教的論爭，難免不涉及感情用事。實際上，凡是存心曲解和毀謗的文章，就已不足重視，何況夾雜了旺盛的感情用事？然而，宣傳的力量，不可忽視，你有聽過「曾參殺人」的故事吧？

第三節　基督教與佛教的宗教價值

（一）宗教價值的衡量

宗教的價值，應由兩方面來衡量：一是信仰所產生的精神寄託，一是信仰所賴以成立的理論基礎。如果僅就精神寄託的價值來說，信仰宗教實即是自我安慰感的昇華，可以不藉理論的基礎而得到宗教的安慰，這是神教所特別強調的；信到篤實眞誠時，就會得著信的效果。其實，信是自己信，信的力量仍由自己所發出，至於他力的「神」或佛菩薩的感應接引之說，站在宗教的立場，絕不應該否定，但這他力的感應，必須先出於自力的要求。

人在宇宙間，不是孤立的，我們的神識依附我們的身體，我們的身體依附於大地，大地依附於太空，太空依附於宇宙，這是一個大實在、大依靠。從精神方面而言，我們自己依附於家庭，家庭依附於社會、國家，乃至世界，也是一個大實在和大依靠。那麼，我的信仰心，就沒有東西可資依附了嗎？下愚者依附上智，上智者依附神明，神明依附宇宙的自然律，自然律是什麼？在佛教說是「法」。法是自然存在的，不由造作的。完全順應於法，便不違法，既不違法，就能不受法束縛，不受束縛，便是解脫，解脫了的人，便是聖人，聖人的存在，是存在於宇宙、自由於宇宙、充塞於宇宙，而又超越於宇宙的大人格。所以聖人的感應力是無所不遍的，只要我們以合乎「法」的心去求合乎「法」的事，必然能有感應，這在現代名詞稱爲宗教經驗。

(二) 宗教信仰與宗教效驗

因此，信仰有沒有效驗，乃在於人生局部的能不能合於「法」的要求；信仰的能不能解脫，乃在於人生全部的是否已經合於「法」的要求。

放下物欲私情，當下便合於自然律的法，所以求得信仰效驗並不困難；如要一次放下、永久放下，那就要看你的工夫如何以及方法如何了，所以求得解脫的境界並不容易。

一個宗教的好或不好，不必從其現狀上去過分責難，但問它是否能使人得到信仰的安慰以及信仰效果，如果可以達到這個要求，那麼，毫無疑問，它是値得信仰的。當然，一個好的宗教，也必有其好的外形，所謂存乎內而形乎外。雖然由於人爲的不臧，也能使得珍寶蒙於糞土。

其次考察一個宗教的是否能夠使人解脫，那就要看它的方法如何了。信仰力是暫時的、斷續的，一時信一時有用，一時不在信的念頭上，一時就不起作用。唯有轉變此一信仰力的功能，保持住經常不絕，那才算是解脫工夫的著了力。怎樣達到如此的境地，那就是修持的工夫。

這種工夫在基督教也有說到，那就是他們所稱的「靈修」，靈修的主要工夫是祈禱和默想，這種工夫幾乎跟印度的其他宗教類似，所以，我相信基督教的靈修工夫得了力，他們會有若干禪定境界，以及由禪定而生的少許神通作用，這在他們稱為「神蹟」。

然而，在佛教的修定方法很多，小乘七賢位的五停心觀，就是修定的入門方法，所以修定是修學佛法的一種基本工夫。

可是，定的工夫有大小，境界有高下，佛教的九次第定，就說明了這一事實，九次第定的最高定——滅受想定，才是眞的解脫或永久解脫，其餘八種，都還是暫時的解脫；其實並沒有解脫，不過是相等於信力作用的延長擴大，卻不是絕對延長與絕對擴大。

如何求得滅受想定的境界，那就要看你對「法」的原理有沒有徹底辨明。法的原理是「此有故彼有，此生故彼生」，「此無故彼無，此滅故彼滅」（《雜阿含經》句）。這是什麼意思？無他，「緣生」而已。法無實體，「緣」聚則有，「緣」散則無。這就是萬法緣生而本性空寂的道理。

緣生的法，是空如的「實在」，「實在」，乃是無法可求的境界。

看到了法的原理，就能把人我、心物、內外、善惡等等一切相對矛盾的偏見，一掃而光。到了沒有一絲偏見可資我們的憑藉與取捨之時，這樣的心境，當下便是解脫。

所以，佛世的羅漢之中，有些人是未曾經過修定的工夫，一聽佛陀說法，他們就當下見道——明辨了解脫之道，而證道——親自實證了解脫之道。因此，解脫的主要問題，是在能否明辨宇宙的自然律——法。

當然，佛教講究根性，根性是指由過去世中帶來的基礎。唯有打有深厚基礎的人，才可一下子見道、證道，否則的話，修持的工夫是非常的要緊。注意！佛教的證道是指親自證實而入於解脫之境；耶教也說證道，卻是指他們的生活經歷的說明，所以兩者的內容截然不同。

(三) 成佛與生天

佛教的修持工夫，是戒、定、慧的三聯鎖，稱爲三無漏學。由戒、定、慧的修爲與恆持，來克服貪、瞋、癡的身心煩惱。修定的必先持戒，否則便會落於魔境的邪定，於己於人，有害無益。佛教戒律，主要是不殺生、不邪淫、不偷盜、不妄語（欺騙）、不飲酒的五項。由定的工夫，能啟發智慧，這與沉思默想有相通處。再由智慧的引導，進入無漏的解脫境界。有關佛教的戒與定，不妨參閱拙著《戒律學綱要》及《怎樣修持解脫道》，這兩書是比較通俗的。

這是說的解脫道，如要成佛，尚要修行菩薩道。菩薩道是自救救人，也就是以解脫的究竟爲目的，以更深廣的入世爲手段，這是基於解脫的要求來做利他的工作。從事布施、救濟、社會福利，並以說法教化，提高人類的道德，促進世界的和平，便是利他的工作。利他的工作配合了解脫道來實行，是菩薩；如果僅做利他的慈濟事業而不配合戒、定、慧的解脫工夫，那便是人天福業，來生爲富貴的人或生到欲界的天堂享樂。在佛教，每說「功不唐捐」，凡做好的工作，修善的事業，有怎樣的努力，必定也有怎樣的成果。

回過頭來再談基督教。

基督教在本質上與佛教不同，佛教的「法」是指的自然律，基督教的自然律是「神」，神雖可以說成眞理，神的本身卻是人格的萬能者。佛教的「法」的本身，則是空如的實在，既不被造、也不造物，佛教看此萬物現象的存在是幻有暫有的，是由於眾生的業感所成、業識所現的，不承認是由於萬能上帝的創造所賜。基督教上帝的「權威」、「大能」，在佛教已將其分配於每一個眾生來分別負擔、共同承受、相互影響的集體「創造」了。

因此，佛教可將諸法的本相看成空如的實在，可以對之不起偏執分別之見；基督教則必須對此造物的人格的神，存一依賴，無論如何也放不下的，否則，基督教的信仰所寄，便將兜底破產。

佛教在解脫工夫的方法上，有理論、有步驟、有層次、有目標。信仰力、禪定力，不過是解脫工夫的入門方法，最後則須放下了信仰，也放下了禪定，才是眞正的解脫。

基督教的工夫，初則是信仰力的啟發，繼則是禪定力的探求，禪定是什麼？他們並不知道，但他們卻認爲由於那種神祕經驗的媒介而能認識或親近到他們的神。其實，他們自以爲認識或親近的神，往往還不是定境的神通而是心底妄想所幻起的一片幻影。以此幻影爲神蹟，在佛教的工夫上說，那是認賊作父的「魔境」。也許有人眞的由定力而感見了神明（天神、空神、地神），但在宇宙律中，不可能有一個人格的創造神。

因此，信仰基督教的功能，如果多做社會福利的慈濟事業，在佛教看來，那也的確是求生天國的最佳途徑。可是佛教的目的不在求生天國，所以，想藉基督教的信仰而使人解脫一切的苦惱，乃是不可能的事。

是以，佛教能夠承認，信仰基督教，的確有其可得的宗教價值。雖其曾經留下的歷史，有很多的污點，那當又是另外一面的問題。基督教若能革除那一面（魔性的），增長這一面（人性的），當可爲我們人類帶來光明而給「上帝」顯出榮耀。

（四）諒解與仇恨

在宗教理念的標立上，在人生宇宙問題的疏解上，基督教的確及不上佛教的明朗、客觀、徹底、和善，但在道德倫理的基點上和宗教信仰的安慰上，基督教與佛教，則有不少的相通之處，甚至我們也可承認基督教的那些部分——布施、忍辱、刻苦、助人、祈禱、默想等等，也是佛法，縱然那不是純粹的佛法。這個眞像陸九淵的話：「東海有聖人出焉，此心同也，此理同也；西海有聖人出焉，此心同也，此理同也。」所謂「千聖同心」、「萬法共軌」，縱然此一聖人不同彼一聖人，站在人的立場，嚮往總會有其共同之處。所以，作爲一個佛教徒，他是不會敵視基督教的，因爲佛教的基本原則，連對一個微小的動物，都不敢敵視，豈會敵視基督教徒？

基督徒看我們佛教徒以及所有的非基督徒，在態度上不一定表示仇恨，並且在存心上是「愛」意的，但在原則上是敵視的：當他們處身於不如意的環境之中，處身於異教徒的環境之中，就覺得是處身在魔鬼群中了，他們相信，異教徒不一定是魔鬼，至少是受魔鬼迷失了心的一群，他們視魔鬼爲仇敵，異教徒是仇敵的伴黨，如果異教徒也有一種信仰的對象，那個對象也就自然而然地形成了他們心目中的魔鬼。譬如天主教的《聖號經》，它的要求，有點像佛教徒念的「南無阿彌陀佛」或者「南無救苦救難觀世音菩薩」，這在佛教是沒有仇敵觀念的，天主教則不同，且看：「以十字聖架號，天主我等主，救我等於我仇。因父、及子、及聖神之名者。亞孟。」他們是求因了十字架的神聖標記，共藉天主聖神之名而從仇敵的手中得救，他們的仇敵是誰？不用說，就是「異教徒」了。

在原則上，基督教徒服膺耶穌的話：「要愛你們的仇敵，爲那逼迫你們的禱告。這樣就可以做你們天父的兒子，因爲他叫日頭照好人，也照歹人；降雨給義人，也給不義的人。你們若單愛那愛你們的人，有什麼賞賜呢？就是稅吏不也是這樣行嗎？」（〈馬太福音〉第五章第四十四至四十六節）這在基督徒們處於逆境的時地，的確能夠做到，而且極其感人；但在他們處於優勢的時地，就很自然地要使上帝的「榮耀」顯出來，將「震怒」加在異教徒的頭上了，就以一九六三年越南發生的宗教迫害爲例，那位「第一夫人」叫作陳麗春的天主教徒，見到佛教的僧人因抗議迫害而用汽油自焚後，竟然毫無同情，且說：「用進口汽油吃醉和尚的烤肉」，同時主張鞭打殺戮是對付佛教的正當方法。

總之，基督教在「愛之也深，責之也切」的態度上，表現得非常的明朗。又如他們將凡是非基督教以及基督徒之中未被上帝選上的人，一律要在末日審判後擲進煉獄中去永遠受苦，這在非基督徒看來，乃是咋舌驚異的事。然而，要知道，基督教爲了希望獨攬全人類的信仰，一網打盡全人類的精神依託，所以不得不如此地劃分開來，這在民智不大開明的時代中，確是非常有效的特效藥，如想僥倖地不下地獄，那就乖乖的皈依基督。《新約》的著者們沒有考慮到除了耶穌的教訓，尚有其他聖哲的智慧結晶和倫理建設，同樣也適合進入天國的要求，這是基督教的獨斷信仰的病徵，也可謂是很大的不幸。至少，佛教在這方面是寬容的，所以我希望給基督徒們疏導一下。

（五）正信與迷信

當然，若想從佛學與神學的根本問題上疏導，永遠也疏導不通，除非佛教放棄了緣生論與解脫觀，或基督教放棄了神造論與贖罪觀。

事實上，除了「神」的角度，無論從什麼角度看我們的宇宙，緣生論要比神造論更合乎科學實證的原則，從一個原子到整個宇宙，無不是聚散生滅，變換運動的緣生規律。雖然從現在的解釋中，佛教主張「業感緣起」或「賴耶緣起」等，也是不可見的形而上的問題，也是「唯證乃知」的宗教實證問題；但它們是由各個眾生分別負擔了基督教的上帝的功能，無疑地，這也更合乎民主平等的原則。

所以，要求佛教放棄緣生論的宇宙觀，那是很不理智的事，至於基督教能不能接受緣生論？在其神學的基礎上，根本是不能考慮的，否則，勢必把自從耶穌、保羅、奧古斯丁、阿奎那等以來所建的神學堡壘，完全拆除了！再從人生問題的觀點上說，佛教的解脫觀是基於自我人格的昇華超脫，基督教的贖罪觀是藉著神的恩典而赦免。解脫道，只要工夫到了，那是可以兌現的；縱然不能即生兌現，努力於人格的建設與超拔，總比一味乞靈不可知的上帝來赦免實在得多，何況贖罪觀的邏輯問題，永遠都是神學上的一個死結。

然而，基督教的〈信經〉中，就是特別強調：「我信全能者天主聖父，化成天地」，「我信罪之赦」。若要否定他們的〈信經〉，那也等於否定了他們的信仰！

於是，我仍覺得，基督教與佛教之間，既然無法拉成一家人，最好的辦法，唯有彼此尊重、相互諒解。雖然，我們的諒解是著重於社會改革及倫理觀念的相通處，唯有重視共通點的發展，始能達成諒解的目的。

因此，我要請求那些基督徒的狂熱分子，不要再把佛教當作敵人，最低限度，佛教並不如基督徒所想像的那樣，是「危害人類社會的迷信」，佛教徒也不如基督徒們所以爲的那樣「罪惡」。如果光說佛教的都是迷信，爲什麼，就不自己檢討一下，基督教是否更加更加地迷信？如果說迷信的定義是「盲從的信仰」，那麼，基督教實在當之無愧。實際上，基督教所指佛教的迷信，根本不是指佛教本身，而是附從佛教而存在的多神信仰，那些多神信仰者把佛菩薩也看作神明之一而加以崇拜，因此而使正信的佛教蒙塵！基督徒們就抓起這些塵土當作是佛教的根本。至於佛教的本來面目，如有興趣，不妨參閱一本拙著《正信的佛教》，我在那本書中，解答了七十個看來淺顯而實際重要的問題。

如果說唯有純理性的信仰才不是迷信，那麼，就以基督教的〈信經〉來說，究竟是情意的服從，還是理性的考察？

(六) 基督教的〈信經〉

最困難的問題，在於基督教必須建立並牢固他們自己的信仰，基督教信仰的本質，便無法使他們承認其他宗教的信仰價值，否則便對基督的信仰基礎，發生動搖。記得一九五九年八月一日，《中央日報》刊出了一篇董顯光的演講稿〈假如我是一個傳教士〉。他就說：「我要在每一個場合告訴眾人〈信經〉的內容，我將一遍又一遍地默讀。」同時他反對那些人說：「耶穌不是上帝的兒子，只是一個人，一個社會改革者，一位先哲。……基督教義中所應側重的，應該是其屬靈的和倫理的一面。」董顯光為何要反對如此的觀念呢？他說：「我恐怕這種現代主義的觀點，將使基督教義貶為人生的倫理法則。我是一個基要主義者，相信《聖經》的眞實性，相信《聖經》所載的奇蹟，相信耶穌為童貞所生，相信他的肉身復活和升天。倘使將這些去掉，基督教義將所存無幾，不復能再傳流千年，如果仍能存在的話，也將如同儒教一樣，其教義雖受人敬重，但其創始者已不為人所崇拜。」「如果一個人相信〈使徒信經〉，他一定是一個有德操的人。」

所謂〈使徒信經〉，天主教及新教的譯法雖互異，它們的原文是相同的，本書二三八頁引用的幾句是天主教的，現在再把基督新教的〈信經〉照抄如下：

「我信上帝，全能的父，創造天地的主；我信耶穌基督，上帝的獨生子，我們的主，因著聖靈成孕，從童女瑪利亞所生，在本丟彼拉多手下受難，被釘在十字架上死了、葬了、下到陰間，第三天從死裡復活，後升天，坐在無所不能的父上帝的右邊，將來要從那裡降臨，審判活人、死人；我信聖靈，一聖基督教會，聖徒相通，罪得赦免，肉身復活，並且永生，阿門。」

這〈使徒信經〉，自西元第二世紀以來，即已根據《新約》的神話而告確定，被稱爲基督教的要道，並爲歷代傳統的基督徒所堅持和保守，雖然耶穌死後的一百年代，即已有基督徒對耶穌即是耶和華上帝的觀念發生懷疑；然而，除了〈信經〉即無基督教的信仰可言，所以基督徒的宗教安慰之獲得，也唯賴此〈信經〉神話爲眞實的力量。可是，〈信經〉雖是全憑神話而成立，它卻是獨斷而唯一的，如此一來，恰好把其他的宗教信仰一律否定：不經過基督教會不能成爲基督徒，不是基督徒便不能得救，不得上帝之恩救，縱然你在倫理德操上毫無瑕疵，仍然是個有罪的人。所以在基督徒的口中說出釋迦牟尼是罪人，並且當接受耶穌基督的末日審判，那是「順理成章」的事。

（七）結語

因此，要希望基督教諒解並尊重佛教的信仰價值，是不可能的，所以，我眞不知應該如何下結論，這是人類的福音呢？抑是人間的不幸？基督教除了由神話組成的〈信經〉之外，它的教義便「所存無幾」，基督教卻非藉神話的信仰而來否定其他的宗教不可，這不是蠻橫強霸，又是什麼？正像耶穌所說：「為什麼看見你弟兄眼中有刺，卻不想自己眼中有樑木呢？你自己眼中有樑木，怎能對你弟兄說：容我去掉你眼中的刺呢？」（〈馬太福音〉第七章第三、四節）如果正同董顯光所說：信仰神話的安慰，便可成為有德操的人，這種德操的標準，豈能不使一般的人懷疑？無怪乎教會的人，對內對外存有兩顆截然不同的心！

也許基督徒比佛教徒知道得更加清楚，近世反對基督教的，把基督教的教義教史，批判得七零八落，攻擊得體無完膚，嘲笑得醜態畢露，那並不是佛教徒，甚至也不是東方人。我曾見到好些西方人批評基督教的作品，那些作品，東方人之中也很少能夠寫得出來，那些西方人，卻都是思想深邃而享名國際的學者。

附錄

《評駁佛教與基督教的比較》

再版自序

此附錄是我於一九五六年夏秋間以十天的時間寫成。由高雄市慶芳書局於同年十一月十五日出版，寫成之際，我尚服務於駐在鳳山五塊厝的第二軍團司令部通信兵群，出版時我已調至國防部。初版僅一千冊，歷經幾番播遷，結果我自己也未能保留一冊。去（一九八二）年偶與煮雲法師談起，他說最好用登報徵求的方式，向各界公開徵求，也許可以找到。今（一九八三）年九月二十三日，突然聽到煮雲法師在電話中告知，已從他的舊書堆中發現了此書。眞使我驚喜不已！

此附錄的寫作，代表著我在著作過程中的初階段，在此之前，我寫了一段時期的文藝作品，此後即開始爲佛教的刊物撰稿，討論佛教及宗教的問題。到一九六七年又完成了一冊《基督教之研究》，一九六八年再寫成《比較宗教學》一書。這是我撰寫宗教書籍的過程。所以，此附錄是我有關宗教討論的第一種，也是我寫作成冊的第一本書。不論其觀點及內容爲何，仍不失有其紀念的價值。

一九八三年九月二十五日夜於臺北北投農禪寺聖嚴序

一、前言

星期日，無意中在一位同事的書桌上，見到一本小冊子，標題是《駁佛教與基督教的比較》。我雖沒有讀過《佛教與基督教的比較》這本書，但是這個加上了「駁」字的標題，非常醒目，也富刺激。因此，沒有轉腳，便將它一口氣讀完。

可是這位駁文的作者，太使我失望了，其中持論的荒謬，語氣的毒辣，尤其是筆調的輕率幼稚，恐怕連駁文的作者——吳恩溥先生自己亦難否認，也許基督教的理論基礎使然罷！但我不想在這裡加以肯定。

當然，我們在那本小冊子裡，不難看出駁文作者吳先生的身分，及其生活的環境；他是靠基督教生活的基督徒，是《基督教生命雙月刊》的臺柱；因爲他是基督教的宣傳者，爲了在基督群眾面前爭寵表示忠實才寫出那麼一篇東西。其實，吳先生除去盡了浪費紙墨的責任，又駁倒了一些什麼呢？要不相信，讀者們可以找到那篇駁文看看，看它是不是值得識者一笑！

我實在不想把吳恩溥先生，寫成一個不學無術的人，不過從他的大作之中，已經告訴我們，他除了看過《新約》、《舊約》，就沒有讀過其他的書籍（甚至連《新約》、《舊約》都沒有讀完）。別說中外歷史和東西方的哲學思想，即使是基督祖國的文化，也欠認識。至於《三民主義》，吳先生也許見都還沒有見過哩！否則，他絕不會曲解歷史與妄加是非的。這不是我在空口說白話，他有兩、三萬字的駁文內容擺在那裡，且等我們慢慢將它逐層分析。

爲了不使吳先生替基督教過分現醜，我才決心把這篇心得似的東西寫下去，讓吳先生或有爲他的宗教辯護的餘地，看看這位三十年前就讀過《儒林外史》的讀書人（五頁）能不能再來強詞奪理地自圓其說。（本書圓括弧內引頁數而不舉書名者，均係引自吳先生的大作）

二、基督徒的自白

吳先生非常喜歡說「打自己的嘴巴」這句話，在駁文中時常可以見到，但他沒有自己照照鏡子，自己究竟是個什麼樣子，眞像〈馬太福音〉第七章第三節所說：「爲什麼看見你弟兄眼中有刺，卻不想自己眼中有樑木呢？」

他首先指謫煮雲法師的妄造是非，他說：「煮雲和尚謂：『所以耶穌說：信我的就得救，不信我的就要打入地獄。』……又說：『有一部分孤陋寡聞的人，見到《新約》上載著：耶穌以五餅三魚，便食飽了三千多人，食完了，留下的餅碎，還有十二籮筐。』又說：『或是見到耶穌把一根竹子，叫它變，它就變作一條長蟲。』這些話都是《聖經》裡所沒有的。」（四頁）並且在下面的括弧裡以一千元新臺幣爲賞格，在他的前言第三頁末尾又有「玆懸賞新臺幣一千元，請煮雲和尚指出上列三段出自《聖經》何處，若無錯誤，即可領賞，謹儲金以待。」以這口氣，吳先生以爲拿它來壓倒煮雲法師，已經是萬無一失的了。其實呢，讓我來分析理罷！

第一段，我們不用去翻《聖經》，就拿吳先生自己的話來奉告諸位好了，他說：「凡不信耶穌的人，必因他自己的罪孽滅亡。」（三四頁）——請讀者注意，這兩句話，與煮雲法師所引「信我的就得救，不信我的就要打入地獄」，又有多大差別，是否僅僅文字的運用不同？同時我要請問吳先生，你這話又出自何處？難道是你自己的意思？我想不會罷！要不然你該向洪秀全學著說：「上帝是我天父，耶穌是我天兄」了，否則，你就得承認是來自《聖經》，而《聖經》的記載，又是得自上帝的啟示。那麼問題就解決了，基督教愛講聖父（上帝）聖子（耶穌）聖靈（住在信徒裡面的上帝和耶穌）的三位一體，煮雲法師說：「信我就得救，不信我的就要打入地獄」是出自耶穌，也無不通之理，反正上帝、耶穌和信徒，是三位一體，是三個名目而即一個實體的東西呀！何況〈約翰福音〉第三章第十六節說：「叫一切信他的不至滅亡，反得永生。」那麼不信他的，上帝又叫他們到哪裡去呢？基督教只講天堂和地獄，除了天堂的永生（？）豈不就是地獄的滅亡？

第二段，我想爲了使吳先生不再大意的緣故要抄一段《聖經》了。〈馬太福音〉第十四章第十七至二十一節，有這樣的記載：「門徒說：『我們這裡只有五個餅，兩條魚。』耶穌說：『拿過來給我。』於是吩咐眾人坐在草地上，就拿著這五個餅兩條魚，望著天祝福，擘開餅遞給門徒，門徒又遞給眾人。他們都吃，並且吃飽了，把剩下的零碎收拾起來，裝滿了十二籃子。吃的人，除了婦女孩子，約有五千。」吳先生！你以爲我這段經文抄對了沒有？我們再以煮雲法師所引的：「耶穌以五餅三魚，便食飽了三千多人，食完了留下的餅碎，還有十二籮筐。」和上面的福音內容比較一下、除去魚數、人數和「籃子」與「籮筐」的不同而外，情節完全一樣，實際上兩條魚和三條魚，相差僅只一個基本數字，籃子與籮筐不過容器名稱的區別，但是英文的basket這個字可以譯作籃亦可譯筐呢。自然，這是煮雲法師或在校對時的疏忽。但我們相信吳先生最不高興的，該是人數上的問題，因爲煮雲法師說「食飽了三千人」而沒有福音上說：「除了婦女孩子，約有五千」來得誇大。其實像這種文字排印方面的錯誤，在吳先生的駁文中，並非沒有，如駁文十一頁，引證煮雲法師的文字：他說「仁慈在佛教的術語名慈悲。儒教所說的慈悲，相當於道教的感應，佛教的忠恕（請注意慈悲與忠恕）和基督教的博愛。」這我可以肯定說，煮雲法師絕不會將「佛教的慈悲」說成「佛教的忠恕」的，我也不希望說是吳先生故意把「忠恕」兩字送給佛教，把「慈悲」兩字硬去派給儒家的，吳先生，你說對不對？

第三段，我倒又要麻煩《聖經》來做見證了，〈出埃及記〉第七章第八、九兩節說：「耶和華曉諭摩西亞侖說：『法老若對你們說：你們行件奇事罷！你就吩咐亞侖說：把杖丢在法老面前，使杖變作蛇。』」這與煮雲法師所引「耶穌把一根竹子，叫它變，它就變作一條長蟲」又有多大差別？根據基督教三位一體的道理，上帝就是耶穌，耶穌是上帝的同體別名，摩西亞侖得到上帝的指示與權力而使杖變爲蛇，還不等於耶穌叫杖變作蛇嗎？難道說耶穌時代的上帝，就不是摩西亞侖時代的上帝嗎？如果說不是一個上帝，那麼基督教就該廢除《舊約》，否則，基督教便將三位一體的理論推翻了，因爲吳恩溥先生否定了耶穌所說「我與上帝原爲一」的說法。說到這裡，問題又來了，《新約》、《舊約》告訴我們，《新約》以後，有耶穌基督，教徒忠於耶穌基督，所以稱爲耶穌或基督，至於《舊約》時代，只有耶和華上帝，沒有耶穌基督，而《舊約》仍為基督教理的主要淵源，可見耶和華上帝，便等於耶穌基督無疑，假如吳先生認為煮雲法師把上帝說成耶穌基督是錯誤的，那麼《新約》、《舊約》就該分家了。《新約》固然是基督教，《舊約》中因為沒有耶穌基督這個名字只有耶和華上帝，《舊約》便該稱之為耶和華教了，要不然，吳先生想以一千元新臺幣的賞額，作為侮辱人家的手段，能說不是徒勞無功？

其次，吳恩溥恭維佛教說：「佛學哲理高深，這倒是事實。」（四二頁）但他又說：「因此『迷信的』佛教，將被人排出了宗教的門，不讓她繼續迷惑人，是有原因的。」（四三頁）這不是跟他自己的嘴巴鬧意見嗎？又說：「佛學雖精深，智慧的學問最多只能克制修行，不能拯救人的靈魂，她的前途，只有日加『退步，衰落』而已！」（四三頁）再看：「其實錯了，宗教完全是裡面的東西，裡面如果沒有東西，想藉著『謾罵』來發家，完全是錯了念頭。」（四一頁）請問這些話，應該用什麼方法來解釋，吳先生老是指煮雲法師的神經有毛病，那麼我說這位吳先生的頭腦可能成了問題，否則憑他一個能夠寫文章批駁人家的作者，怎麼連造句用字都會錯亂呢？既然吳先生自己說：「我雖淺陋，但《辭源》、《辭海》皆備有。」（四頁）那他何不先去查查佛學、哲理、高深三者，和「迷信」是否有著絲毫的連帶關係；「精深」與「智慧」的學問，他的前途竟會「退步」、「衰落」呢？吳先生是根據什麼進化原理？是主耶穌告訴你的？我想《辭源》和《辭海》，絕不會有著這種註解的，還有，「哲理高深的佛學」，和「如果裡面沒有東西」，是不是也能用到一塊兒呢？像這種前後自相矛盾的語法，要是出現在小學生的作文簿裡，倒還情有可原，如今由這位自稱三十年前便讀過《儒林外史》的讀書人寫出來，實在可惜！也許吳先生是用了《聖經》裡的「希臘語法」（二六頁）罷？吳先生，你說你是不是在打著自己的嘴巴？不！這應該說是你們基督徒的自白。

三、基督教的自由平等與博愛

吳恩溥先生振振有詞地說：「誰帶進自由、平等、博愛的思想，影響　國父和許多革命先烈，起來推翻中國幾千年來的專制政權，建立中華民國？」（三九頁）照這樣看來基督教倒是中華民國的開國功臣了，可惜中國近代史，沒有請吳先生來編，所以歷史上還有著偌大的錯誤！歷史告訴我們：國父的革命思想是淵源於我國的固有的道德和學術思想，並且鑑於滿清政府的腐敗，和列強的蠶食，並不是革命先烈都信了主耶穌，而由主耶穌的力量拯救中國。相反地，我們翻開歷史，自鴉片戰爭以後，中國與列強所訂不平等條約之中，倒有著好多是「准許傳教士來國傳教」的條文。列強既以派遣傳教士的要求，在不平等條約上出現，那麼基督教的進入中國，還能說是救了中國嗎？不過基督教還是有功的，因為他對中國的侵略和打擊，刺激了愛國青年的思想，才有革命先烈的揭竿而起。

至於自由、平等和博愛，我對吳先生的說法，實在不敢苟同，在他的心目中，似乎覺得這三個名詞，是創自基督教，並且以為這是他們的專利品。好罷！讓我抄幾段東西給吳先生看看。

〈民權主義〉第二講：「比方外國人說中國人是一片散沙，究竟一片散沙的意思是什麼呢？就是個個有自由，和人人有自由，人人把自己的自由擴充到很大，所以成了一片散沙。」又說：「歷代皇帝專制的目的，第一是要保守他們自己的皇位……如果人民不侵略皇位，無論他們是做什麼事，皇帝便不理會。」由此可以證明，自由這個玩意，並不是基督公司的特產，而且我還可以說它是耶穌基督的死對頭哩！在〈民權主義〉第二講中，有這樣的一段：「譬如就信仰不自由說，人民在一個什麼地方住，便強迫要信仰一種什麼宗教……歐洲人民當時受那種種不自由的痛苦，……這就是歐洲革命思潮的起源。」吳先生，你怎麼回答？你看過這部《三民主義》嗎？如果沒有，那麼馬上開始看，還不算遲；要是看過了，那你是對他肯定還是否定？同時西洋史上對文藝復興的記載，是不是也需要更正一番？因爲西洋史上記著文藝復興不是基督教徒所願意的。他們是寫著要打倒基督教會的專制黑暗，要復興古羅馬與古希臘的舊文化呀！

說到西方的革命運動，其目的無非是在爭自由爭獨立，但是像法國革命的兩位先驅，伏爾泰（Voltaire）與盧梭（Rousseau）都是反基督的，致使教會將伏爾泰視如蛇蝎，盧梭雖然不是伏爾泰的一派，但是在他所著《愛彌兒》（*Emile*）第四卷中，以薩茹窪副主教的宣言，說明他自己的宗教觀念，他不講神的權威，只以自然和情感作爲他的宗教基礎。同在法國第一次大革命以後，以西元一七九一年發表的〈人權宣言〉之中，就有明文規定：廢除教士的特權。可見基督教對於爭取自由革命運動，是抱著什麼樣的態度了。吳先生要說自由思想來自基督教，眞不知從何說起！相反地，傑弗遜說：「在一切處一切時，教士總是與自由爲敵」呢！

再談平等與博愛兩個名詞，以吳恩溥的意思，這也是基督教送給中國的禮物，其實我要請問吳先生，你對中國的學術思想史研究過嗎？你究竟讀過幾本中國書呢？我想你即或看過一、兩本孔孟學說，也被你所宗的主耶穌所否定了，所以你才會那麼說。

「老吾老以及人之老，幼吾幼以及人之幼。」（《孟子．梁惠王》上篇）是仁道，但是「仁」算不算博愛？《書經》上說：「天視自我民視，天聽自我民聽。」（〈泰誓〉中）是不是民主精神的平等觀，又〈禮運大同篇〉的：「大道之行也，天下爲公，選賢與能，講信修睦。」夠不夠得上平等的水準？再如墨子所主張的：「視人之身若視其身。」已經打破了彼此人我的界限；比起耶和華上帝所說「信我的才得永生」，要博愛得多。孟子說：「見其生不忍見其死，聞其聲不忍食其肉。」（《孟子．梁惠王》上篇）孔子對山梁之雉「三嗅而作」，也是不主張用殘忍的手段宰殺畜牲之謂。這些精神比諸基督教的《新約》、《舊約》，以爲上帝造萬物就是爲了給人享用的說法，到底那個博愛？吳先生，我可以告訴你，你不要在《辭海》、《辭源》上做多少冤枉工夫，認爲博愛兩個字是舶來品，請問你對於中國文化的「仁」字認識清楚了嗎？「民胞物與」，這是什麼境界，懂嗎？

因爲我是站在中國人的立場說話，而且吳先生也承認「孔聖人」的，所以我這裡只和吳先生討論中國的思想。其實眞要和他談起佛學來，恐怕他又要說「對於佛教盡量避免作正面的檢討」（四四頁），因爲他根本不懂得佛學是什麼。正像胡適之先生說，不懂古文的人絕對不能批評古文一樣，在這一篇駁文之中，我們不難想像，吳先生雖然生吞活剝地用佛教的六道輪迴來詆毀佛教，但他只是從《辭源》、《辭海》上拾了幾個便宜名詞而已，所以是生吞活剝地牽強附會。

四、基督教的禮品

吳恩溥的不識時務與不學無術，我們從他所說的荒謬言論中隨地都可以找出來證明，他說：「當基督教進入中國以後，面臨一個百孔千瘡的舊社會……，這些舊的，已經形成了中國人的風俗、習慣、制度、生活，不但國人已經相習成俗，頑強的反對，連佛教都站在反對的地位。」（四〇頁）看他這幾句話，基督教進入中國的工作是要幹什麼呢？是要摧毀中國固有的「風俗」、「習慣」、「制度」、和「生活」，是想將東方的文明古國，來一次大翻身，使得四億五千萬的中國人，一致走向以色列教的生活路線，才算是新中國的長成嗎？我眞爲我們的國家慶幸，吳先生沒有抓到政權，要不然，他一定要使中國固有的「風俗」、「習慣」、「生活」、「制度」都變成基督化了，別說佛教不能生存，即使民主政黨的組織，恐怕也要受到限制，可見基督徒的野心，和羅馬教皇的專橫是一脈相承的。誰都知道，凡是一個民族的形成，必定有她的因素，〈民族主義〉第一講說：「所以能結合成種種相同民族的道理，自然不能不歸功於血統、生活、語言、宗教和風俗習慣這五種力。」可見各民族有各民族的血統、生活、語言、宗教和風俗習慣，中國之異於西方民族，也就在於這點，如果將中國人的風俗習慣生活制度，全部猶太化，那我們還有什麼國家民族可言呢？難道吳先生眞以爲咱們中華民族沒出息，要來一次徹底的改造嗎？或者他的理想社會是打破了民族界限而歸天下一家嗎？可惜他們《舊約》中的上帝不會答應他有這種念頭。〈創世記〉第十一章說：「那時天下人的口音言語都是一樣。」（第一節）「耶和華降臨要看看世人所建造的城和塔，耶和華說，看哪！他們成爲一樣的人民，都是一樣的言語，如今既做起這事來，以後他們所要做的事，就沒有不成就的了。我們下去，……使他們的言語彼此不通。」（第五至七節）吳先生，你是上帝的信徒還是叛徒？你要陽奉陰違的統一世界的各個民族嗎？

我眞不知道，基督教徒要把中國變成怎麼樣？甚至我竟懷疑吳先生的國籍。他不知道中國本來就有自由、平等和博愛，他偏說外國人送的，中國固有的民族風俗，他卻要來一次翻新。我們的蔣總統常說：我們要向外國學習的是科學，而不是道德。請問住在香港的吳先生，你讀過蔣總統訓詞嗎？你何不買本來看看？免得你不知道當今的國策而亂說一通。

也許你還不服氣，佛教也不是中國的宗教，爲什麼「連佛教都站在反對的地位」呢？我可以答覆你，中華民族本身沒有宗教，自佛教到了中國之後，佛教就是中國的宗教，因爲佛教的主張很適合於中國的人情風俗生活和習慣。自漢代而隋唐，佛教已經融通了中國的文化，這就是佛教的偉大；不像耶穌基督，到一處就想征服一處，在西方可以，到東方可就吃不開了。你別以爲基督教在這幾十年之中，並非沒有成績，但是除了金錢，還有什麼？然而「信主者得救」是基督精神，所以不信主的，就不得救。吳先生如果眞的住在香港，那麼，你離開調景嶺該不會太遠罷？調景嶺的教會是標準的基督精神，他們以慈善機構的名義向救濟單位領了東西，便作爲迫令人家信教的魚餌，不信的就別想。試問這是什麼平等博愛？關於這個公案，吳先生是否也會拿出一千元來懸賞，要筆者找證據。但我奉勸你還是拿去誘惑調景嶺的難胞罷！

五、基督教的漂亮話

「賊喊捉賊」這句話出現在吳恩溥駁文的第三八頁七行，是送給煮雲法師和整個佛教徒作爲見面禮的，他的原因是佛教的煮雲法師對基督教太不客氣。這裡可以抄錄一段吳恩溥的看法，他說：「『鬼迷心竅』、『降爲畜生』、『去死不遠的衰相』、『白癡』，這些話究竟是高僧說法呢？還是潑婦罵街？」（七頁）因此吳恩溥急了，他找不到更好的遁辭，便罵人家「賊喊捉賊」與「潑婦罵街」，不過吳先生，煮雲法師仍是對你們基督徒慈悲的，你看「鬼迷心竅」是鬼迷了人的心竅，

「降爲畜生」是說人要降爲畜生，「去死不遠的衰相」那是說你們還沒有死，只是有了衰相而已，「白癡」當然還是個人。所以煮雲法師並沒有「罵街」，他只是站在救人救世的立場，對基督徒發出的警語而已。

但是吳先生，你自己有沒有打開思想的倉庫檢點一下呢？照理是「己所不欲，勿施於人」，就不該再用骯髒話來還敬了，然而並不，請你仔細看看你這冊大作的封面：一個光芒萬丈的十字架，嚇走了一對狐狸與兩條毒蛇，你說這是代表基督精神？是基督徒教人的根本態度和本來面目？十字架偉大，所以嚇走了狡猾的狐狸與可惡的毒蛇，眞的嗎？如是眞的，十字架本身就有問題，否則的話，十字架爲什麼不能使狐狸、毒蛇歸向，反而把牠們嚇走？從這裡證明，基督徒雖然避免人家和他討論《舊約》上的問題，但其本質仍是換湯不換藥。《舊約．出埃及記》中記載，上帝對於埃及法老（等於國王）的毒辣手段，是因埃及不拜上帝，不是以色列人。這就是說：「信我的來，不信我的便請滾開！」反對我的更該屠宰。（吳先生，你說可以從《新約》、《舊約》中找到這些實例嗎？）本來以基督徒的解釋與標榜，十字架上因爲釘死過耶穌，所以十字架代表救世的象徵，其實十字架除了作爲耶穌殉難的紀念物之外，它眞的能夠救人嗎？要是事實，那麼，美國一年一度的狂歡節，就不會因爲慶祝主耶穌，而有數以百計的美國人，死在超速汽車之中了。其實我們只要打開西洋史看看，就可知道十字架的來源，並非出自基督的發明，十字架本爲西方人用的刑具，自從耶穌被釘死在十字架上以後，可笑的後世教徒，竟把它當作救人的東西來看，豈不愚昧！

不過吳恩溥先生，我們在這裡，姑且同意你們這一說法的，然而問題又來了：十字架既是爲人贖罪而救人的象徵，那麼，被吳先生罵爲狐狸與毒蛇的佛教徒，爲什麼見了十字架就會逃走呢？從這一點不但表現了你個人修養的不夠，更說明了你們貴宗教的殘暴不仁。你在大作第四頁的一個標題是「袈裟下面的狐狸」，你罵煮雲法師不是人，所以你要請出貴教的法寶十字架來嚇走他。由此證明，你們的胸襟是何等狹窄，豈不是成了「愛之欲其生，惡之欲其死」的暴君，那能說得上博愛呢？這種把人比作畜生的手法，和佛教說「一切眾生皆有佛性」的觀點，相形之下，基督教的教理與信徒，能說是平等博愛？吳先生，我倒希望你再來一次「根據眞理與事實，細心辨正」哩！（扉頁）

筆者和吳先生素昧平生，我只曉得他在「三十年前」就讀《儒林外史》了（五頁），那麼算他是個天才，一生下地，就會看書，他也該是三十出關的中年人了，也該到達退火的時候了，尤其是個主耶穌的信徒，更應該有些像個宗教家的樣子，但他卻是一個「罵街」的能手呢。請看下面的摘錄：

「連根被拔起，四腳朝天。」（前言二頁）

「可憐又復可恥！」（前言三頁）

「一味想用謊言來欺騙群眾，眞是其心可鄙，其行可誅。」（前言三頁）

「狡猾的煮雲和尚，他知道這回是自掘墳墓，無法遁形。」（前言三頁）

「誠恐妖語惑眾，以致是非顛倒，眾生誤墜魔障……以免它蠱惑眾生。」（二頁）

「煮雲和尚，作賊心虛。」（二一頁）

「煮雲和尚大吹大擂，……還想盜名欺世。」（五頁）

「露出他的狐狸尾巴來。」（二一頁）

「可惜煮雲和尚，既然知道自取滅亡，自絕天下，還一方面想……掩耳盜鈴……。」（一五頁）

好了，我隨便翻了幾頁，就找出這麼多的漂亮話，我想吳恩溥的嘴皮，直到此刻還是有大蒜味呢。因爲他罵得太痛快，發洩得太過癮了，既臭又辣！

這眞是想不到的事，一位中年以上的基督徒，且是站在宣傳崗位上的宗教徒，會有這樣齷齪的唇舌。我眞爲他擔心，全能的上帝，竟要這種人來做他的信徒。我在這裡寄語吳恩溥先生：你如眞能上升天國，那麼請你將這張嘴巴留下，免得上帝怪你在人間大蒜吃得太多。

在吳恩溥的心目中，煮雲法師不但可殺，且已到了非殺不可的地步！可惜我還沒有看到煮雲法師的那本《佛教與基督教的比較》，但我猜想煮雲法師一定揭開了基督教的痛瘡，吳恩溥爲了掩人耳目，混淆黑白，就不得不來一次「隔江罵戰」「鬧意氣，爭勝負」（二頁）。既是鬧的意氣，抱著「隔江罵戰」的心理，也就只好亂七八糟地瞎罵一陣，壯壯膽子。

吳先生：你看到這裡，不要以爲我也跟你一樣，只是亂來一起，我現在要向你請教，看你究竟罵了什麼人？

六、基督教的基本教理

吳恩溥，你認爲你是怎麼來的？這個世界是怎樣形成的？《聖經》上的話是不是眞理？當你看了這三個問題，一定認爲我幼稚好笑，連上帝造萬物的思想都沒有弄清楚。吳先生，你說是不是？但是我研究上帝造人的原理，根據《舊約．創世記》第二章說：「神用地上的塵土造人，將生氣吹在他鼻孔裡，他就成了有靈的活人。」（第七節）眞是這樣簡單嗎？吳先生，你如對於生理學稍微有些知識，應當不能忘掉人身上還有血液和熱量，難道當初的上帝，自有他的一套化學原則，是否如今失傳了？那麼我們倒希望萬能的上帝再來一次示範哩！吳先生自己替自家捧場說：「科學家大多是基督教徒、天主教徒。」（六頁）但是生物學算不算科學？又有幾個生物學家，曾經聽信《聖經》的話，說人是上帝用地上的塵土造的？請你舉出一個名字來，我不像你說的，出一千元新臺幣，等你領賞，但你不要使我過分失望，行嗎？吳恩溥，我越看閣下的高論，越覺得替你難受，你說：「歐美是基督教國家……想要學科學，還得跑到『基督教國家』的歐美學。」粗眼看來，似乎你是說對了，但是請你讀一讀西洋史，當你尚未開始讀之先，我倒可以告訴你一些的，請你留神：

科學的萌芽，是由於英人羅哲．培根（Roger Bacon）提倡了實驗方法，以求眞理，而不是上帝造人的原質給了科學家的啟示。同時義人哥白尼（Copernicus）提倡地球繞太陽運行之說，又義人伽利略（Galileo）於西元一六一〇年以他所發明的望遠鏡聞名於世，而對太陽行星有了更多的發現，後來又有英人法蘭西．培根（Francis Bacon）主張新哲學採用歸納法。由此可見科學的發明，並不等待《新約》、《舊約》的溫故而知新了。在這裡，吳恩溥可能又要插嘴辯護，因爲哥白尼就是一個天主教的神父，但是我也要問：哥白尼的天靜地動學說，不與《聖經》抵觸嗎？同時伽利略的發明公開以後，基督教會爲什麼要把他關起來，並且迫使一個六十九歲的老伽利略，在獄中昧了良心宣誓說：「以太陽爲宇宙中心的說法是邪說。」才讓這位一代偉人又在世上多活了九年，其實站在教會的立場，像伽利略這種聳人聽聞的學說，是該燒死他的。吳先生，我想你一定是個因噎廢食的人物，爲了歷史指出了你們的錯誤，你就壓根兒憎惡歷史了。可是我還要摘錄伽利略的兩句名言：「科學除自身外，不依賴任何權威」、「一切推論必須從觀察和實驗中得來」。吳先生：尊見以爲如何？你是不是懷疑我在捏造證據？要不要我摘錄他的原文？

其實你們基督教才不要科學哩！《舊約．創世記》第一章，敍述上帝造萬物的程序，簡直幼稚到可以笑痛所有人類的肚皮。「神稱光爲晝，稱暗爲夜，有晚上有早晨。這是頭一日。」（第五節）「神說：『天上要有光體，可以分晝夜，做記號，定節令、日子、年歲，並要發光在天空，普照在地上。』事就這樣成了。於是神造了兩個大光，大的管晝、小的管夜，又造眾星……有晚上，有早晨，是第四日。」（第十四至十六、十九節）請問聰明的讀者：在日月星辰尚未出現之前，竟會先有晝夜之分嗎？我眞不知道吳恩溥先生對這問題，應該做何解答？

《聖經》不但不科學，甚至反科學，而且還是一部最沒有理智的書籍呢！如〈馬可福音〉第十一章，有這樣一段記載：「耶穌餓了，遠遠的看見一棵無花果樹，樹上有葉子，就往那裡去，或者在樹上可以找著什麼；到了樹下，竟找不著什麼，不過有葉子，因爲不是收無花果的時候；耶穌就對樹說：從今以後永沒有人吃你的果子。」（十二至十四節）請問這是什麼話？耶穌不承認自己的無知，反去咒詛無花果樹，眞是豈有此理！同時我也懷疑一個能以五餅兩魚吃飽數千人的耶穌，竟不能哄出一隻無花果樹的果子或什麼來。

從這裡我們可以得到一個結論：基督教因爲沒有理智，所以也沒有科學。亞理斯多德（Aristotle）認爲所有特殊的科學，都可說是「部分的哲學」（Partial Philosophy）。尼采（Nietzsche）又說：「一個哲學家……須是一個懷疑者，又是一個獨斷者。」從這兩位哲學家的言論中，便可知道科學是淵源於哲學，而哲學又是一門不怕懷疑的學問。我們再看《新約》、《舊約》是不是這樣的呢？不，絕對不，它不許人家懷疑和考證的，即使它的理論再荒誕再無稽，也不許可人家說上一個不字，《啟示錄》第二十二章中，有著這樣可怕的預言：「我向一切聽見這書上預言的做見證，若有人在這預言上加添什麼，神必將寫在這書上的災禍加在他身上，這書上的預言，若有人刪去什麼，神必從這書上所寫的生命樹和聖城，刪去他的分。」（第十八、十九節）這無異是一種恫嚇和威脅了。像這樣專制的思想之中，會萌芽出科學思想來，恐怕鬼也不敢相信的罷！

說到這裡，吳先生也許還要問我：「基督教既然不科學，科學爲什麼又是萌芽和盛行於基督教國家的西方呢？」這我可以答覆你的，要知道形成歐美文化的因素，除了猶太人的基督教，應該還有希臘（Greece）、羅馬（Rome）的兩大文明。基督教卻又是這兩大文明的摧殘者，如希臘哲學家蘇格拉底（Socrates）因爲說了他有他自己的神，竟以一個七十高齡的老學者，還被判爲死刑；其次如十七世紀的哲學家斯賓諾莎（Baruch Spinoza），他本來是學神學的，後來因爲露出了自由的哲學思想，便於西元一六五六年，被猶太教會驅逐出境。但是這位大哲學家的思想，後來竟又影響了歌德的思想，黑格爾也說：「要做哲學家，須先做一個斯賓諾莎的讀者」呢！可見他在西洋哲學史上，應該佔有多大的地位了。

依照通常的說法，《聖經》是被認爲有神聖來歷二十七種經書之一。可是基督教徒除了自己的《新約》、《舊約》，對於其他的典籍，卻一概加以否定，基督徒最愛說「歷史沒有《聖經》可靠」這句話了。譬如一般查經家總喜歡說，摩西的年代遠在西元以前四、五千年的論調，但是歷史的記載，僅只一千五百年，由於這種緣故，基督徒便不得不否認歷史了。實際上，基督徒的誇大，除了顯出好笑，又有什麼好處？誰都知道，世界四大文明古國之中，並沒有以色列的字樣呀！如說西元前四、五千年，以色列就已有了起草《舊約》的文字（相傳《舊約》

記載始於摩西），誰敢相信。無怪乎十八世紀，由狄德羅（Diderot）和達朗拜（D, Alembert）編輯的《百科全書》（Encyclopedia）乾脆就把《聖經》否定了。美國百科全書也是一樣。

當身爲基督徒的吳恩溥先生看到這裡，應該有點感想罷！爲什麼科學家、哲學家、歷史家，都要跟基督教作對呢？

吳先生，現在你可以答覆我了，《聖經》是不是眞理？眞理爲什麼禁不起時代的考驗？或者你會說《聖經》是一部了不起的書籍，其中眞理之所在，尙待數萬年以後，宇宙再經過上帝重新創造之時，才能兌現？

吳先生，你可知道佛經中有「三千大千世界」的宇宙觀嗎？近代的天文學告訴我們，星球之眾，的確如此。我們再查查歷史，耶穌出生到現在，不過一千九百多年，釋迦牟尼到現在已有二千五百多年，爲什麼耶穌就忘了說出這種境界？致使你們這班信徒面對現實，受人家的冤枉氣，是不是耶穌死非其時？死得太早，所以沒有說到這一部門，那麼吳先生，你們最愛說耶穌死而復活的神話，硬是眞的，不妨請出那位復活以後的耶穌，再來一次補述。

「連根被拔起，四腳朝天。」（前言二頁）吳先生，我不想以子之矛攻子之盾，因爲看在你俱人形的情分上，不忍侮辱你，但我講到這裡，你也應該將這兩句話，提前收回了。

七、沒有道理的道理

吳恩溥的思想和言論，矛盾極了，他想排斥佛教，他說：

「佛教在中國已淪爲一個迷信的宗教。」（四三頁）

「世人不但公認基督教爲宗教，而且越看佛教越不像樣。」（一四頁）

「佛教除非能帶領人認識上帝，尋找上帝，否則……她的前途只有日加『退步，衰落。』而已！」（四三頁）

但他卻又恭維佛教的教理：

「說佛經中若干理論是正確的，是智信的，有科學思想的，那還可以。」（五頁）

「佛陀經過多年的勤苦修持，修學菩薩道，說他對人生事理有極深的參究，極透徹的認識就可。」（四三頁）

可是吳恩溥出爾反爾，他又認爲：

「佛教爲什麼日趨退步衰落呢？照我的觀察，第一，因爲她不是人生的宗教，與社會遠離。」（四三頁）

「《封神榜》是一部神怪小說，裡面若干武器，已從幻想成為事實，這究竟不足為奇。」（六頁）

吳先生，我眞佩服你的雄辯，一張嘴，兩層皮，什麼話都給你一個人說盡了。現在我倒想跟你將這幾段話，再做進一步的討論呢！我先問你，你對這篇駁文的著手撰寫，是不是出於自動的，還是職業性的、不得已的？如果你說是被動，我就不再向下寫了，因為你的處境就值得我們同情。可惜你沒有在篇首或篇尾註上一筆，所以令人難以捉摸，尤其你在駁文中的語氣之盛，簡直可以吞牛。然而吳先生，你對佛教所站的角度，何以如此的不穩？借用閣下自己的話，就是「閃爍其詞」了。

要是你不承認，那麼請你睡在夜裡仔細揣摩揣摩，「迷信的宗教」、「越看越不像樣的佛教」、「前途只有日加退步衰落而已」的佛教，何必要你給她按上：「若干理論是正確的，是智信的，有科學思想的」呢？又何必承認佛教「對人生事理有極深的參究，極透徹的認識」呢？同時吳先生既已首肯佛教是智信的、正確的、科學的，何必又要拿神怪小說《封神榜》來比說佛教的科學思想？難道吳先生以為《封神榜》也是智信的嗎？請問吳先生，你可知道，研究佛教的學者，如康有為、梁啓超、胡適之等學者，是不是跟看《封神榜》的販夫走卒，抱著同樣的趣味與願望？吳先生，我實在不忍心說你「自掘墳墓」，這是你在前言中罵煮雲法師的，但我希望你能自己解釋一下：「對人生事理有極深的參究，極透徹的認識」的佛陀，所創的佛教，爲什麼又要說：「因爲她不是人生宗教」？吳先生，你對你的這番高論，你說應該怎麼辦？但我不願意你會眞的自己打嘴巴，因爲打痛了你，對我並不多長一塊肉。其實呀！我可以替你義務解釋：因爲你不認識佛教，好像你自己所說：「一隻自幼生長在井底裡的蛙，夜郎自大，對於井外世界，一無所知。」（一六頁）所以你就歪曲事實與閃爍其詞，未免令人太可惜了，對不對？

八、基督教當眞不拜偶像？

對於偶像這個名詞的本質，我相信基督徒是從來不去探討的，基督徒只知道《新約》、《舊約》上告訴他們：「你不可跪拜他們的神，不可侍奉他。」上帝說：「我的使者要在你（指摩西）前面行，領你到亞摩利人、赫人、比利洗人、迦南人、希未人、耶布斯人那裡去，我必將他們剪除。」理由是：「你若實在聽從他（上帝的使者）的話，照著我（上帝）一切所說的去行，我就向你的仇敵做仇敵，向你的敵人做敵人。」（以上均見〈出埃及記〉第二十三章）所以基督教徒，無論是西方與東方，都不敢有絲毫差錯，尤其他們的十誡之中，又有一條「不跪拜偶像」的規定。於是進入中國以後，不但不拜祖先，甚至對我們的 國父遺像，也不願敬禮，因爲〈出埃及記〉第二十章還有這樣的一段：「不可爲自己雕刻偶像，也不可做什麼形像，……不可跪拜那些像，也不可侍奉他，因爲我耶和華你的神，是忌邪的神。」（第四、五節）

吳恩溥，看我引證了這麼多不拜偶像的理由，也許要喜逐顏開了，可是吳先生，請別忘了，我是在向你請教，所以應當注意我在下面向你請教些什麼？絕不要放棄你「今天尋求眞理」的機會（二頁），因爲閣下也說：「如祖宗牌位這一事，明明基督教的主張完全是正確的，他也要爲（他是指煮雲法師）祖宗牌位做『孤臣孽子』，向基督教開砲。」（二七頁）同時吳先生還有一段不是辯駁的辯駁，你說：「他（指煮雲法師）罵基督教不忠國，……接著他就提出幾個基督教學生不向 國父遺像行禮，羅織爲『拒絕向國旗及 國父遺像行禮』因此誣衊基督教徒不忠——誣衊不夠，還要巧妙地給她戴上大帽子，『基督教徒不向國家的締造者和代表國家的國旗行禮，其中必定有很微妙的意思。』」（二〇頁）吳恩溥，這就是你給你們基督徒的辯護嗎？像你這位知道「誰是誤國誤民，阻礙進步，早已邪正分明，忠慝判別」（前言二頁）的基督徒，尤其是一個能夠一寫就是兩、三萬字的雄辯家，沒有編出一套理由來，實在使我太失望了。

好了，吳先生，你既沒有更充分的理由，我以一個中國人的身分，就不能不說話了。

請問吳先生：耶和華上帝，究竟是哪一個國家和哪一個民族的神？其實我這是多問的，你明明引用著《舊約．申命記》的兩句話：「以色列啊，你要聽耶和華我們的上帝是獨一的。」（一八頁）因爲摩西所領導的民族是以色列人，上帝耶和華又是以色列的保護神與主宰神，所以他要以以色列人的仇敵爲仇敵，要去翦除亞摩利人、赫人、比利洗人、迦南人、希未人和耶布斯人，由於這些宗族都是以色列人的仇敵，所以也不許以色列人跪拜他們的神。像這樣的故事，在情理法的觀點來說，都可以過得去，譬如蘇聯是我們的敵國，我們總不會去向魔王史達林及列寧的遺像行禮吧！至於說到爲自己雕刻了偶像，以及做出什麼形像來給自己跪拜侍奉的事，我想除了《舊約》起草時代，以色列人會有此無聊的舉動之外，二十世紀的我們，如果不是神經失常，他就不會這樣做。

由這兩個實例的分析，我們不難得到一個結論，那就是說，以色列教的不拜偶像，是不拜外邦神的偶像，是不拜自己本身的偶像。但是《聖經》並沒有絕對否認除了耶和華以色列的神，就沒有其他的神了。像一位對於《舊約》有著很大貢獻的所羅門王，〈列王紀上〉第十一章第五節，就有這樣的記載：「因為所羅門隨從西頓人的女神亞斯他錄，和亞捫人可憎的神米勒公」，所以「耶和華向所羅門發怒」（同章第九節），從這點可以告訴我們，以色列之外，並非沒有神，只是不准以色列人去跪拜而已。我們中國人對於神的觀念，有兩種：一是「正直」的人，死後成神。如子產對於魂魄的見解，他說如果生前是個精明強幹的人，當他生理尚未衰敗的時候，因了特殊的情形而突然死亡者，死後的靈魂，便因那生前積聚的精氣，會形成一個一般人所謂「神」的雛形了；另外又有對於大自然的力量，稱之為神的，如儒家所說的「天」，當顏回死了，孔子說「天喪予，天喪予」的那個「天」字。道家如老子所說「人法地，地法天，天法道，道法自然」，那個「道」字，便是神的概念了。從這兩點，可以說明一個主題：前者是人生本位的，是現實的；後者是屬於宇宙而超越時間與空間的，是抽象的。至於西洋，也有各自不同的神，如希臘信仰的主神是宙斯（**Zeus**），羅馬的主神是朱彼得（**Jupiter**）。由此可見，一個民族的形成，對於神的崇信，各不相同，乃是必然的現象。中國人所信的神，乃是蛻化於子產的思想，認為神是人變的，希望死後的祖先都能成神，所以我們要將祖先的牌位，稱為神主了。

那麼，我要向吳先生討教了，吳先生究竟是不是中國人？如是中國人，為什麼要宗以色列的一個抽象虛無的神。信了以色列神，爲什麼連帶你閣下的老祖宗，也被你們看成了外邦神？既認中國爲外邦爲異族，那你何不預先向造你的上帝報備，請你們的上帝把你們乾脆遣放到猶太去呢？可惜你們仍然生在中國。那麼既來之則安之，奉勸你們還是安安穩穩做一個像樣的中國人吧！但我並沒有你們基督徒的野心，我絕不禁止或者打倒你們。不過中國人信了基督，總須仍是一個中國人才像話呀！否則我又要問你，臺灣目前在接受美援的建設，那麼臺灣的國民，對美國人應該怎麼稱呼？依照基督徒的思想來推演，吳恩溥對美國人，不喊爸爸，也得叫聲乾爺了。因爲基督徒接受了西方國家的基督教義，便否定了中國的固有文化！但是目前的美國卻是我們的友邦，美國人並沒有要改造中華民國國體的野心。吳恩溥，入鄉問俗，這句話你曾聽過嗎？如果沒有，那麼現在應該知道了，請你不要胡思亂想吧，想要改造中華民族的「風俗」、「習慣」、「制度」和「生活」，你的意思，是不是希望中國人個個變成基督徒，然後再變成紅頭毛綠眼睛？要不然，和你們主耶穌的模樣比起來，低鼻樑、黑眼珠、黃皮膚，總還不夠標準，而且非常脫體！

吳恩溥，我想你又要拖人下水，說：「注意：佛教並不是我們自己國家的宗教，……佛教一樣是外國貨」了（七頁）。但是我也請你注意，佛教徒是不是除了釋迦牟尼，連自己的祖宗也不要？是不是站在印歐民族的立場，把自己的祖宗當作外邦神看待？不過我也沒有忽略你的疑問，你說：「煮雲法師遁跡空門，有沒有把祖宗牌位帶上佛堂供奉呢？」這句話，只能證明你沒有科學精神，沒有做到伽利略所說：「一切推論必須從觀察和實驗得來。」你沒有去實地觀察，卻在信口開河，告訴你，佛教寺廟裡的大殿兩旁，一邊是護法伽藍，另一邊就是功德堂，吳先生，你可懂？也許你還要問，依佛教所說：「人死了或入地獄，或上升天界，或往生西方……何故要迷俗之所迷，硬說牌位是祖宗？」告訴你，你又忘了自己是中國人了，孔子雖說：「未知生，焉知死？」但他卻主張兒女對父母應該「生事之以禮，死葬之以禮，祭之以禮」。並主張父母之喪居三年。他的理由是「愼終追遠，民德歸厚矣！」對於死者的恭敬，就等於給未死者的安慰。像墨子主張節葬，孟子就要說墨子是無父了，如今我們雖不用父母之喪，居三年，但是祖宗牌子總不能沒有吧！因爲現在中國的傳統思想，仍以孔孟爲準。吳恩溥，你們基督徒的父母如果沒有信仰上帝，那麼就由他下地獄了？要是也所謂「得救」了的，你們是不是直到世界末日的那天重新見面呢？在世界末日的審判尚未來臨之先，你們跟父母是不是脫離關係，不相問聞呢？這在活人看來，實在有些寒心。告訴你罷，對於死者的恭敬乃是給活人的安慰，請別忽略。

吳恩溥，佛教徒應站在中國人的本位，所以不忘祖宗，所以也不會目無尊長地連對　國父遺像都不肯行禮了。根據以色列人不跪拜外邦神偶像的本意，其中實含有民族的意識，如今中華民族的子孫拜了外邦神，倒反將自己的祖先看成了外邦神，能說不是胡鬧？其實嚴格地說祖先牌只是牌而非偶像，以色列人因爲是以色列人，所以他們可以不拜，中國人如不拜，那就不是中國人了。

姓吳的先生，你可知道偶像共有幾種？你是不是敢說你絕對不拜偶像？英人法蘭西．培根，曾將偶像分爲四種，其中的市井偶像，是語言中的因襲意義，人們不加思索；劇場偶像，是哲學上的武斷說法，成了許多人服從的權威，而不加以自己的判斷。這是對知識而言的，對於《新約》、《舊約》的知識論，實在是個最好的說明，吳先生，上帝用塵土造人的武斷說，算不算是市井偶像？《聖經》明明並不是眞理，基督徒偏要說它是全部眞理，這可不可以用劇場偶像來範圍它？

若說形像就是偶像，中國的祖先牌是偶像，那麼十字架是不是形像？算不算偶像？你們基督徒是不是只跪拜自己所信仰的偶像而不跪拜他人所崇的偶像，但你們爲什麼詆毀他人所拜的偶像？吳先生，我希望你給我做正面的答覆。再說，基督徒既然以爲《聖經》上的記載都是眞理，那麼吳先生可明白咱們的模樣是怎麼來的？是不是上帝照著他的模樣來造人的？那麼說，我們這些人，不都成了上帝的偶像了？吳先生，你以爲《聖經》錯呢？還是對呢？如果《聖經》錯了，就該燒掉世界上所有的《聖經》，如果《聖經》沒有錯，那你要不要跟張獻忠學：「天生萬物以養人，人無一德以報天，殺殺殺殺殺殺殺」呢？但別忘了連你自己也不例外，否則你們基督徒的不拜偶像，打倒偶像，便只是在變相的要打倒中國的歷代祖先和　國父遺像了。吳恩溥，看你怎麼自圓其說！

吳先生不知替所有中國的基督徒認罪，倒來罵煮雲法師侮衊了他們，其實像這種不要民族，不要祖先，不知尊敬　國父遺像的基督徒，還有什麼理由好替他自己辯護呢？噢！怪事年年有，今（一九五六）年特別多，見本年四月一日《中央日報》等各報所載，竟有郭鈺德等代表中國基督徒，向立法院請願，要求政府准許基督徒不向　國父遺像行禮，並請質詢有關行政機關，制定有關法令。請問吳先生，你以爲這種要求也是合理的吧！因爲你們都是不拜偶像的，而且有野心要來改造中國的，對不對？

至於吳先生指摘煮雲法師，說基督徒只是不向　國父遺像敬禮，而並沒有不向國旗行禮，其實，你來過臺灣嗎？你參觀過學校的禮堂與軍中的司令臺嗎？在國父遺像的後面，是不是有一幅大型的國旗？吳先生不承認詞窮理屈，反而支吾其說，好笑不好笑？照你的辯護，是煮雲法師錯了，和尚不老實，是不是？那麼請你奏他一本吧！就說煮雲法師的國家觀念太深，民族意識太濃，思想有問題！其實在你們心目中，凡像煮雲法師這樣的人都該殺掉，因爲他「頑強的反對」你們這種新思想呀！（四〇頁）

九、三民主義是否來自基督教？

吳恩溥對於今日中國的思想淵源，確是獨具創見的，他說：「誰帶進自由、平等、博愛的思想，影響　國父和許多革命先烈，起來推翻中國幾千年來的專制政權，建立中華民國？」又說：「若不是　國父接受了基督教教義的啟發與薰陶，爲實現民主、自由、平等的新中國而奮鬥，那麼國事蜩螗，正不知漫漫長夜，何時才破曉。」（以上均見三九頁）因此我要請問這位博學的吳先生了——你研究過　國父遺教嗎？你瞭解　國父的革命思想嗎？請你去花幾天工夫讀讀它們可以嗎？免得你老是抱著一部《新約》、《舊約》在那裡信口雌黃。

只要你是一個夠水準的國民，你就不會不清楚　國父遺教的思想淵源，如果你說你不是中國之中的知識分子，那還說得過去；但你既然沒有知識，何必硬要打腫了臉冒充胖子？孔子說：「知之爲知之，不知爲不知，是知也。」（《論語・爲政》）吳恩溥實不知而強說知之，誠夠可憐！荀子說：「辯說譬喻，齊給便利，而不順禮義，謂之姦說。」又說：「多少無法而流湎然，雖辯，小人也。」（《荀子．非十二子篇》）吳恩溥，我不好意思給你比得這麼難聽，但是姦說和小人，你是否不想承認？我可以找出理論根據來，叫你自己抉擇的，請你靜下心來看看，國父思想是不是師承你們基督教的，不要「因為」「求勝的心太切了」（三頁）便來抹煞一切事實和塗改歷史吧！憑你這樣的人，恐怕還差得遠！

國父說：「余所持主義有因襲吾國固有思想者，有規撫歐洲之學說事蹟者，有吾獨見而創獲者。」吳恩溥恐怕又要說我跟他一樣在打自己的嘴巴了，因為國父也說「有規撫歐洲之學說事蹟者」呀！假如吳先生真是這樣想，那也只能證明他的膚淺，斷不能以為我的神經出了毛病。因為我在前面已說過了，歐洲雖是新科學的發祥地，但那新科學的思想是文藝復興以後，源起於古希臘與古羅馬的哲學思想，且如伽利略等又是極端反對上帝權威之說的。那麼　國父的「規撫歐洲之學說事蹟」，是指接受基督《聖經》的教育與薰陶而言嗎？要是真的，中國就不會民主自由和平等了。這且留待下面討論。

現在我就　國父遺教的思想淵源，暫作一個概略的介紹，看看其中，到底有沒有採納《新約》、《舊約》的制度和理論？

蔣總統於民國二十四年（西元一九三五年）九月，在峨嵋山軍訓團講解　國父遺教的第一講中，便介紹　國父遺教的淵源：

（一）中國固有的政治倫理、哲學之正統思想。

（二）歐美社會科學和政治制度之精華。

（三）自己獨見創造的眞理。

次又介紹　國父遺教的系統，分爲心理、物質、社會、政治的四大建設，依據《孫文學說》、《實業計畫》、《民權初步》、《建國大綱》等爲四大建設的藍本，以《三民主義》爲統括四大建設的最高原則。

那麼吳恩溥，任你自己去找罷！　國父遺教之中有沒有你們所主張的新思想——不祀祖先，不向國旗行禮，要來徹底剷除中華民族固有的「風俗」、「習慣」？相反地，你們倒很像　國父曾經說過一個故事中的角色呢。當新思想進入中國之後，便有一些無知青年，把祠堂裡掛的「忠」、「孝」兩字都廢除了。　國父見了非常難過，他想一般青年何以將革命思想，誤解成爲不忠不孝呢？吳恩溥，基督徒將自己的祖先看作外邦神，算不算不孝？基督徒不向國家締造者的遺像行禮，是不是不忠？我們不會效法義和團，義和團所宗的是洪鈞老祖與黎山老母，所以我們也不會喊出「把洋教徒趕出中國」的口號，但你們既在中國生存，就不能來破壞中國的立國精神！吳恩溥，要是你們的腦袋瓜子，叫上帝的權威搞昏了，那麼請快去找冷水澆頭。等你清醒之後，再來認識中國，亡羊補牢，還不算晚。

也許吳恩溥還要反駁我，說我這個傢伙又在打自己的嘴巴了。因爲基督教既然如此這般的不忠不孝不科學，爲什麼偏又在科學發達的歐美盛行呢？這個問題，又要牽涉到偶像上去了，因爲中古時期的西洋歷史，整個是由基督教霸佔的，政教合一，凡是人民，也就是基督教的教民。我國史上，秦始皇採用法家學說治國，是叫人民以吏爲師，而中古時代的西洋，各地分爲教區，每一教區的教民，也就是每個教會的奴隸。思想、言論、行動，都不會自由。因此久而久之，習慣成了自然，信教的觀念也就形成了思想上的偶像。這好像今日的英國與日本，雖然是民主政體，但在習慣上對於英王與天皇，似乎也不能絕對不要一樣。

吳先生，當你知道了 國父的「規撫歐洲學說事蹟」不是基督教義，而是科學思想，不是不要祖先（其實你不但不要祖先，在你們以色列上帝的面前，孔聖人也是非入地獄不可的罪人呢！），而是政治制度的精華。現在就該知道一下什麼是中國人的正統思想了。

吳恩溥，我知道你們基督徒否認國家、否認民族，而且是絕聖棄賢的人，你們只知道，所謂傳傳道、佈佈教，騙騙思想純潔的青年，弄幾文錢，生活生活，你們靠上帝權威來做騙飯吃的幌子，無怪乎要感謝上帝賜你們飯吃了，因爲沒有上帝這個名字，你們的生活就成問題。吳先生，我是不是又在誣衊你了？要不然你們每一個基督教的佈道所，爲什麼要勸聽道的人，拿出錢來，儲蓄到上帝那裡去呢？眞的放到上帝那裡去了？你敢說沒有做了上帝的代表？吳恩溥，這一個公案，要不要我註銷？

你們不高興的，我卻偏要告訴你們：　國父思想的淵源中，有中國的正統思想，中國的正統思想是：堯、舜、禹、湯、文、武、周公、孔、孟的思想，但是這些都是你們上帝面前的罪人，那罪人既然都已下了地獄，他們的思想，還值得效法嗎？相反地，你吳先生是所謂「得救」了的人，你已辦好了上升天國的入境手續，那麼，你比中國的堯、舜、禹、湯、文、武、周公、孔、孟，高明得多了！但你是否懷才莫遇，尚未被人發現，基督徒才是標準的聖人呢？可惜！可惜！可見你們雖以宣傳起家，但還不曾宣傳到家；是不是需要我來替你們打氣加油？我絕不冤枉你們！是你自己「貓兒自呼己名」的（扉頁），你說：「凡沒有聽見耶穌的福音，包括中國古代的大聖人，堯舜禹湯文武周公孔子等等，他們將按他們自己的良心受審判。」（三四頁）吳先生，你們太會給自己捧場，太瞧得起你們自己了，孔子說顏回可以三月不違仁，孔子是顏回的老師，當然更不用說了。請問所有的基督徒，你們敢說能夠幾天不違仁？但你們因有上帝替你們做了政治庇護，所以得救了，而中國的先聖先賢，爲了沒有後臺老闆撐腰，所以要受審判了！但是我要站在文明時代的法律觀點上替他們不平。我要說：沒觸犯刑章，可以拒絕任何方式的審判。可見上帝的天國，是個獨裁專制的政權，〈路加福音〉第十九章第二十七節，就有這樣的幾句：「至於我那些仇敵不要我做他們王的，把他們拉來，在我面前殺了罷。」這是多麼可怕的口氣呀！然而中國的先聖先賢，壓根兒就不曾聽到有個叫作耶和華上帝的神，他們何嘗發表過對於上帝反動的言論，而要接受上帝審判呢？

不過我也沒有忘記，吳先生還有兩句話：「或善或惡受報，受審是平等的。」（三四頁）〈羅馬書〉第二章也說：「他必照各人的行爲報應各人。」（第六節）而且告訴我們：「原來在神面前，不是聽律法的爲義，乃是行律法的稱義。」（〈羅馬書〉第二章第十三節）

從這三段引言中，我們又發現了幾個問題：第一，既然「或善或惡受報，審判是公平的」，那麼，基督徒信仰上帝的權威贖罪之說，豈不成了廢話？上帝既然承認善惡受報是各人自己的事，耶穌被釘死在十字架上，能說不是活該！因爲他雖流了血，仍然拯救不了他的信徒呀！由於這層關係，又可說明基督徒的禮拜禱告，也就等於子虛了，反正要「照各人的行爲報應各人」的，去禱告上帝，倒不如求求自己，使得自己積德行善，那不是更好嗎？我若是基督徒，便要建議聖經協會，將這一節《聖經》刪去，因爲它推翻了神的權威了。第二，《聖經》上既說「不以聽律法的爲義，而以行律法的稱義」，那麼中國的先聖先賢，他們的行爲還夠不上法律的水準嗎？他們都是枉法敗德的人嗎？難道要他們根據摩西法典去實行：「以眼還眼，以牙還牙，以手還手，以腳還腳，以烙還烙，以傷還傷，以打還打。」（〈出埃及記〉第二十一章第二十四、二十五節）才算是實行法律的標準嗎？否則，他們爲什麼還有接受上帝的審判呢？

說到這裡，我要請吳先生到　國父遺教中去參考一番，看看知難行易學說，是不是受了《新約》、《舊約》的啟示？《民權初步》的雛形，是不是完成在《聖經》之中？《實業計畫》的內容，有沒有請主耶穌擔任參謀？《建國大綱》的條文，像不像脫胎於你們的理想國——上帝的天堂？其實啊！　國父在《中國存亡問題》那本書裡，說得非常明白，他說：「中國者，中國人之中國也。」又說：「夫國民有獨立不撓之精神則亡者可以復興，斷者可以復續。」並且強調著說：「至於存在之根源，無不在於國家及其國民獨立不撓之精神，其國不可以利誘，不以勢劫，而後可以自存於世界，即令摧敗，旋可復立。」處處在講自主獨立的國父，竟被極端主張向西方思想靠攏的基督徒請去當盾牌，　國父死而有知，能不跺腳喊冤！因爲　國父的思想，絕不像一般受愚的國民，爲了領取一些「麵包奶粉」（吳恩溥駁文九頁）便去出賣祖宗了。實際上那些脫脂奶粉，在西方國家，是當作家畜飼料來用的，到了中國竟把它當作寶貝，等到吃壞了肚皮，還不知道那就是主耶穌的恩賜。像這種現象，是　國父所希望的嗎？吳恩溥先生的高見以爲如何？我在等著你的答辯。

一〇、基督教原來如此

我們在吳恩溥先生的大作之中，知道他是因爲「不斷地接到各地讀友來信」（前言一頁）「誠恐妖語惑眾」，經過「再三考慮以後」才爲這篇駁文的（二頁），而且他是一位「三十年前」就讀《儒林外史》了的知識分子（五頁），那麼他老人家（假如夠老的話，我該替他慚愧），在基督教中的地位，不是出類拔萃，也該德高望重了，他也一定是具有說話權利和說話資格的人了；換句話說，他所發表的讜論，當然是富有代表性與全盤性的了。請問吳先生，我該沒有猜錯吧？要是你否認，那麼你就眞的挨到自己的嘴巴了。要是點頭認可，我就想根據你的宏論，再向你請教幾個現實問題，請你不要拒絕，一切不如意的事，以你們基督徒的話來解釋：「都是上帝的安排」。如今你們那位仁慈的上帝（？）既然不加考慮地，把我造出來（？）向你領教，就請你耐心地聽下去罷！

你說：「當基督教進入中國以後，面臨一個百孔千瘡的舊社會，一面要拆毀舊的，一面要建設新的，實在是責任艱巨，不易爲力。」（四〇頁）啊！偉大的基督徒，你們太偉大了！舊的不去，新的不來，你們原來還是新中國的興建者，我們卻都不知道，實在失敬之至！

吳恩溥，我在歌頌貴教哩！你高興嗎？你是不是以爲你這幾句話，使我悟到了你們所謂的眞理？但是且慢，我的話，下面還多著哩！

請問，你所說的舊社會，是指怎麼樣的舊，新建設又是怎樣新？再問：國父的《民權初步》和黨章，是不是算社會建設，但它跟你們的《聖經》與教會，有沒有任何瓜葛？至於　國父遺教的心理建設、物質建設、政治建設，在你們基督徒的立場來估價，能否算作新建設呢？那它們對基督的教理又採納了多少？因爲我不懂，所以急待你吳先生的啟示，可以嗎？爲了眞理，請你給我指點迷津。不過吳先生，照你的大作駁文中看來，你說：「這些舊的，已經形成了中國人的風俗、習慣、制度、生活。」（四〇頁）其中的「風俗」、「習慣」、「生活」三項，卻是民族形成的五大要素之大半，你如果「一面要拆毀舊的」（四〇頁）這個舊，便是中國的風俗習慣制度生活，那你那個所謂「建設新的」目的，無疑是在打破中華民族的獨立風格。吳先生，你可明白？人有人格，國有國情，即使你們的上帝，也當有他的神格，如你要破壞中華民族的民族風格，而去走向西方民族的路線，又是什麼心理？

姓吳的先生，你憑良心，對著你所崇的主耶穌說老實話，基督教來中國，最終目的是不是在傳佈你們主耶穌的「眞理」？你雖信了洋教，吃了洋飯，但你看在你們耶和華上帝的分上，不要說謊。

我很清楚，我也沒有忽略你們基督教在中國的所謂貢獻，你說：「自馬禮遜東來傳教至今……誰創辦學校？帶來西洋新文化，建立了新教育的基礎？」（三九頁）這幾個問題，好像你又問對了，但是我們再來研究一下，孔聖人生在周靈王二十年（西元前五五二年），比起基督教的馬禮遜東來傳教的年代，究竟那個比較早些？孔子有三千弟子七十二賢人，他那有教無類的授教場所，算不算得上學校？如你讀過歷史，可能又要問我了，因爲歷史上明明記著夫子帶著弟子栖栖然周遊列國，明明沒有校舍和校址呀！但是，抗戰期間的行動學校和國共內戰期間的流亡學校，算不算學校？要是吳先生說在學校兩字上面有了「行動」或「流亡」等詞，便不能稱爲學校，那你們基督教建造的私立學校，理論上同樣不能成立。可見「誰創辦學校？」這句話，不該是你基督徒在中國說的。至於「西洋新文化」、「建立了新教育的基礎」，我承認基督教的宗教國家，在這方面對中國人稍微施了些小惠，可是這並不是他們的目的，而是他們的手段，我絕不是在加給基督教這莫須有的罪名，現在我願意再舉幾個實例，給吳先生作爲參考：

臺南市的長榮女子中學，是基督教學校，他們辦教育的宗旨，不像孟子所說的「集天下英才而教之」爲人生的三大樂事之一，也不是爲了中華民族的第二代，培植爲國家奮鬥的幹才，而是在繁殖他們基督教徒的私黨和死黨，所以他們在一年前，升旗典禮可以廢除，禮拜儀式卻不能不到。每星期有一定時間的《聖經》講授，爲了怕被教育行政單位的督學查察，明明是講《聖經》，課程表上卻寫「道義課」。吳恩溥先生，你們基督徒對中華兒女的「道義」的確了不起，爲了怕他們不信基督，不惜剝削他們的時間與自由，施予強迫的思想灌輸。吳先生，你們基督教的學校，還有一種特殊的校風，那就是寄宿的學生，到了禮拜天，就是名副其實的禮拜天，學生沒有自由行動的權利，一切要聽舍監的吩咐，不做禮拜的人，就會夠你瞧的。吳先生，關於這一點，請你不要多花冤枉錢，要我找到證據向你領賞，我可以現在告訴你，那就是臺南市的私立長榮女子中學。那麼你對這些把戲，應該抱著什麼態度？要得還是要不得？好了，我們來算一算這筆流水帳吧！

在上課的時間，假借「道義」而講《聖經》，有沒有違反教育部頒發的教育法規？只做禮拜而不升旗，是不是憲法上給予保障的權利與義務？施予強迫的思想灌輸，是不是等於毒素的麻醉？星期天不給學生休息，算不算違犯了妨害人體自由的罪嫌？一個民主國的法治社會裡竟有這種不合理的黑暗面，吳先生，你說是不是尙有改善的必要？

吳先生，你既要改造中國的風俗，我也不妨和你談談風俗問題；目前我的同事們，每每外出散步，總有一種不勝負荷的感覺，因爲腳剛邁出大門，就會有兜售愛國獎券的小女孩，把你兩手交叉一抱，你就非得花上新臺幣五元來碰碰運氣不可。再走過去，理髮店、茶室、公共食堂，都在親親密密地向你打招呼了。有些小姐們本來素昧平生，她卻笑咪咪地對你說：「哦！好幾天不見，你瘦多了。」弄得你啼笑皆非，但她們之中採用拖與拉的手段者，倒還少見。最傷腦筋的是貴教教友的糾纏了，年紀輕輕的大小姐和女學生，跟你拉拉扯扯地說：「人爲萬物之靈，神爲萬物之主，先生到裡面聽聽道罷！」人家本想在工作一天以後，到戶外去換換空氣，主的信徒們卻不管你有事沒事，似乎人間的事即使死了人，也不重要，拿你向天國裡搶救才是唯一的急務。吳先生，你說掃不掃興？除非你們有十分的把握，就不該如此胡鬧！試問，單是聽聽你們：「神愛世人，甚至將他的獨生子賜給他們，叫一切信他的，不至滅亡，反得永生。」（〈約翰福音〉第三章第十六節）就能眞的得救嗎？吳先生，這一節話在你們貴教裡的重要性，並不亞於〈禮運大同篇〉在《三民主義》理想社會中的地位，但是在這三十一個方塊字之中，請你指出，有那一個字是眞正地表達了眞理？等到下面，我將和你另題研討。

吳先生：還有一樁事非常滑稽，有一次我和一位同事上街散步，經過一個基督教佈道所的前面，本來我們很可以在人行道上走的，但我被那位同事拉向了快車道，他指著佈道所前站著的兩位小姐對我說：「小心被她們拉去。」當時我還以爲他和我開玩笑，所以我說：「別叫人家聽見了請你吃耳光！」但是沒有走過三步，事實證明了一切，而且我還聽到我那位同事說：「對不起！小姐，我今天沒有帶錢。」初聽這幾句話，的確不太悅耳，且已近乎猥褻。然而經那同事的事後解釋，他實在是說的老實話。因爲他已上過幾次當了，熱天氣悶，坐著聽福音，受了洋罪不算，臨走還要向上帝的永久銀行做一次長期存款，他看了小姐的面子，不得不裝得闊氣一些，一出手就是幾張大鈔，致使他事後又不能不連呼冤枉。

吳先生，這雖是一個小插曲，但我懷疑，懷疑你所主張的新風格，難道說新風俗的內容，就是跟著茶室食堂，效而尤之，與人家拉拉扯扯嗎？吳先生，你對這些，反對呢還是贊成？你自己說：「要知佛教，請看和尚。」（二四頁）那麼我說：「要知基督教，請看基督徒了。」中國人愛說「信不信由你！」實在是一種君子風度，但在基督教的字典中，就不會找到這句話。否則，信仰宗教，是一種精神意志的自由傾向，何必要你們拉呢？照這樣看來，煮雲法師將新店與老店，來比喻基督教與佛教，並沒有錯，老店是貨眞價實，新店則憑手腕賺錢。

關於基督教的傳教手段與步驟，我倒滿有興趣向吳恩溥先生討教的。吳先生，我很淺陋，但我願意說給你聽聽，看你舉手通過，還是棄權默認。

一拖二拉三訪問，是基督徒傳教的三段論式，傳教士拿了教會的津貼，爲了前途的出路，不能不耍出全身的解數，鼓起如簧之舌，爲基督教努力；信徒們想升傳教士，當然也該努力，思想純潔的青年學生，受了利用（我不想運用吳恩溥最喜歡的「蠱惑」兩字）獨不自知者，也會跟著活動。「拖」、「拉」與「訪問」的工作核心，就是這樣形成。首先是拉你去聽，聽了的拖你註冊登記，登記了的他們便上門訪問，一次、兩次、三次直到第七次，你再不去時，他們才把你放棄。信了教的，就得遵守教條，就得對主耶穌納獻，基督教有錢，錢就是從這裡來的；然而，那些爲了吃教而信教的傳教士，他們是基督徒，卻不就等於基督信徒，信徒是以宗教爲精神的寄託，他們乃以宗教爲生活的職業，像《舊約》中摩西規定他哥哥亞侖的後代，爲世襲的祭司一樣，他們實在是一群坐享其成的人物呢！

吳恩溥，你屬於哪一種？是吃教的還是信教的？

除了一拖二拉三訪問的基本原則之外，還想找出你們在中國所創造的一種新風氣來。當時我在臺東關山住的時候，有幾位主的信徒向我鄰居借貸，說他們的生活太不容易維持了。我問他們既是主的信徒，教會總不能置諸不理呀！但是他們的回答很使我不解，他們說最初是接受教的救濟，現在卻是救濟教了，除去定期限額繳納存到天國去的款子，每月還得集體罷工四天，以每天二十元的工資計算，四天便在無形中減少了八十元的收入，但是做了主的信徒，又不得不去參加星期日的禮拜儀式與集會，所以他們的生活，也就日趨窘困起來。

吳先生，照這種情形看來，你們基督教的慈善事業，不是成了小魚釣大魚的勒索手段了嗎？怪不得從表面看來，基督教的工作成績非常可觀，實際上你們只是利用人家的鈔票，來裝飾基督的門面。還有，據可靠的證實，西方國家，對於中國基督教的扶植，不但政府給予鼓勵，而且還有大宗的經濟支持。吳恩溥，我說對了沒有？如果錯了，當然還有你的嘴巴！不過請對你所信的主耶穌宣誓，不許亂說。就是主不在家，還有明眼的廣大群眾。

中國是農業社會，「日出而作，日入而息」是中國人的生活方式，除了工業發達的城市商港，人民只有節期而沒有假日。如今基督教硬性規定七天一禮拜，對窮苦民眾而言，能不算是無謂的損失，況且基督徒的禮拜，並不等於休息，而是定期的懺悔，像這種「形式主義」的東西，若比起中國曾夫子說「吾日三省」來，實在太不夠前進也不經濟了。那麼我又要問吳先生了，基督教來中國，到底救人，還是害人？像如此的不順民情、不問風俗，反而捨本逐末地拿中國人來削足適履。如果說基督教所謂的新風氣，就是這一套玩意，能不引以為憾？

一一、看看基督教的「眞理」

吳恩溥先生在他的駁文中，舉了好多《聖經》的經文，他以爲憑他那幾段引證，就可以穩若泰山了，現在我們不妨把它抄下來看看，究竟是不是眞理。

「耶穌自己說：『我與父原爲一。』」（〈約翰福音〉第十章第三十節）

「約翰做見證說：『道成了肉身，住在我們中間，充充滿滿的有恩典有眞理，我們也見過他的榮光，正是父獨生子的榮光。』」（〈約翰福音〉第一章第十四、十五節）

「人子來並不是要受人的服事，乃是要服事人，並且要捨命，做多人的贖價。」（〈馬可福音〉第十章第四十五節）

以上均見於吳恩溥駁文第十七頁。這三段《聖經》包括了兩個主題：一是肯定著聖靈聖子聖父的三位一體；一是說明了上帝和耶穌，有無上的權威。三位一體與無上權威，可不可以列入眞理之林，且看我們下面的分析。

「我與父原爲一」這是說聖子耶穌與聖父上帝的關係，僅是一體的兩面，或者是一物之二名，在天上稱上帝到人間便叫耶穌，好像中國人叫狗爲狗，英美兩國人叫狗爲dog一樣（恕我沒有侮辱的意思）。再看約翰說：「道成了肉身，住在我們中間。」這是說「道成了肉身」的耶穌，住進了基督徒的心中，這個住在基督徒心中的東西名爲聖靈，三位一體的理論，也就全部成立。但是我要開始發問了，吳恩溥先生你是基督的忠實信徒，你是代表基督教來向煮雲法師開砲的，那麼你總該是神學的權威者了；你對於《聖經》的研究，一定非常透徹。那麼讓我問你：耶穌與上帝既然原爲一體，那我們是不是可以說上帝就是耶穌，耶穌也就是上帝呢？如說耶穌即是上帝，何必又要分出聖父與聖子呢？如說耶穌那個道成了的肉身，住在我們中間，與我們不分不離，且已形成了一體，那麼就可以說成耶穌是我們，我們就是耶穌，因爲耶穌就是上帝，所以上帝也就是我們了；我們既然就是上帝，所以也是萬物的主宰了。吳恩溥，我是不是說對了？如果我錯了，你們的三位一體也就錯，如我沒有錯，你們的權威觀念，卻又成爲武斷，因爲凡信上帝的人便即等於上帝，那又何必要信上帝？信了自己不就等於信了上帝嗎？既然信自己就等於信上帝，那麼我們也用不著耶穌捨命在十字架上，爲我們贖罪了。這倒又可以和中國人說的「靠天吃飯要餓死」這句話不謀而合了。吳恩溥，你們基督徒對這兩個問題，應做什麼處置？因爲它們兩個互不相容，彼此矛盾，到底那個是眞理？孟子說「熊掌與魚」不得兼取，你們打算怎麼辦？你們是不是對著《聖經》發愁了，因爲《聖經》本來不是眞理，你們偏要硬說它是眞理，致使你們弄得騎虎難下了。其實你們可知道，現在這部包括了六十六個篇章的《新約》、《舊約》是怎樣編成的？我願意抄幾段文字向基督徒們討教一下。

近人，美國紐約《求眞理》（*The Truth Seeker*）雜誌的編輯，史密司（**Charles Smith**）先生，在〈天平上的新舊約〉裡考證說：「在二百五十多篇猶太基督徒的著作中，只有六十六篇被基督教新教徒們武斷的定爲聖典。」又說：「在起初的一百五十年中，基督教的《聖經》，只容納了些猶太人的神祕書篇。《新約》的完成則在第二世紀五十年代之後，是由愛林那氏（**Irenaeus**）從四十多篇福音書及許多的〈使徒行傳〉，一篇〈啟示錄〉，和一百篇〈使徒書信〉中選擇了二十一篇而完成的。（筆者註：〈福音〉四篇，〈使徒行傳〉一篇，〈啓示錄〉一篇，〈使徒書信〉二十一篇，《新約》現有二十七篇）爲什麼這些怪異的作品被選中呢？四福音又怎能代表全部呢？愛氏說：「這是由於我們居住的大地，有四個方向及四個風位。實際上，彼得、保羅，以及早期的神父們，根本不知道有什麼福音書，這些書都是後來僞造的。」史密司先生又說：「一五六三年，特林議會（The Council of Trent）通過的羅馬天主教聖典，一共包括七十二個篇章。……一六七二年，希臘天主教在耶路撒冷會議中，終於接受了〈啟示錄〉。……英國西敏寺宗教會議（The Westminster Assembly）在一六四七年，才贊成將六十六個篇章，構成正式譯本。」（筆者註：《求真理》雜誌創刊於西元一八七三年，係一具有悠久歷史之刊物）

由此可見，《聖經》這部怪書，並沒有什麼神聖的來歷，所以才有這麼多的矛盾。那麼吳恩溥先生，我要向你們奉勸了，請你們重選一位人間的上帝，趕快將《新約》、《舊約》，再來一次起草吧！如果你們聰明的話。否則因了《新約》、《舊約》的矛盾，不但難倒了你們，復又拖垮了上帝，實在不合算！

不過我想，吳恩溥先生絕對沒有馬丁路德的勇氣，馬丁路德敢對十六世紀初葉的教會，發表出五十九條檄文去向教會開砲，吳先生大概不會也來一次指正《聖經》錯誤的公開演說吧！否則吳先生的飯碗就要成問題了。

因為吳恩溥先生是《新約》、《舊約》的忠實信徒，所以他的言論，也是跟著《聖經》，給自己製造矛盾的。他自己說：「殊不知基督教是平等的：第一，神願意萬人得救，不願一人沉淪；凡信主耶穌就必得救。得救的機會是平等的。第二，凡不信耶穌的人，必因他自己的罪孽滅亡，不論高低，自種自受，執法是平等的。」（三四頁）這兩種境界，一是信，一是不信，信了的人必定得救，不信的人便要經過法律的執行。這無異在說信主的人即使是殺人的魔王，也是好人，不信主的人那怕是大德聖賢，依舊是個罪人，請問吳先生，這算是什麼平等？比起佛教所主張「無緣大慈，同體大悲」的平等觀，基督的平等，實即等於自私。吳先生，你既然說：「以法律而論，罪有大小之分，故刑有輕重之別。」（三四頁）主耶穌何其偏私？難道眞如俗人所說：「癩痢頭的兒子自己的好」嗎？信者得救，不信者不救，那還談什麼博愛？佛陀是人天導師，四生（胎卵濕化的四類動物）慈父，信佛的能夠依教奉行，當然得超三界，不信佛的，佛陀仍以導師的態度與慈父的心腸去對待他們。這與基督精神彼此相較，上帝實在是個心地褊狹的準小人無疑！

根據我上面的推論，上帝的權威說，已被上帝自己的三位一體論所推翻了，但是《新約》、《舊約》的記載，卻又到處都是「權威」思想。譬如〈約翰福音〉

第三章第十六節：「神愛世人，甚至將他的獨生子賜給他們，叫一切信他的，不至滅亡，反得永生。」，「叫一切信他的不至滅亡，反得永生」，不但是權威，而且是徹底的偏私。因爲耶穌代表上帝而即是上帝的化身，所以他有這個權力，把那些信了他的罪人，全部拉進天國；因爲他有權威，所以他憑一個人的流血而做許多人的贖罪代價。像這種觀念，實在是鼓勵人家犯罪的論調。凡是信主的人，上午犯罪，下午懺悔，罪便交給了耶穌，那還有什麼不要臉的事可以不做呢？我想要不是國家的法律，在範圍著主的信徒們，這個社會一定要增加不知幾多恐怖與黑暗哩！

「神愛世人，甚至將他的獨生子賜給他們。」這兩句話的毛病又來了，因爲上帝的態度是「叫一切信他的不至滅亡」而不是叫一切世人不至滅亡，所以「神愛世人」，應該改成「上帝愛信徒」，才比較合理。至於耶穌是上帝的獨生子，這又是一個大問題。獨生子的意思是說上帝一共就只生了耶穌這麼個寶貝兒子，但是〈創世記〉第六章第二節告訴我們：「神的兒子們看見人的女子美貌，就隨意挑選，娶來爲妻。」那些「兒子們」算不算是上帝的兒子？如果說是的，那麼耶穌是上帝的獨生子，就等於胡說，要是說那些兒子們，就是預言中的耶穌，但是耶穌這個人，儘管吳恩溥先生諷刺煮雲法師說：「試問煮雲和尚，有沒享受夫妻：

⋯天倫樂趣呢？恐怕你要說，我是和尚，和尚是不允許討老婆的，除非那些六根未淨、色心不死的假和尚，才有天倫之樂可享。」（六頁）然而耶穌，以及保羅以後的神父們，卻都是單身漢呢！所以那些挑選人間女人的「兒子們」，不是耶穌，已毫無疑問，所以「獨生子」三字，又應該改成「寵兒」才比較恰當了，因爲唯有上帝的寵兒，才配有耶穌那麼大的權威呀！再說，根據三位一體的原則，耶穌與上帝原爲一體，耶穌只是上帝的化身，怎可稱爲兒子？如果說上帝是母體，耶穌是子體的道理可以成立，問題又來了，因爲耶穌道成了肉身（聖靈），住在信徒的中間，信徒也就等於是耶穌的代表，耶穌雖只一個，耶穌的信徒卻有千萬。上帝既以耶穌爲兒子，也就應該承認所有的基督信徒，都是上帝的兒子。這裡既稱耶穌爲獨生子，豈不等於否定了所有主的信徒？因此，「獨生子」三個字，又將三位一體的原則推翻了。

現在請吳恩溥先生注意，同時也請我的讀者做見證：基督教的「三位一體」，推翻了上帝的權威思想，權威的「獨生子」，又否定了「三位一體」。這就是基督教所說的「眞理」。像這種矛盾百出的東西，要說它是眞理，能說不是白日見鬼！

一二、基督教算不算宗教？

我想以吳恩溥先生爲基督徒的代表，來商討一下宗教非宗教問題，希望吳先生打起精神看下去。

吳先生說：煮雲和尙對於「宗教」問題，更是「妙語如珠」，令人歎爲觀止。他說：「世間的宗教，大家公認的有四種：1.佛教，2.天主教，3.基督教，4.回教。」（一二頁）吳先生又說：「照這樣說，不但基督教、天主教、回教算不得宗教，就是儒教、道教……都算不得宗教。」（一三頁）

很顯然的，從這兩段文字中看來，煮雲法師首先即將基督教列爲宗教，繼而又在宗教之中否定了基督教，無怪乎身爲基督徒的吳先生，要罵人家「神經出毛病」了。事實勝於雄辯，讓我們靜下心來看看，究竟是哪一個出了毛病。

儒家對宗與教的解釋很恰當，謂「開宗明義」，謂「修道之謂教」，簡潔明朗，痛快已極。

合起來說，宗教，乃是有所宗而必有所教的意思。如果某一個單位團體或組織，只有所宗而沒有所教，那只能稱之爲同祖，卻不能稱爲宗教。像中國的廣東人，他們的宗族觀念特別深，不同的兩家宗姓，每因細微小故，常會引起械鬥的流血事件；但他們只是同祖，同祭一個宗姓的祖先，卻不能因了同一個祖先而有特殊的文化思想拿來教人。「修道之謂教」應該怎麼講？這句話出自《中庸》的篇首，它上面還有兩句「天命之謂性，率性之謂道」，根據蔣總統對這三句話的解釋是這樣的：天命就是宇宙自然推演的生命，論其本體，就是天性天理，也就是自然運行的道理，論其跡象，則是一切動植飛潛繁衍無窮的生命；率是順的意思，率性就是順天應性，所謂道，就不外順應著人人本身之天性而已；能修明這一個本乎天性之道，或是指正不合乎道理的事物，使它合乎道理，這就是所謂教。

宗與教的解釋，到此為止，且看看基督教，是否尚能合乎宗教的標準。

基督徒宗於一神的上帝，上帝開宗而說信者得救，宗字勉強成立。上帝教人信他者必得永生，多少尚有一些訓誨的意味，所以教字裡面，基督仍能帶到一隻角。但是教字的內容應該在於修道，道是順應天性推演出來的天命，天命又是宇宙間自然運行的常理，凡為自然界的常理，必定是順應著人人本身的天性，這種天性又必然是合乎道理的，合乎道理的事物，便是眞理。說到這裡，問題便來了，請問基督教的教義是不是眞理？上帝造人的人生觀與偏窄的世界觀，是反科學的，上帝居天國而獨霸宇宙的權威觀念，是反民主的，權威思想與三位一體又是自相矛盾的。像這種反科學、反民主，矛盾百出的基督教義，是不是合乎自然，循乎常理呢？不自然、不合理的東西，怎麼可以稱它是道，又怎麼可以用來教化人類？

再說那位被基督教所宗的上帝，是權威的，權威不能成立，上帝也就變成了子虛，所以也就沒有什麼好宗的了。

由於如此的分析，便知道煮雲法師所說基督不是宗教，並非無理了。至於吳先生說：「照這樣說，……就是儒教、道教……都算不得宗教。」（一三頁）這幾句話的確讓你說準了，但是這不能代表你的博學，相反地只是說明了你對中國思想的陌生。中國本身根本就沒有宗教，因為宗教必定有創教的教主，創教教主的教理，教主所說教理的自然性與合理性。儒家思想雖由孔子引發，但是孔子自己說，他是「述而不作」，所以孔子並不就是儒家思想的創始人，他是引述堯舜而憲彰文武，因此孔子不能稱為教主，只能尊為聖人，儒家之不能稱為儒教，沒有一個創教的教主，便是主要原因之一。至於道家，老子與莊子，他們的思想淵源，也是來自古人，比如以人生為本位的觀念，就是中國傳統思想的特徵，像儒家的希聖希賢，是人生的理想境界，道家的神仙觀念，也是美化了的理想人生。同時老莊二子，也沒有以宗教家的心腸去組織團體，四散傳佈他們的教義。道教一詞是由張良的九世孫，漢末的張道陵建立，以方士術士的思想與組織，剽竊了老莊的片段而成。所以老莊只是道家非道教。至於張道陵請出李老君來當他們的教主，即使老子本人，恐怕也會覺得好玩呢！

再看佛教，教主是釋迦牟尼，所創教理的重點是「緣起緣滅」，緣起緣滅的因緣論，乃是攻不破的眞理，科學越進步，越能證明緣起緣滅是宇宙萬有的基本原理。所以佛教可以稱爲宗教。如果說基督也能稱爲宗教，那麼佛教就不是宗教而是超宗教的了。至於世人皆以基督列爲宗教，而且成了公認，那也是偶像問題，因爲幾千年來基督徒對內對外一向皆以宗教自命，所以人家也就跟著人云亦云了，好像中國人喜歡給自己的兒女取名爲「金山」、「銀根」、「珍珠」一樣，他們的兒女，雖不就是「金山」、「銀根」與「珍珠」，但是外人仍然以此呼之。事實上，也有少數的基督徒在否認他們的信仰是宗教哩！他們的理由是：宗教乃是形式的東西，而基督只講住在信徒裡面的那個聖靈，有了聖靈，便等於有了一切，因爲聖靈有權威，權威便是一切。所以基督徒不講道理也不談智慧，只是一味的盲從和徹底的迷信。至於基督算不算形式的東西，該請明眼的讀者去判斷，他們不講道理，不談智慧，更說不上以自己的力量去修身養性，他們只靠禮拜與禱告，祈求上帝的恩賜。像這樣的信仰，究竟是內在的工夫，還是外在的形式？其實宗教的條件，也不在於這兩點上區別。

一三、上帝造人與人造上帝

筆者沒有拿佛教的津貼，但我站在中國人的立場與科學的觀點上，總覺得佛教的教理要比基督教高明得多，比如基督教講宇宙萬物，都是上帝造的，但是《羅馬書》第八章第九節說：「人若沒有基督的靈，就不是屬基督的。」這實在是個絕大的笑話，試問吳恩溥先生：上帝造的人，不屬於上帝，應該屬於誰呢？難道上帝是受雇於魔鬼，而替魔鬼造的嗎？那麼那個出賣了我們的上帝，還值得誰去信仰呢？實際上，基督徒將「人造上帝」說成了「上帝造人」，根本是個無稽的笑談，否則我們打開人類的歷史，為什麼不將《舊約．創世記》的記載，加以引證或肯定呢？其實基督徒是不信歷史與考證的，就以耶穌出生的年代來說，歷史的考證，是在西元前四年，但是基督徒就不敢承認。

再看佛教對宇宙萬物的生滅現象，怎樣解釋呢？佛經上說：「因緣所生法，我說即是空。」它的意思是說假借各種原子元素或因素的聚集，而產生的任何事物，如以分析的態度去看它，實在並無任何事物的存在，因為存在的事物，只是仰仗許多因素的聚集而產生的假相或假象。好像同為一種晶體石粉所溶化的玻璃溶質，做了玻璃板，是玻璃板，做了玻璃杯，又是玻璃杯，若將玻璃磨成細粒，再加膠質塗在牛皮紙上，卻又變作砂紙了。可見同為一種晶體石粉，因了各種不同的使用，便成了各樣不同的名稱。佛教講因緣，那個晶體石粉，可稱為因，即是製造各種玻璃東西的因素，那個「使用」，就是緣分了。科學家的發明，認為化學的元素，不外乎九十二種（參考《辭海》元素表）。這就是說，所有化學物質的形成，都是屬於九十二種元素的範圍，像H_2O是水的分子式，H_2SO_4是硫酸的分子式，H_2遇上了O便是水，H_2遇上了SO_4卻變成了硫酸了，這就是「因緣所生法」的最好說明。講到人的完成，也離不了因緣的範圍；人的肉體是物質的，物質的東西，當然也跟其他的東西一樣；但是物質的元素不能代表精神元素，人的精神雖附屬於物質的肉體，但是肉體並不就是精神，所以佛教對人生的解釋，講十二因緣：

（一）無明——是指無始以來的煩惱。

（二）行——是指依煩惱而作為的善行或惡業。

（三）識——是指我人當時受胎的一個念頭。

（四）名色——是指我人在胎中逐漸發育的胎兒。

（五）六入——是指我人的五官再加上身體和意識的具足，而將要出胎時胎兒的胎位。

（六）觸——是指我人剛出生以後初與外界接觸。

（七）受——是指我人接觸了外界的事物，而有所感受的意思，如苦樂等等。

（八）愛——是指我人對於所感受的東西，有所愛欲也。

（九）取——由愛欲而進於求取也。

（一〇）有——即是因了愛欲的取求，便造成了現前的業因，於是有因必有果，也就有了未來的業果。

（一一）生——依照現在業因（今生所下的善種或惡子），就要接受未來世的生（即是果報）。

（一二）老死——我人生了以後，老死是必然的定律。

從這十二因緣的敍述，不但說明了人是怎麼來的，且已說明了生死流轉的前後關係。也許那位不懂佛學的吳恩溥先生又要問我：「人生既然是生死流轉，輪迴不已，那麼當地球完成以後的最初人類是從哪裡流轉過來的呢？」這我可以告訴你，人的本性，並不是在有了地球以後才有，也不是到地球毀滅的那天終了；人的本性或眞性，便是各自的佛性，佛經上稱爲「如來藏」，乃是無始無終的。現代的科學家推測，太空的其他星球上，可能有高過人類智慧以上的生物，那麼我們能說在地球未完成之先，就沒有其他的星球，或其他星球上的人類嗎？（當然，你們眼睛有了神網的基督徒是不會相信的）但這對於物種進化論並不違悖，佛教講一切眾生皆有佛性，儘管在原始人類以前的生物不是人類，但也推翻不了佛教的觀念，因爲佛教講因緣果報，當地球上的人類尚未發現之前，應該接受人生果報的眾生，大可以不來地球上多走冤枉路。佛教的宇宙觀，特別廣大，世界的數字，除了地球，尚有無量無數的大小世界呀！

現在請讀者們評評曲直是非好了，基督教的「神造萬物」，佛教的「因緣假合」，到底那一種說法比較合理？

基督教愛講神，神有一切的權威，神是萬能，所以神也是宇宙萬物的主宰。這種說法究竟可靠不可靠，我們很可以討論一下。

在英文的神是God，這個字的意思和Deity相通，同爲神、神性、上帝、造物主的意思。至於有沒有這麼一個神的存在呢？這我要抄兩句《聖經》了：「就在你口中，在你心裡。」（〈申命記〉第三十章第十四節）這是屬於原始人類，或人類原始意識中的一個觀念，人在萬不得已而瀕於絕望的時候，總覺得冥冥之中，有一個大能者操縱著自己的命運，同時希望這個不可知識的大能者，是有人性而超乎人性的，希望他會以仁慈的態度來憐憫自己或拯救自己，像這種仁慈、憐憫與拯救的想像，便是神性的幻想了。所以一個人的信仰神性的存在，並不就是眞的有神，而是出自我人的心理作用。　國父將人類社會的演進，分爲神權、君權、民權三個時期，神的觀念，便是產生於神權的思想。說到以色列的耶和華上帝，他的形成，和其他的神話並不兩樣。西方的神話共有二十七種，有希臘神話、羅馬神話、埃及神話，以及法國的神話等；不過除了猶太教的神話，都是相信多神的，像希臘的神話中，有大神宙斯、宙斯的兒子太陽神和音樂神阿波羅、宙斯的女兒勝利和文藝女神雅典娜、歌舞女神特普西可里、結婚女神喜曼等。他們以爲任何一樣東西，都有專門的神祇在職掌著。但是猶太教自摩西開始，便將多神歸爲一神，以一神而統率一切的權威思想，由此可見，並非像〈出埃及記〉第三章第十四節說：「神對摩西說：我是自有永有的。」而是自摩西開始才有的。

說到這裡，我們就不難解釋「人造上帝」的話了。不過我也並不否認，對於上帝的迷信，在某些人的精神方面，是有幫助的，因爲心理作用，在於心理學上，同樣講得過去。

一四、中國要不要基督？

「人民有信仰宗教之自由」，中華民國憲法上有明文規定，佛、基兩教的信徒，同為中國國民，對於彼此的所宗與所信，誰也不能干涉誰，我用「中國要不要基督」來作為我和吳先生研討的論點，乃是站在中國人的本位上，向吳先生請教，請將基督教變成中國化，是不是可以辦到？因為耶穌基督的時代，歐洲文化還很低落，民眾的知識水準，更不消說，所以耶穌傳道，都說權威，不說實理，只說霸道，不說王道；耶穌是對當時的猶太人說教，而不是對現代的中國人說教。致使基督教進入中國，與中國國情格格不入，引起了牧師教士們，要將中國固有文化徹底摧毀的危險思想。實際上只是當時的耶穌，沒有看到佛經，也沒有見到孔孟老莊的學說，而不是東方思想不能容納耶穌基督。由於東西方的交通阻絕，文化各不相通，所以耶穌的思想，繼承了西洋的傳統，耶穌對於人生境界與宇宙看法的褊狹，癥結便在於此。

說到這裡，我們又不得不把東西方的思想關鍵找出來研究研究。

西洋思想中最特出的，便是神的觀念與戰鬥色彩，整個的民族性格與民族精神，都是外向的，講權威與神力的。神的觀念，本於希臘傳說的神話，一切小神都由大神宙斯（Zeus）生出，例如勝利與文藝之神雅典娜（Athene），便是從宙斯的頭中生出。自耶穌基督出來，便將多神歸為一神（God），這在西洋思想史上的統一，基督不能不算是有點功勞。但是人類進化史的演變，乃始自神權社會，耶穌當時的猶太，神權的色彩仍很濃厚，所以耶穌說教，都是用權威的方法。由於神的觀念，便形成了西洋思想的傾於自然，因爲上帝不像中國老莊所說的神人與眞人，是從人生本位到達神仙界。上帝高高在上，霸然宰制一切的思想，乃是在人生之外而不在人生之內。因此西洋人求眞求理，都向人生之處的自然界中發展，所以自然科學之萌芽，也是始於西方。（我想煮雲法師所說佛教是科學的老祖宗，乃是指佛陀的境界合於科學而又超自然科學之上的意思，並不是說佛陀就是自然科學的從事者。）同時由於思想的外傾，人民便時時都想征服人家，想將人家的財貨掠爲己有，所以西洋的第一部史詩——荷馬的《伊利亞特》與《奧德賽》就是初有記錄的戰爭史。有人說，西方的戰鬥思想，源於《舊約．創世記》第四章，因爲亞當和夏娃生了該隱與亞伯兩個兒子，該隱就把他的弟弟亞伯殺了。這種說法能否成立，且不去管他，至於西方思想中的戰鬥意識，卻不能不說這也是有力的說明。從這些歷史的事蹟看來，我們就不難明瞭，基督教之傳入中國，何以要從摧毀中國文化著手了。因爲他們不適於中國，所以要征服中國！

再看看耶穌的年代，相當於中國兩漢之間，去春秋戰國，百家爭鳴的距離，已經好幾百年，可是耶穌就不知道當時的中國思想，早已從神權中求了解脫，度過君權而走上了民權的路線，像孟子的：「民爲貴，社稷次之，君爲輕。」（〈盡心〉下）何等民主。又說：「舜何人也，予何人也，有爲者亦若是。」（〈滕文公上）他這種「人皆可以爲堯舜」的主張，很似佛教的「一切眾生皆有佛性」的平等觀。孟子主張仁政，所以說：「今王與百姓同樂，則王矣！」（〈梁惠王〉下），否則「民欲與之偕亡」。孔子主張禮教，所以說：「道之以政，齊之以刑，民免而無恥。」又說：「道之以德，齊之以禮，有恥且格。」（《論語．爲政》）孔子不主張以嚴刑峻法治民，而用道德禮儀誘導。孟子乃力主民主與平等，所以儒家思想是王道，是仁道，而不像西洋的神道與霸道。聖經《舊約．出埃及記》中的法律，就是最好的說明，如吳恩溥先生認爲是代表基督孝道的幾段話，便是一例。

「打父母的，必要把他治死。」（〈出埃及記〉第二十一章第十五節）

「咒罵父母的，必要把他治死。」（〈出埃及記〉第二十一章第十七節）

「主耶穌還斥責當時不孝的人：『神說當孝敬父母，又說咒罵父母的，必治死他。』」（〈馬太福音〉第十五章第四節）

以上三段經文，均見於吳恩溥先生駁文二十八頁。這裡面充分地說明了神道與霸道的精神，耶穌唯恐人家不孝，便以神的權威來威脅他們；但是孝敬父母爲倫理問題，是內在問題，如果一味用暴力作爲鎮壓，實在只能叫人從，而不能叫人服從。這比起儒家思想，父慈子孝、兄友弟恭的倫理觀念，實在是不得要領。

因爲父母與兒女之愛，本爲天性，天性便是人的本性，既是人的本性，何必又要麻煩上帝來多管閒事？然而耶穌就不懂這種道理，耶穌的中國信徒，更是糊裡糊塗。我想，要是耶穌生在中國，他絕不會這樣的。

以上講到中國的倫理觀念，是從我人內心發出來的，是由內向外的，其實這就是中國思想的特徵。無論尋求什麼事理，都由人生本位著手，像《大學》的基本思想：格物、致知、誠意、正心、修身、齊家、治國、平天下；便是說明治國平天下，首先要從格物開始，格物的意思，是窮究萬物的性理，這種性理，該從人生本位上開始探討。說到這裡，我要附帶解答吳恩溥先生的一個問題，將吳先生的原文抄錄於後：「至唐宋祖師有『當時我沒有看見釋迦佛，不然的話，我一棒打殺他給狗子吃！』煮雲法師大讚他是何等口氣。基督教出了一個加略人猶大，我們稱他爲叛徒，因爲他出賣了恩師，但他還不敢打殺恩師給狗子吃。想不到佛教祖師卻有人恨生也太晚，不能及見佛陀，把他殺給狗子吃，說他何等口氣，何等狂妄則可，若以此證明佛教是何等自由、恁般自由，若用得著，蒼生亂矣！」

吳先生從這段話裡，更能證明你是一個道道地地的外國人了，你懂得中國思想嗎？你若不懂，又何必如此地斗膽放肆，閉起眼睛瞎批評！告訴你，這就是佛教和中國思想的吻合處。中國思想，向人生本位求眞理，不向上帝的口中討唾沫吃，佛教也是如此，佛教的依法不依人，便是不依佛陀而依佛法，佛陀已經說出來的佛法，固然是眞理，佛陀還沒有說過的一切事物，一樣也有眞理，所以佛經中常有「不可思議」與「不可說，不可說」的句子，因爲佛陀的境界，「唯佛與佛乃能知之」。至於三藏十二部的佛典，只能引發我人潛在的佛性，不即等於佛的最高境界。這與中國思想，從人生本位中求眞理，該是多麼相近。

說到吳先生所舉的那個例子，只怪吳先生不解佛理，不知中國，才會發出如此好笑的問題。要懂得「我一棒打死他給狗子吃」的眞理，吳先生除了先去研究中國思想，同時還須看看佛教禪宗祖師們的語錄。現在我不妨提前把這個問題的所以然，告訴你好了。

「一棒打死他給狗子吃」這句話是唐朝時代的禪宗雲門祖師說的。因爲中國在魏晉以後，佛學非常盛行，一般讀書的學者，嚮往於佛法的博大精深，希望在祖師門下學得一點佛理，他們卻不知自己本身有佛性，反去祖師面前請問「西方來的佛法是什麼？」祖師爲要斷絕他們的所知障，否定知識論的偶像觀念，不得已而說出「將佛陀打死給狗子吃」的話來，以便打消他們向心外求佛的錯誤思想，叫他們向自己的心性中去尋求。這乃是說明了佛教「即心即佛」的眞諦，並沒有謗佛罵佛的意思。說到中國一貫的傳統思想，我們不妨再找出個把例子：王陽明說：「心即理也，天下又有心外之事，心外之理乎？」（《傳習錄》卷一）王陽明最初以爲「格物」是向心外格的，所以首先去格竹子的道理，格了好幾天，甚至格壞了身體格出了病，仍然沒有格出什麼名堂。後來他才突然開悟，曉得格物是應該從內心裡討求的，所以他才有上面的三句話。這與佛教的「即心即佛」或「一切唯心造」，實在是差不多的。如今蔣總統把王陽明的這一哲學，判斷爲心物合一論了，也就是三民主義的哲學基礎，從此可見，佛教思想的中國化，還有什麼疑問？

請問吳恩溥先生，你說基督在一千九百多年以前，向猶太人說的神道與霸道，能夠適應於今日的中國嗎？西洋的外傾思想，能不能融合於中國的內發思想呢？內向的是人生界，外傾的是自然界，宗教的功能，是在於輔助國家行政，安定社會人心的不足，但是基督教的依皈，卻是人生以外的神權。從這一點看來，基督教非但不應流行於中國，即使世界各國，也都沒有推行的必要。一個在中國留學的美國大學生，霍華德．李維，說得最恰當：對於美國進步的工業，與美國人高度的物質享受，他認爲必須有內在的精神文明來調和。他說：「這方面中美兩個國家的需要，正是互相配合的。」（見《中央日報》一九五六年九月十六日第四版）現在西方人，都在嚮往於東方思想的精神文化了，中國的基督徒，卻要拿西方的基督思想，給中國來一次狸貓換太子，誰說不是胡鬧？歷史是進化的，現在的時代，既已到了全盤的民權階段，基督徒何必硬要將這時代的巨輪，拉回蠻荒的神權時代呢？

至於基督教要改造中國的生活、習慣、制度、風俗，要以基督來代表中國的宗教，這不等於猶太思想在中華民族的精神領域中，來了一次登陸和佔領嗎？當然，像臺灣民間的拜拜之類的壞風俗與惡習慣，我們應該加以革除，但是中華民族的優點與長處，總不能一概推翻吧？好在 國父解釋國家與民族的形成，他說民族是王道的，國家是霸道的，王道循乎自然，霸道成於武力，霸道講究實力，王道則在根性。霸道容或會失敗，所以他在《中國存亡問題》裡說：「治國有必亡之道，而無必存之術。」王道就不同了，基督教想改造中華民族，除非先將中華民族全部殲滅，否則就別夢想。

也許吳先生又要問：「何以百多年來，國人瞧不起佛教，紛紛改宗基督教？」（四四頁）這句話，我要站在公正的立場，替佛教加以絕對的否認。根據事實的觀察，中國人的改宗基督教，目的不在基督教的教條或基督教上帝，而是宗於基督教挾歐風美雨以俱來的勢與利。我國自鴉片戰爭以來，列強的勢力，從未放棄過對於中國的照顧，基督教來自歐美，因爲它的有錢有勢，使得一般只知生活而不懂氣節的中國人，跑進這個時代的夾縫中去找出路。直到現在爲止，仍然如此。除了我前面講過，基督教以拖拉與訪問而來的基督徒，有些人爲了基督教的獎學金，便讓兒女去信基督，有些人爲了求得一個謀生的職業，便去信教，有些人爲了部分的救濟品，也不得不去附近的教堂裡喊幾聲「阿門」，有些人存著「外國月亮圓」的心理，爲了趕時髦，也就弄個把十字架掛掛，有些人去教會聽福音是爲了學英文。實際上那些基督信徒，眞是信仰基督嗎？如果不相信，最好問問你們的主，要請明智的讀者，做一個公平的判別。

據一般外籍教士透露，教會在中國投下了很大的本錢，因爲中國一般國民尙未完全信奉基督教，所以對於主耶穌的納獻，尙達不到賺大錢的目的，但是爲了粉飾，爲了向各方面爭取好印象，又不得不從外國拿了錢來投資（這與我前面所說小魚釣大魚的觀點並不矛盾，因爲這是基督教的投資工作，投資對象不一定全是基督徒，雖然教會希望他們有一天會成爲基督徒。比如接受教會醫院診療的人，不見得都是教徒一樣）。從這一點的透視，我們就不能不有一個正確的認識與必須的警覺了。我們中國人窮，我們需要富強，需要提高我們的生活水準，但是依賴基督教這種極可憐的施予，是根本辦法嗎？這種仰人鼻息而受盡洋氣的方法，不覺得可恥嗎？當然不是根本辦法，當然覺得可恥。那麼我們應該怎麼辦呢？很簡單，　國父說：「建國之首要在民生」，我們只要肯與政府合作，服從政府的領導，響應號召，刻苦耐勞，同心協力，去實行政府的建設計畫，不久的將來，民生問題解決以後，誰說不能與歐美各國並駕齊驅呢？

現在我們有一個結論了：我們需要解決的是民生問題，而不是宗教問題；民生建設的實業計畫，是要採取西洋的科學知識與科學技術，而不是猶太的基督精神。中國到底要不要基督，我不想再說別的話了。說一句老實話，基督教如果眞要在中國求生存，對於人生與宇宙的看法，尚須向我們東方思想學習，庶幾可以不落於怪謬。

一五、究竟哪個有問題？

（一）基督教徒是否熱愛祖國

吳恩溥先生說：「《舊約》歷史幾乎全部記載著許多建國英雄的英勇事蹟，像約書亞、眾士師、掃羅、大衛、尼希米，甚至宗教領袖都肩負著復興祖國的神聖任務，如撒母耳、以斯拉、但以理、以利沙等。」（一一二頁）像這樣的論據，實在屬於似是而非，我們應該認清，《舊約》中的記載，乃是基督徒爲他們宗教的祖國奮鬥，他們是爲以色列民族求發展的奮鬥，並不是基督徒在以色列以外的國家出力賣命，不像中國春秋戰國時代，楚國人可以跑去秦國效忠一樣。由此可見，基督徒只愛他宗教的祖國，並不愛所在地的祖國；基督教在中國，當然也不會愛上中國，否則，民族自有其民族的獨立精神，何必要基督教來改造呢？改造，翻新，便即等於征服（一個國家與民族的革新，乃是推陳出新。如日本，雖然經過了明治維新的新，但是大和民族的武士道精神，並沒有因新而被廢除）。就以基督徒將中國祖先列爲外邦神一例來看，便可說明一切。談起愛國，我倒想找出一位被基督教會所殺的愛國者來了。十五世紀的法國女英雄貞德，她執戈從軍，戰敗了英國人，反被賣給英國人，以女巫的罪名活活用火燒死。雖然後來被尊爲聖女，但是「女巫」的罪名是來自基督呀！

(二) 耶穌怎樣講孝

關於這個問題，吳恩溥先生說得非常勉強，他說耶穌不准許做兒子的埋葬父親；耶穌不認母，而稱母親爲婦人，並不是不孝的證據。現在我把這幾段文字，從《新約》裡抄下來，跟吳先生再來一次新的估價：

又有一個門徒對耶穌說：「主啊！容我先回去埋葬我的父親。」耶穌說：「任憑死人埋葬他們的死人，你跟從我罷！」（〈馬太福音〉第八章第二十一至二十二節）

當下耶穌的母親和弟兄來站在外邊，打發人去叫他。有許多人在耶穌周圍坐著，他們就告訴他說：「看哪！你母親和你弟兄在外邊找你。」耶穌回答說：「誰是我的母親？誰是我的弟兄？」就四面觀看那周圍坐著的人說：「看哪！我的母親，我的弟兄，凡遵行神旨意的人，就是我的弟兄姊妹和母親了。」（〈馬可福音〉第三章第三十一至三十五節）

第三日，在加利利的迦拿有娶親的筵席，耶穌的母親在那裡，耶穌和他的門徒也被請去赴席。酒用盡了，耶穌的母親對他說：「他們沒有酒了。」耶穌說：「婦人，我與你有什麼相干！我的時候還沒有到。」（〈約翰福音〉第二章第一至四節）

吳先生的解釋：「第一段，是主耶穌呼召門徒跟從他宣揚天國福音，拯救萬眾。那人藉詞拒絕，要回去埋葬他父親以後再說，也就是說要等他父親死後才來。」（二一六頁）不過我要請吳先生指出，「要等他父親死後才來」這句話出自《聖經》那一章節？是不是你自己的意思？如照字面解釋，耶穌是將不信上帝的人，都看成死人，相反地，人如信了上帝，就該拋棄他們不信上帝的父親。這比起中國的聖人大舜來，何止天淵；舜的父親那麼壞，舜還是把他當父親看待。耶穌的門徒因爲信了耶穌，就連父親也不要了，這算什麼話！孔子說：「生事之以禮，死葬之以禮。」（《論語・爲政》）耶穌懂嗎？吳先生對於第二段耶穌不認母親的解釋說：「〈馬可〉一段原來是主耶穌講道時他母親兄弟來找他，主耶穌特地藉此講到天國的『天下一家』的大道理。」（二二五頁）因爲其中有「凡遵行上帝旨意的人，就是我的弟兄姊妹和母親了。」那麼我要請問吳先生了：耶穌的母親，是不是信仰上帝的？要是信了的，何必要問「誰是我的母親？」因爲信了上帝的便會遵行上帝的旨意，遵行了上帝旨意的人便是耶穌的弟兄姊妹和母親了。要是耶穌的母親尚未信仰上帝，那又爲什麼不信呢？耶穌既能救人，反而救不了自己的母親，可見耶穌的不行。難怪耶穌被釘於十字架上的時候，讓人家戲弄他說：「他救了別人，不能救自己。」而使耶穌大聲喊著說：「我的神，我的神，爲什麼離棄我了。」如以耶穌驅鬼醫病，以水變酒，能使狂風巨浪平靜下去的那套所謂得自上帝的權柄來說，那他很可以使得所有不信他的人，都來信他了，何況是他自己的母親呢？那麼既然信他的人，都是他的弟兄姊妹和母親，又何獨先要否定他自己的生身母親呢？可見吳先生是強詞奪理了。說到第三段，耶穌稱他的母親爲「婦人」，依照吳恩溥先生說，這是「希臘語法」，因爲煮雲法師不知道希臘語法，所以曲解了《聖經》，而以爲「婦人」兩字是不孝。那麼我要請教這位精通希臘語法的吳先生了，希臘語法的「婦人」一詞，譯成英文應該是怎麼說，譯成中國話又應該怎麼說？假如可以譯出很好的意思來，何以不能乾脆直譯，而要譯成Woman（這一節的英文是Jesus said to her, "Woman, what right do you have to tell Me? My hour is not yet here."）和「婦人」呢？誰都知道，翻譯外文的基本條件，是信達雅，如今《聖經》的譯者，將這「希臘語法」譯得既不達義，又不高雅，更談不上信實與可靠的東西，你說那些負責譯經的先生們是不是該打屁股？同時耶穌對他母親說出「我與你有什麼相干」的話來，是不是一個孝順兒子應有的態度呢？難道這又是「希臘語法」？

其實呀，基督教的主耶穌，根本就不承認他的生母瑪利亞的，他以爲他是神的兒子，而不是瑪利亞的兒子，他以爲瑪利亞是一個普通的女人，不可能生出一個神的兒子來；他之所以從瑪利亞的腹中出來，那是神的意思，神要使得《舊約．以賽亞書》中的預言應驗，才令他的獨生子耶穌，向童貞女瑪利亞借了一條出生人間的道路（說起來，這種苦心太幼稚了，與中國人比較一下，實在太愚笨，不如像孫悟空，乾脆就是石頭縫內蹦出來的好，不僅徹底否認父母，且能更神祕化），所以耶穌是絕對否定瑪利亞的地位的。事實上，耶穌爲什麼要這樣說呢？第一，耶穌是私生子，爲了洗刷這一私生子的恥辱，他不得不去借用神話來提高自己的身價。第二，耶穌否定了人間的生身母親，說成是上帝的兒子，那麼他的地位就可以高於世人而使世人聽從他的權威領導了。

由此可見，耶穌是位獨裁主義者，爲了自己的地位，不惜否定他的母親，像這樣的人物，要說他是孝子，那麼世界上就不會再有不孝的兒子了。

(三) 中國人的孝道

孔子說：「今之孝者，是謂能養；至於犬馬，皆能有養，不敬，何以別乎？」（《論語．爲政》）像耶穌問：「誰是我的母親？」稱母親爲「婦人」，對母親說：「我與你有什麼相干！」語氣中還有絲毫敬重的成分嗎？既然不敬，他就是將自己的母親當作狗子和牛馬一樣看待了。

中國漢代的羅集人才，有一句格言：「求忠臣於孝子之門」且以「孝廉」並舉。可見中國人講孝，除了「生事之以禮，死葬之以禮，祭之以禮」還有更大的意義。《孝經》上說：「夫孝，始於事親，中於事君（今日當以國家爲君），終於立身。」所以秦漢儒家，要以孝爲一切道德的根本了。我們從「始於事親」、「中於事君」、「終於立身」的三句話中，可以明白除了父母尚有國家與個人。國家是代表全體同胞，個人是說明克己修身。

講到這裡，我又要給吳先生解答一個問題了。吳先生說：「煮雲和尚自你削髮受戒，斷絕六親，遁跡空門以後，如果上有雙親的話，誰去敬養雙親？」（二四頁）從這一段文字裡面，告訴了我們，基督徒的心地，何等的不夠坦白！不說耶穌否定父母（基督徒說耶穌為童女所生，木匠約瑟，當然不會被耶穌承認是父親的了），反指和尚六親不認，這算是什麼態度？

不過我可以站在第三者的立場，給吳先生做一次義務解答好了。佛教講三世因果與六道輪迴，三世是指過去世、未來世與現在世。又有過去三世、未來三世與現在三世，這樣推演下去，三世這個名詞，便代表了整個所有的時間與空間，也就說明了無始無終與無極無限的生命觀。吳先生問：「究竟這個輪迴從何道開始？」其實這等於小孩子問我們：「圓圈圈的起頭在哪裡？」同樣的天眞，因為六道既然稱為輪迴，那麼輪迴，就是循環不絕的意思了。因為佛教的宇宙觀中，地球僅是大千世界中的一個小世界而已，輪迴的六道，卻是遍及所有大千世界的，所以當地球尚未形成之先，或者在地球毀滅以後，六道的因果，依舊不受限制。我知道吳先生問這句話的用意，他以為佛教贊同生物進化論的科學理論，他就想以這句話來推倒人家，因爲進化論對於生物進化解釋，是由單細胞動物而演變到人類的。那麼六道的天、人、阿修羅、地獄、餓鬼、畜生，應該是從畜生以下的生物開始向上演進，而不是輪迴的流轉了。事實上，吳先生的手法確是不夠高明，他以爲人家的宇宙觀，也跟基督教一樣的褊狹哩！我在前面已經說過，地球上的生物尚未進化到人類階段的時候，那些必須獲得人生果報的眾生，很可以不來地球上訪問，他們可以去他方世界報到，同樣也在輪迴的範圍之內。至於輪迴的始末，六道之中，任何一道，都可能是起點，也可能是終點。假如人在人道中，做了應得畜生果報的惡事，人便直接墜入畜生道；人若有了天大的功德，便可死後進入天堂，享受天人的福報；人若能夠發菩薩心，修菩薩道，便可脫離輪迴生死，直接由人道而超出六道之外，進入不生不死的菩薩境界。這種道理，實在非常淺顯，吳先生不懂，奈何！

至於「菩薩道」三個字，我想加以解釋一下，《維摩經》說：「眾生之類，是菩薩佛土。」（《大正藏》一四．五三八頁上）所以修菩薩道，就是入世救世的精神；換言之，服務社會人群，就是菩薩道的修行方法。

由於三世因果與六道輪迴的道理，我們便不難推知，自從無始以來，不知已經有過多少次的生死輪迴，而在每一生死輪迴之中，都有一父一母，那麼我們想想看，我們該有過多少父母了。問題至此，也就馬上解決，就是說，和尚出家，宗旨在於上求佛道，下化眾生，眾生之中，卻有著過去無量數的父母，爲救無量無數的父母，才去出家求道，道成以後，再爲累生的父母說法，使得父母超出三界，脫離生死苦海，這種行爲實在是無上的孝道，比起墨子「視人之父若己父」又不知超過幾千百倍哩！

這與中國的「始於事親」、「中於事君」、「終於立身」，非常相近，爲救無量數的父母，才出家學佛，學成後就爲父母說法，其中便有了克己修身的「終立於身」，與孝敬父母的「始事於親」；出家人弘揚佛法的對象是一切眾生，度一切眾生，乃是「中於事君」，乃是國家觀念的擴大。

最後我要反問一個問題：國家的青年國民，入營服役，是不是違反了孝養父母的原則？我想凡是本書所有的讀者，都會給我一個滿意的回答——「不是」。因爲當兵的目的，是在爲國家盡忠，爲民族盡孝，中華民族是我們的父母之邦，民族是家族的擴大，佛教呢，則是將現在的父母，推念到了三世六道的父母，這種觀念，該是多麼偉大！

（四）究竟哪個自由

吳先生在駁文中引了兩段《新約》：

「你們必曉得眞理，眞理必叫你們得以自由。」（〈約翰福音〉第八章第三十二節）見於駁文三二頁。

「天父的兒子若叫你們自由，你們就眞自由了。」（〈約翰福音〉第八章第三十六節）見於駁文三二頁。

吳先生以爲這就是基督教講自由的證據了，其實，我們仔細想想：「眞理必叫你們得以自由」，「天父的兒子若叫你們自由」，到底屬於自由還是他由？「眞理」，前面已經說過，基督的眞理，即等於權威，權威就是基督的眞理，那麼由於權威的力量，叫人家自由，不是成了他由？而以天父兒子的身分，給信徒自由，那就等於不自由。自由的意思，是由己而不是由他；基督教由於權威和由於天父兒子的自由，能算是自由，實在可笑！

中國人的自由思想，爲時很早，像孟夫子在兩千多年前，便敢說出「民爲貴，社稷次之，君爲輕」的話來。如在中古時代的西方，誰敢說出「教民爲貴，君王次之，教皇爲輕」的話來，那就必死無疑了。

佛教之中，主張向我自己心中求解脫，求悟境，不仰人家送人情，所以佛教是徹底的由己，是絕對的自由。

（五）不是平等的平等

我再摘幾段吳先生的引錄：

《聖經》又說：「所以你們因信基督耶穌，都是上帝的兒子，並不分猶太人，希利尼人，自由的，爲奴的，或男或女，因爲你們在基督耶穌裡，都成爲一了！」（三二頁）

「我是耶和華，在我以外並沒有別神，除了我以外，再沒有神。」（〈以賽亞書〉第四十五章第五節）——（一八頁）

「以色列啊！你要聽耶和華我們神是獨一的主。」（〈申命記〉第六章第四節）——（一八頁）

這二段話中，分得非常明顯，就是說信徒與信徒之間是平等的，信徒與人類全體卻是不能平等的，信徒與上帝之間，更是階級性的，而且這種階級是屬於永遠性的，這該是多麼不合理呀！不過我還沒有忘記吳先生請問煮雲法師的話：「照煮雲和尚的說法，人不能做上帝，就是不自由，那麼全國人人都要做皇帝、做總統。」實際上，這種話不該由你們基督徒說的，皇帝的專制思想，固然跟上帝的權威觀念同樣要不得，但總統是民選的，人人都有競選的機會，要不然，請你去圖書館，借一部中華民國的憲法回來看看，第四章第四十五條，是不是印著：「中華民國國民年滿四十歲者，得被選爲總統、副總統。」請問吳先生：在你們基督教的教條上，是不是可以加進一條這樣的文字呢？「一切世人凡德高望重者得被選爲天國的候補上帝。」否則的話，你們就別再標榜平等兩個字了，免得人家說你們基督徒的思想封建。

一六、最後的審判

這篇文字到這裡，本當可以結束了的，但我沒有看到煮雲法師的原著《佛教與基督教的比較》這本書，很覺得遺憾，因此，便去拜訪了一次煮雲法師。我問煮雲法師：吳先生駁文的篇首，公開了煮雲法師一封致××居士的信，信中既然說「有時間再寫一篇對付他」（前言二頁）爲什麼直到現在還不寫呢？他對我微微一笑，他說：「我不想說什麼了，所要說的，那封信裡已經有了。」他說：「他不是對我個人的責罵，而未敢對佛教，我是對基督徒整個的教義和行爲批評，他不懂佛教，也只能在字裡行間，找說話的小毛病，我出此書是爲的國家民族，只要對國家人民佛教有利益，我的目的已達到，他罵我個人與旁人沒有關係。所以我也不想再寫什麼了，因爲吳恩溥那位先生，除了玩弄幾個粗淺的文字，毫無內容可言。至於我那封致某某居士的信，乃是他們基督徒冒充了佛教徒的名義，向我寫信騙去的，他們沒有得到我的同意，竟然替我公開發表，實在是一種卑劣的行爲，也是明確的犯法。但我還是感謝那位姓吳的先生；因爲經他這樣一來，有了我的信，也就省得我再去另文表白了。還有一件事，我要告訴你的，當吳先生那篇駁文出來以後，《佛教與基督教的比較》這本書，推銷的數量，倒反大大地增加了，三版已經賣完，四版也在付印中了。以弘法衞國的觀點來說，吳先生實在是我的宣傳員呢。」

臨走，煮雲法師送了我一冊《佛教與基督教的比較》，回家細讀了兩遍以後，卻又引起了我的感觸，我奇怪爲文批駁的吳恩溥先生，爲什麼只是駁而不答，煮雲法師所提出的還有許多問題，駁文中既不辯護，也不解釋，我想這就是代表了基督徒的默認罷？可是這種態度，並不等於基督徒的涵養或坦白，吳先生的駁文告訴我們，基督徒非但自己不坦白，相反地，倒是專攻他人坦白處的能手。譬如煮雲法師講了一段：「佛教霸了廟宇不做事，不曉得辦教育，不肯做慈善事業，只曉得建築寺廟，一用就是幾十萬，建築起來有什麼用呢？一個籤筒，兩只筶板！來到廟裡什麼事也沒有，只是拜拜求籤。」這段話，該是何等的沉痛剴切，又是多麼的明朗坦白，煮雲法師能夠面對現實，有一句說一句，他是爲當前的佛教做自我檢討，同時在向佛教的教徒們大聲疾呼，以期及時改進，挽救時弊。想不到基督教的那位吳先生，卻將這段話，當了他爲文批駁的全部經緯，諸位敬愛的讀者想想看，單是這段話，在吳先生短短的一篇駁文中，竟會出現三次之多，到底該也不該？

另外還有一個問題，基督教的上帝，究竟屬於哪一類別，我們不妨將他確定一下。煮雲法師把上帝放在六道的天道中，吳先生卻硬要引經據典地說：「上帝對摩西說：『我是自有永有的。』」所以吳先生不希望人家把他們的上帝送到天道中去。其實煮雲法師把上帝列於天道，已經是恭維他了，如以上帝的身世來說，實在受之有愧。因爲六道中的天道，是由眾生受報，是生死輪迴中的最高境界，是可靠的、可能的；而基督教的上帝，是由神話演化而來的，因爲神話是出自初民意識中的想像，上帝當然也是人類意識的創造物了。既然上帝是人類思想的產物，那麼他是附屬於人，而是人的一種心理活動了，上帝既是屬於人的心理活動，還有什麼權威與實體可言呢？如果基督徒硬要爲他們的上帝爭取一個什麼地位的話，最好請他們除了《新約》、《舊約》，再找出有力的史料來證明罷！（並不是我要否定《聖經》，實在是《新約》、《舊約》的自相矛盾，否定了自存的地位）不過我們也可以假想眞有這麼一個上帝，像《聖經》中所記載的上帝，自私、專橫、獨裁、好殺，倒很像是人道以下的阿修羅呢！

因為上帝是個殘暴的偶像（God一字，也可以解釋成為偶像的），所以他的信徒們也是一樣，他們主張破壞並摧毀異教法物。一九五一年，我在臺中住的時候，有一天晚上，一位信仰基督的朋友，興奮地走進門來告訴我說：「今天我們做了一件極為痛快的好事，我們禮拜堂裡，有一位教友，不知從哪裡找來的一個銅佛，據說是唐宋以前遺物，被人家拜了這麼多年代，卻給我們把它弄毀了，還有一幅絹質的繡龍，也是很久以前的東西，但都給我們在禮拜堂裡搞掉了。」當我聽了這一席實況報導以後，不禁要為中國的歷史文物流淚！我們都知道，美國是個年輕的國家，但他們對於一百年以前的東西，便會視同珍寶，有人說我國敦煌石窟的好多藝術雕刻與畫像，已被英國人弄去了呢？外國人喜歡中國藝術，中國的基督徒竟把自己所有的藝術品毀掉，豈不痛心？成自唐宋以前的銅佛，能說不是中國的歷史文物之一？再說繡龍乃是中國的古代藝術，何嘗給了耶穌基督的刺激？

吳恩溥先生，我不想說出你們在中國的基督徒，是不是應該接受歷史的審判？但我希望你們重新確定一下自己的立場，站在中國人的立場上，來一次虛心的檢討：基督教是否尚有改變作風的必要？看在同是中華民族後代子孫的情分上，請你們拿出一點民族意識的良心來，救救我們的民族，救救我們的歷史，救救我們的下一代罷！更希望救救我們這個多難的國家。最後，希望你們用去喊「信仰上帝得永生」的心情，來喊「中華民族萬歲」！因爲我們要國家要民族，比要上帝要耶穌，更爲迫切，更爲需要呀！阿門！（Amen本爲希伯來語，意爲心願如此）

一七、介紹中華民族的思想

當我寫完這書以後，便覺得還有幾句話，必須加以補充，因爲我站在中國人的立場，去透視基督教，說明中國思想，也談佛教教理，但獨對基督發出種種疑問和質詢者，自有其原因所在的。

（一）中華民族的寬容精神

世界其他民族的宗教徒，對於異教徒通常總是用慘殺或流放的手段來處理，而中國是世界上唯一不曾經過宗教戰爭的民族（太平天國以基督思想爲號召，該屬什麼戰爭我不想說它，因爲它本身是宗教，而其戰爭的對象卻是滿清政府）。各朝代的君主，也極少干涉到宗教傳教自由的，道教史上的教難，只有元世祖曾下令禁道藏僞經；基督教來中國早在唐代，而其教難也只一次，那是因爲羅馬教皇不准教徒祭拜祖先，而引起了康熙的憤怒；佛教自漢明帝時代直到如今，除了三武滅佛，只有周世宗晚年的摧毀佛寺了。至於韓愈闢佛，後來竟與大顚禪師友善非常，其次如陸象山與壽涯大師，朱熹與妙喜大師都是好友。這種精神的基礎乃是建築在「道並行而不悖」與「殊途而同歸，百慮而一致」的寬容思想。所以我要在這本冊子裡，向中國的基督徒大聲疾呼，請他們將基督教變成中國化了。佛教進入中國，便很快地中國化了，因此佛教在中國，已成了中國的佛教，別說將中國佛教退回印度去行不通，即使拿到泰國和緬甸等的佛教國家去，也同樣行不通。因爲中國的大乘佛教，對於佛理的發揮是很適合中國口味的，所以佛教思想對於中國文化影響之深，已成了人盡皆知的事實。再看基督教，由於東西方思想的不同，基督也就不被中國的思想界所接受了，就以近代的基督教來說，他們進入中國也有兩百多年的歷史了，但他們對於中國的正統思想，卻是絲毫沒有融合的成果表現。以我的看法，基督若不中國化，他就無法在中國生存，但是站在基督思想的立場而言，這又是絕不可能的事（參看上文「中國要不要基督」）。愛好和平是中國人的美德，中國的佛教當亦不會例外，基督徒就不敢說這句話了，他們從不檢討自己，只知一味地攻擊基督以外的其他宗教，那算不算是中華民族

「寬容」精神的表現？該請基督徒自己去解答了。我這本小冊子，目的只在喚醒一般受愚的基督徒，即使那位吳恩溥先生也不例外，請他們檢討自己，給他們指出一些錯誤，好讓基督教不要徹底改造中華民族，而能自存於中國；同時我也以此告訴所有的國人，以免受愚，所以我沒有向基督教宣戰的意思。不過在我書中所提出的問題，一定要請那位基督徒的代言人，吳恩溥先生給我解答，唯有這樣才比較公平合理。

（二）中華民族的道德精神

孫中山先生說：「現在受外來民族的壓迫，侵入了新文化，那些新文化的勢力，此刻橫行中國，一般醉心新文化的人，便排斥舊道德，以爲有了新文化，便可以不要舊道德。不知道我們固有的東西，如果是好的，當然是要保存，不好的才可以放棄。」中山先生所極力提倡的舊道德，便是「忠孝仁愛信義和平」。其實八德之中以孝爲最先，中山先生說：「《孝經》所講孝字，幾乎無所不包，無所不至。現在世界中最文明的國家，講到孝字，還沒有像中國講的這麼完全。」至於孝的基礎，是在家族的倫理觀念，倫理觀念的表達，大部分是在孝親與祭祖，如殷代所祭的鬼神，大都爲其祖先，所以孔子說：「非其鬼而祭之諂也。」（《論語・爲政》）就是說不是自己的祖先而去祭他，便不成文法了。那麼基督教呢？他們只講天父而否定人父，他們的孝父，是孝天父而非自己的生父，即使是孝了自己的生父，也是本著天父的意旨去孝敬生父的，所以他們重視天父而輕視生父。這種倫理觀念，在中國人的社會中是行不通的，因爲中國人一向認爲孝順自己的生父是天經地義的事，至於中國對於天或上帝的態度是敬和畏，從未有過將對生父的孝心，轉移到上帝身上去的。但是基督教的教義，不會許可教徒們存有此等思想的，因爲基督教以爲上帝有權威，崇拜上帝，將上帝看成至高無上，乃是基督的本色，不像中國人，把敬神和孝親，是當作兩回事來看的。尤其近日中國的基督徒，由耶穌否定了母親和父親，而只說耶穌是神的獨生子，竟使得中國的基督徒叫出不愛爸爸不愛媽媽，而只愛神了。因爲矛盾的《聖經》告訴他們，信了神就是神的兒女呀！關於孝道的詳細內容，我已在「究竟那個有問題」章中說明了。

因爲基督教不合中國國情，無法在中國立足，所以像吳恩溥先生那樣，要來徹底改造中華民族的風俗習慣和生活制度了。

(三) 中華民族的崇拜對象

中國人對於人本主義的思想很濃厚，所以中國人所崇拜的對象，都是人生的美化昇華，而不是人生以外的任何東西。中國神話中的神人，如盤古開天地，盤古乃被認爲是最先的一個人，女媧氏煉石補天，也是人格化了的神人，去做了補天的工作。其餘如神怪小說中的星宿或天仙，也都是由人修成的。且有些神仙不願爲仙反要思凡，如《鏡花緣》，就是描寫仙女下凡的故事。因此中國人想像中的神人，除了他們與人的境界不同，至於他們的相貌性格，便沒有不是人性化的；所以中國人之崇拜神，無異是在崇拜人的昇華。中國人之崇拜天，據專家學者的研究，天在甲骨文是「」，乃是有地位而尊貴的人，那麼崇拜天，也就是間接地崇拜高位的人了。餘如中國人之崇拜聖賢，因爲聖賢也是人的緣故，至於中國人之愛惜字紙，也是由於崇拜聖賢而來的，因爲一般人都以爲字是聖人造的。佛教在中國，能夠生根成長而發揚光大，這也是一大因素。佛教中的羅漢、菩薩、佛，乃是從人生而得的，佛教說：「人身難得，佛法難聞。」便是說只有在人生境界的眾生，才會學佛。天人享樂而不知老之將至；人生以下的輪迴諸趣，本性不現而愚癡顚倒，所以都不知學佛而了生死；只有人生學佛才是最合理想，所以崇拜佛菩薩，乃是崇拜了脫生死而超出三界的超人，或完善無缺的仁人。同時人也可以到達這種完善的境界，並不像基督教的神，乃是非人的神，雖自耶穌以後的基督教，將上帝人格化而說成是天父，但那天父並不是人，而是一個超乎一切的空靈，這個空靈，主宰宇宙，而超然於宇宙外，人在宇宙之內，當然不能去和上帝並肩平行了。像這觀念，在西洋可以，在中國則不行，因爲西洋的哲學思想，是在探求宇宙而去役使宇宙；中國思想則在「反求諸己」，一切解決不了的問題，重在反省和檢討，基督教則在祈求和禱告了。一般中國人的祭鬼祀神求籤問卜，乃在探聽神的消息，然後決定自己的心思；基督教的禮拜禱告，乃在求得上帝的恩賜。中國人的向神探聽消息，在現代的心理學上，還可以講得過去，基督教的禮拜和禱告，除了盲從的神學，就找不到更好的理由了。

（四）中華民族的人性觀念

在中國思想家之中，對於人性問題，有的主張善，有的主張惡，有的主張不善不惡或有善有惡。但是一向被多數儒者所推崇，而且已成了中國正統思想的觀念，乃是孟子的「人之初，性本善」。人性本來是善的，之所以有不善的惡人出現者，乃是他的環境和教育問題，因此「人皆可以爲堯舜」的平等思想便產生了，因爲人性本來沒有差別。人性既沒有差別，當然可以說：「舜何人也，予何人也，有爲者亦若是」了。佛教的思想，以爲一切眾生皆有佛性，佛性即是如來藏，也就是至善至眞的本性。

佛陀是成了佛的眾生，眾生是沒有成佛的佛種或佛因，這跟中國人性本來善的思想非常相似，只不過儒家的性善僅指人類，佛教則將這一觀念普及到了所有的有情眾生而已。再看基督教的人性觀念，以人生爲墮落，人世爲罪惡之淵藪，以爲人類均有原始罪惡，必須經過洗禮贖罪，才能超升天國。這種性惡的思想，比起中國的荀子來，更勝一籌（何止一籌？）荀子以爲人性本惡，但可以用禮樂來美化人生；基督教的性惡論，乃是不可救藥的意思了，除非依仗上帝的權威，人類的原始罪惡，就永遠存在。假如說這種思想能在中國文化中生根，除非採用吳恩溥先生的計畫，將中華民族重翻一次，否則就別夢想了。不過中國的基督徒，如果可以將他們的教理重新修正一下，還是可以試試的。要不然，人沒有罪，偏說有罪，甚至中國的先聖、先賢，堯舜禹湯文武周公孔子，都要被基督教的上帝，用拘票拘去接受上帝的末日審判，豈不笑話！

基督教在中國，不肯變成中國化，卻一味根據《新約》、《舊約》的教義，破壞中國傳統思想與倫理道德；尤其一般只知討好基督，而不知中國國情的基督徒，所作所爲，更不像話。我寫了這本書，希望一般只有迷信盲從而不曾研究過教理的基督徒們，應該可以醒醒了。

一八、介紹《佛教與基督教的比較》

筆者慎重向讀者介紹《佛教與基督教的比較》一書，這書是煮雲法師應臺南佛教界之邀請，在該市康樂廳對數千群眾講演，由李至剛居士記錄成書，內容分二十多題比較，不但文筆流暢簡潔，說理更有獨到精闢之處，是佛教界最突出最精彩的偉論，難怪此書問世不及一月，風行海內外，初版三千本，搶購一空，三數月內已再版到四版，有心研究宗教者，不能不看，每本臺幣三元，港幣八角，總流通處高雄鳳山佛教蓮社。

國家圖書館出版品預行編目資料

基督教之研究/聖嚴法師著. --初版. -- 臺北市：
法鼓文化1999〔民88〕;
面；　公分 --（法鼓全集.第一輯；第5冊）
民89年初版二刷.叢書名改為智慧海；1
ISBN 957-598-032-8（精裝）
ISBN 957-598-142-1（平裝）

1.宗教—比較研究　2.基督教

218.1　　88011695

智慧海 1

基督教之研究

法鼓文化

著者／聖嚴法師
出版／法鼓文化
總監／釋果賢
總編輯／陳重光
地址／臺北市北投區公館路186號5樓
電話／(02)2893-4646　傳真／(02)2896-0731
網址／http://www.ddc.com.tw
E-mail／market@ddc.com.tw
讀者服務專線／(02)2896-1600
原東初出版社1993年出版至1996年修訂版二刷
二版七刷／2024年3月
建議售價／新臺幣250元
郵撥帳號／50013371
戶名／財團法人法鼓山文教基金會—法鼓文化
北美經銷處／紐約東初禪寺
Chan Meditation Center (New York, USA)
Tel: (718) 592-6593　E-mail: chancenter@gmail.com